AF502518

POUR

L'OUVRIER MODERNE

VOLUMES PARUS DE LA MÊME COLLECTION

SECTION COMMERCIALE

Notions de Physique	3 fr.	»
Cours de Chimie	4	»
Eléments de Marchandises. — T. I. Bois, Matériaux, etc.	3	»
— T. II. Métallurgie, Métaux	3	»
— T. III. Produits chimiques	2	»
— T. IV. Matières alimentaires	2	50
— T. V. Matières grasses, textiles et diverses	3	25
Essais chimiques des marchandises	3	»
Cours de Géographie commerciale	4	»
— d'Histoire contemporaine, t. I	2	50
— — — t. II	3	»
Notions de Commerce	4	»
Précis de Législation usuelle et commerciale	4	50
Morceaux choisis	3	50
First Book ot Business English	4	50
Fred and Maud (Premier livre d'anglais usuel)	3	25
Across the Channel (Second livre d'anglais usuel)	3	»
Primer curso de lengua castellana	2	75
Segundo curso de lengua castellana	4	50
Vademecum español del comerciante	3	50
Allemand commercial	3	50

SECTION INDUSTRIELLE

Cours d'Arithmétique	4	75
Problèmes et Exercices d'Arithmétique avec solutions	6	»
Éléments d'Algèbre	3	50
Cours de Géométrie, t. I	3	50
— t. II	4	50
Géométrie descriptive appliquée au dessin (2e édition)	2	50
Eléments de Physique (3e édition)	3	50
Cours de Chimie industrielle	3	75
Cours de Mécanique industrielle, t. I (2e édition)	4	50
— — t. II	4	50
— — t. III	2	50
Cours d'Électricité industrielle	4	50
Travaux pratiques d'Electricité industrielle. — T. I. Mesures	3	»
— T. II. Machines électriques	3	50
Technologie. — T. I. Bois : généralités	4	50
— T. II. Bois : travail mécanique	5	»
Géographie industrielle	4	50
Législation ouvrière et industrielle	3	50
Hygiène générale et industrielle	5	»

Tous les volumes de cette collection sont vendus séparément. Les différents tomes d'un même ouvrage peuvent être également achetés séparément.

POUR

L'OUVRIER MODERNE

ÉCOLES, CLASSES, COURS EXAMENS PROFESSIONNELS

PAR

C. CAILLARD

INSPECTEUR GÉNÉRAL ADJOINT DE L'ENSEIGNEMENT TECHNIQUE

PARIS

H. DUNOD ET E. PINAT, ÉDITEURS

47 ET 49, QUAI DES GRANDS-AUGUSTINS (VIe ARR[t])

1914

INTRODUCTION

La publication de ce volume a pour objet de faciliter la tâche des Départements, des Communes, des Comités départementaux et cantonaux, des Chambres de commerce, des Associations professionnelles et syndicales, des Sociétés de toute nature ou des particuliers qui veulent organiser l'enseignement professionnel.

Notre intention n'est pas de parler, après tant d'autres, de « la crise de l'apprentissage », ni des remèdes qui ont été proposés pour la résoudre.

Nous estimons d'ailleurs qu'il est, dans cet ordre d'idées, deux séries distinctes de questions : d'une part, celles qui ont trait au recrutement, au contrat et au travail des apprentis ; d'autre part, celles qui se rapportent aux classes et aux cours professionnels.

C'est de la seconde série seulement que nous nous occuperons [1]. Elle se présente sous trois aspects, discutables et discutés, qui se résument :

1° Dans la création, l'organisation et le fonctionnement des écoles d'apprentissage, lesquelles réservent aux exer-

[1] Une exception sera faite en ce qui concerne le contrat d'apprentissage des aciéries de Longwy.

cices d'atelier et aux leçons techniques des rôles parallèles ;

2° Dans l'institution des cours complémentaires professionnels qui distribuent, pendant la durée de l'apprentissage, un enseignement indispensable à la formation complète de l'ouvrier ;

3° Dans l'établissement des cours de perfectionnement qui prennent place après la durée normale de l'apprentissage, dans le but de transformer l'ouvrier en artisan [1].

Ce dernier point de vue ne sera abordé qu'à titre accessoire.

L'école est-elle préférable au cours, ou le cours doit-il prendre le pas sur l'école ?

Nous n'entendons pas prendre parti par avance pour l'une ou pour l'autre des solutions. Nous estimons que l'on ne peut avoir sur chacune d'elles, selon les professions et les circonstances locales, qu'un avis d'espèce et nous ne serons jamais avec ceux qui, tranchant souverainement, patronnent une unique formule, propre, suivant eux, à s'appliquer à tous les cas.

Cela dit, nous abandonnerons tout ce qui touche à la spéculation, à la controverse, à la théorie, pour nous placer en face de la pratique et à pied d'œuvre.

Des expériences ont été faites ; d'autres vont être tentées. Chacun peut choisir la méthode qui lui semble le mieux répondre au but qu'il poursuit. Notre seule intention est de fournir des matériaux de réalisation.

Pour cela, nous avons pensé que le meilleur procédé

(1) L'expression : cours de perfectionnement, est trop généralement employée. A notre avis, il faut dire : cours complémentaires d'apprentissage, quand il s'agit de cours pour les apprentis ; cours de perfectionnement, quand il s'agit de cours pour les ouvriers.

consistait à réunir des documents épars, susceptibles d'apporter aux organisateurs quelques renseignements.

Veulent-ils créer une école d'apprentissage ? Nous leur dirons les moyens à employer et nous signalerons plusieurs types d'écoles qui fonctionnent déjà.

Désirent-ils fonder des cours professionnels du jour, des cours de mi-temps, des cours du soir et du dimanche, en dehors de l'école ou avec la collaboration de l'école, en dehors de l'atelier ou dans l'atelier même, pour les apprentis, pour les employés, garçons ou filles, pour les ouvriers ? Nous mettrons sous leurs yeux des exemples vécus de ces organisations.

Entendent-ils dresser un programme d'examens professionnels ? Nous n'aurons pas la prétention de nous substituer à eux pour l'établir, mais nous leur procurerons un spécimen élaboré par des hommes de métier et, autant que possible, déjà soumis au contrôle de l'expérience.

Leur paraît-il nécessaire d'envisager, à côté de ces questions, celles beaucoup plus délicates et beaucoup plus importantes, du choix de leurs professeurs, de leurs contremaîtres, de leurs contremaîtresses, de leurs instructeurs ? Nous leur dirons les précautions et les règles dont il est bon de s'entourer.

S'agit-il enfin d'organiser un concours d'apprentis ou de prendre des dispositions pour la délivrance du Certificat de capacité professionnelle, nous ferons connaître les méthodes qui ont déjà prévalu et nous donnerons quelques exemples des épreuves que les candidats de certains centres ont eues à subir.

Loin de nous la pensée de dire ou d'insinuer :

« Ce qui a été fait ici ou là, faites-le vous-mêmes. » Fournir des documents et citer des exemples, ce n'est pas nécessairement donner des modèles. C'est simplement aider à agir. Nous convions les bonnes volontés à faire mieux.

La période de discussion qui dure depuis si longtemps peut se prolonger encore. Que les hommes qui croient que la démonstration des faits vaut bien celle de la parole, se mettent au travail sans attendre la clôture des débats. Si des suggestions intéressantes se font jour entre temps, ils seront prêts pour en tirer un parti immédiat.

Quant à nous, sans chercher à apporter un seul élément nouveau aux avocats d'une bonne cause, si nous avons été assez heureux pour indiquer quelques bases solides aux soldats de la mise en œuvre, nous estimerons que notre initiative n'aura pas été inutile.

C. CAILLARD.

POUR L'OUVRIER MODERNE

(Écoles, Classes, Cours, Examens professionnels)

LES PROFESSEURS DES COURS D'APPRENTISSAGE LES ADMINISTRATEURS LES MOYENS D'ASSURER LA FRÉQUENTATION

S'il nous fallait suivre l'ordre que nous venons d'indiquer dans l'introduction, nous parlerions des professeurs après avoir parlé des classes et des cours d'apprentissage. Ce serait peut-être rationnel à un certain point de vue, mais nous avons dit que la question de l'homme qui enseigne primait celle de l'organisation administrative.

C'est pour cela que nous pensons qu'elle doit être traitée d'abord.

Qu'on nous permette d'ajouter une autre raison. Jusqu'à ce jour, soit dans les débats des Chambres, soit dans les Congrès, les discussions ont porté sur le cadre et les rouages matériels de l'organisme qu'il s'agit d'instituer, presque jamais sur l'agent essentiel qui donnera à cet organisme l'âme sans laquelle il ne saurait vivre. Il est évidemment nécessaire d'élaborer des règlements et des programmes, de leur donner des sanctions, de provoquer par des subventions, ou d'imposer par l'obligation, l'établissement d'un ordre de faits que les intérêts généraux réclament. Il est, par conséquent, utile d'en discuter. Mais toute la besogne n'est pas faite si l'on en reste là. Lorsque le régime sera savamment équilibré, il est à craindre qu'il végète si l'on ne prend pas le soin de constituer, à l'aide d'éléments éprouvés, l'armature vivante qui doit lui permettre de développer sa carrière.

Ce n'est pas là matière législative, dira-t-on. Qu'importe, c'est au moins matière à discussion, et il est des questions qui ont pris, dans les assemblées, une place considérable, alors qu'elles n'ont, comparativement à celle-ci, et qu'elles n'auront jamais, qu'une infime influence sur la prospérité de l'œuvre qui se dessine. La question des moniteurs, au contraire, est capitale. L'avenir dépend de la façon dont elle sera résolue.

Elle n'est pas du domaine législatif ?... Peut-être autant qu'une autre.

Je m'explique. L'État ne peut avoir la prétention de se substituer aux intéressés, en vue de désigner les maîtres qualifiés pour enseigner les secrets de leur art. Mais, s'il est avantageux, et souvent indispensable, qu'il apporte son appui aux initiatives privées, pourquoi ne le ferait-il pas sur ce point comme sur d'autres ? Il accorde des allocations aux institutions corporatives qui les sollicitent, il distribue des récompenses à leurs lauréats, il donne une sorte de consécration officielle au Certificat de capacité professionnelle, délivré aux apprentis par ceux qui sont aptes à les contrôler. Par quel argument refuserait-il de sanctionner de même le titre de *Maître d'apprentissage*, quand les moniteurs des cours en auront été jugés dignes par leurs pairs ? S'il est bon d'encourager les élèves qui travaillent, il ne l'est pas moins de stimuler l'ardeur et de reconnaître les mérites des professeurs qui les dirigent. C'est là, particulièrement, qu'il faut savoir frapper et surtout savoir frapper juste ; et si, par des mesures sagement prises, l'on a la bonne fortune de constituer une élite de *Maîtres d'apprentissage*, l'on aura plus fait, pour l'enseignement professionnel, qu'en légiférant sur un autre objet.

Il n'est aucune raison pour que l'intervention de l'État se tienne dans les limites des propositions ou des projets jusqu'alors soumis au Parlement, — ce qui ne veut pas dire que des réductions dans ces propositions et dans ces projets ne puissent être faites. Il en est beaucoup pour qu'elle s'exerce là où il est particulièrement important d'agir. Tout est dans l'homme qui conduit. Lorsqu'on veut, par exemple, qu'une affaire industrielle prospère, il ne faut pas laisser, après avoir matériellement tout prévu, le corps des ingénieurs se recruter au hasard.

Au surplus, notre but n'est pas de susciter une action gouvernementale, mais d'exposer, pour ceux qui voudront bien nous lire, ce que nous croyons pratiquement réalisable par les moyens de l'association librement organisée.

Jetons un coup d'œil sur ce qui est, avant d'aborder la partie essentielle de notre démonstration.

Les cours du jour, les cours de mi-temps, les cours du soir accusent, suivant les villes où ils sont établis, des différences de pourcentage dans la fréquentation dont il n'est pas sans intérêt de rechercher les raisons.

Dans la plupart des centres, l'on remarque, en octobre, un afflux d'inscriptions qui témoignent au moins du grand désir de s'instruire qu'ont les apprentis et les employés. Dans les mois qui suivent, des désertions se produisent; et il n'est pas rare de constater, en janvier et février, un déchet de 50 0/0 dans les cours du soir.

Quelles sont donc les causes de ce fait? S'il fallait les classer, nous dirions que les unes sont d'ordre théorique et général et les autres d'ordre pratique et particulier. Les premières sont celles que l'on met partout en avant lorsqu'il s'agit de fournir une justification; elles n'envisagent qu'une partie du problème de la fréquentation, le facteur élèves, dont elles font ressortir les imperfections. Les secondes s'attachent au contraire au facteur professeurs; elles impliquent que, suivant les qualités ou les défauts de ceux-ci, la fréquentation est bonne ou mauvaise; ce sont les plus intéressantes à étudier. En faisant abstraction presque totale des premières et en examinant attentivement les autres, essayons de trouver et de suggérer le remède.

Il ne faut pas être trop absolu cependant. La valeur des professeurs et leur zèle ne sont pas des forces souveraines; ces forces sont extrêmement puissantes pour contrarier les influences permanentes de non assiduité, mais elles ne peuvent les détruire. La fatigue physique, résultant d'une journée de travail, est la principale de ces influences, et c'est pour cela que, comparativement aux cours du jour et au cours de mi-temps, la fréquentation des cours du soir laisse tant à désirer. Mais, comme cette cause est partout la même, elle ne peut être d'aucun secours pour expliquer des conditions de fréquentation très différentes.

Les raisons que nous avons appelées théoriques ou générales ne nous fournissent pas davantage ce moyen.

Ces raisons, tout le monde les connaît : l'apprenti se décourage vite ; dès qu'une difficulté se présente, il recule devant elle au lieu de lutter pour la résoudre, puis, comme il n'a pu franchir les premières étapes, il perd pied lorsque le cours se développe, il cesse de comprendre, il s'ennuie, il s'endort, il s'en va.

Voilà une explication facile qui, elle aussi, sert d'oreiller à la conscience de ceux qui la formulent. Ils sont convaincus que la chute des présences, constatée chaque année à la même époque, est un mal nécessaire, une sorte de loi naturelle devant laquelle il n'y a qu'à s'incliner comme on s'incline devant le retour périodique des mêmes phénomènes cosmographiques. Ils oublient de se demander si le caractère fatal du résultat est contrôlé par la règle de l'universalité.

Or, précisément, il ne l'est pas; car il existe des cours dans lesquels l'assiduité est constante. Ces cours, il faut le reconnaître, sont rarement des cours du soir. Ils sont quelquefois des cours du soir cependant, et nous pourrions en citer qui ont, en dehors des cas de force majeure — maladie, accidents, départs de la localité — une désagrégation presque nulle pendant l'année entière.

Exception, soit, mais l'exception prouve que les raisons théoriques n'ont pas la valeur universelle qu'on leur prête et qu'à côté d'elles il est des causes particulières plus fortes qui maintiennent la cohésion.

Quelles sont ces causes?

Sans essayer de les retenir toutes, nous pouvons appeler ici l'attention sur celles qui nous semblent les plus opérantes.

Caractère d'utilité pratique des cours.

Pour assurer la fréquentation, la condition première est d'imprimer aux cours un caractère d'utilité pratique tel qu'après chaque séance l'apprenti puisse constater un résultat tangible. Il faut qu'en quittant le professeur, il s'aperçoive qu'il emporte une notion nouvelle d'application courante, et que le développement graduel de ses connaissances se matérialise, pour ainsi dire, sous son contrôle.

Cette nécessité d'enregistrement comporte l'obligation de bannir de l'enseignement tout ce qui n'a qu'un caractère spéculatif d'éducation générale. Entendons-nous. Nous sommes loin d'écarter des préoccupations de développement intellectuel et moral. Nous pensons au contraire que, comme on le fait en Allemagne, il est utile, dans le domaine postscolaire, de réserver une place à la formation de l'homme et du citoyen. Mais cette éducation répond à un ordre de besoins distincts. Lorsqu'il s'agit de l'instruction de métier — et nous nous en tenons là — si le professeur se propose de conduire ses leçons par des moyens puisés uniquement dans l'arsenal de la pédagogie classique, il fait fausse route. Ouvriers et employés qui, à chaque instant, sont aux prises avec les difficultés de l'atelier et de la vie quotidienne, viennent aux cours pour qu'on les aide à trouver des solutions immédiates. Ils ne peuvent admettre, alors que ces difficultés seront là demain et après-demain encore, qu'il leur faille momentanément se détourner d'elles et travailler dans un champ dont elles paraissent absentes. La seule stratégie qu'ils sont aptes à comprendre est l'attaque directe, et il serait vain d'essayer de les persuader que, par le détour de la culture désintéressée, ils reviendront, un jour, vers elles, avec des forces accrues qui leur permettront enfin d'en triompher.

La grande faute commise dans certaines classes d'apprentis, est de perdre de vue le caractère professionnel de l'enseignement. On y fait du français comme à l'école, des problèmes comme à l'école, du dessin et de la comptabilité comme à l'école.

Une telle interprétation ne peut surprendre, lorsque les chargés de cours n'ont pas vécu dans les milieux industriels ou commerciaux, ou lorsqu'ils n'ont pas complété leur éducation pédagogique par une étude suffisante des rouages de la vie des affaires.

Cette faute est aussi, trop souvent, celle des professeurs qui proviennent de ces milieux. Leur compétence technique et pratique peut être incontestable, mais ils éprouvent de la gène à se mouvoir dans une classe, ils hésitent, ils tâtonnent : ils n'ont point assez d'habitude et de maîtrise pour affirmer leurs méthodes et ils se réfèrent, en pensée, aux exemples anciens de leur passé scolaire. Ils cherchent, en fin de compte, à copier l'instituteur, et ils donnent, avec une certaine gaucherie, un enseignement primaire sans intérêt. Il y a, par conséquent, pour eux, une adaptation à faire.

Enfin, s'il est nécessaire de former un cadre, en ce qui concerne le personnel enseignant, il ne l'est pas moins d'instituer une cohésion parmi les auditeurs et de sérier les matières d'enseignement. En d'autres termes, il convient de faire un groupement suivant la nature des professions et, en second lieu, dans chacun des groupements, de constituer des subdivisions en rapport avec le degré de connaissances et d'aptitudes des élèves.

Cela dit, il semble qu'il y ait lieu de distinguer les cours professionnels des œuvres post-scolaires proprement dites. Les premiers sont un appoint de l'apprentissage, les secondes visent l'instruction des illettrés ou prolongent l'école primaire en comblant les lacunes qu'elle a laissées dans l'éducation générale. Si nous disons qu'il y a lieu de distinguer, nous n'entendons pas pour cela qu'il s'établisse des rivalités. Nous voulons simplement faire remarquer que les cours d'apprentis n'ont pas les mêmes tendances que les cours d'adultes ordinaires et, s'il est possible de concevoir l'existence parallèle des uns et des autres, nous voudrions, au moins dans les villes importantes, les voir non pas confondus, mais fondus dans une pensée d'éducation commune, tout en restant circonscrits dans les limites de leurs attributions différentes : classes d'instruction élémentaire confiées à des instituteurs; cours professionnels confiés à des techniciens et à des praticiens, jamais à d'autres; superstructure d'éducation générale et délassements récréatifs confiés à des maîtres éprouvés. Aux cours d'adultes proprement dits la clientèle viendra d'un peu partout. Aux cours professionnels, seuls les apprentis et les employés de commerce suivront des leçons qui ne peuvent utilement se constituer ailleurs; s'ils en ont l'intention et les loisirs, ils iront en outre — et un autre jour — demander à l'organisation voisine le complément d'instruction scolaire ou d'initiation aux arts d'agrément qu'ils désirent. Que chacun, en un mot, reste dans le domaine de ses compétences, sans avoir l'illusion de croire que la bonne volonté supplée aux connaissances spéciales et que tous se tendent la main dans un esprit de collaboration loyale, jamais de concurrence.

En général, les organisateurs de cours ont le tort de chercher à faire grand. Ne jouons pas trop à l'université populaire. Ayons moins d'ambition et plus de sens pratique. Si nous voulons attacher l'apprenti à nos leçons, donnons-lui la nourriture simple et substantielle qu'il sait apprécier et qui lui est vraiment utile, au lieu de le convier à partager le menu d'une clientèle mêlée qui s'accommode d'une certaine fantaisie.

Les Administrateurs des Cours d'Apprentissage.

Pour imprimer aux cours professionnels l'orientation qui leur convient, il est indispensable que l'organisation, l'administration et la surveillance appartiennent à des gens de métier. C'est là une nécessité élémentaire qui paraît si évidente que l'on peut difficilement imaginer une conception contraire. Pourtant il n'est pas sans utilité d'y insister, car l'expérience prouve qu'elle est parfois méconnue. Les bonnes volontés sont toujours nombreuses et les dévouements assez prêts à se mettre en avant. Les compétences sont moins universelles ou plus discrètes : non pas qu'elles soient rares, mais elles restent parfois indifférentes, et elles abandonnent à des initiatives plus agissantes qu'autorisées un rôle qu'elles seules devraient remplir.

La connaissance des besoins d'une corporation que donne la pratique journalière de la profession, si elle est, selon nous, condition essentielle, n'est pourtant pas condition suffisante pour justifier une désignation d'administrateur de Cours professionnels. Il s'agit là d'une fonction à la fois désintéressée et honorifique qu'il ne faut jamais considérer comme une fonction honoraire. Elle exige de l'activité, demande qu'on y consacre son temps, et celui qui consent à la remplir doit avoir la volonté de s'acquitter de sa mission, comme il le ferait d'une entreprise privée qu'il veut faire prospérer. Ouvrir sa caisse à l'époque des souscriptions, prononcer des paroles encourageantes dans une fête, cela peut suffire à déterminer une impulsion ; ce n'est point assez pour guider la carrière d'une institution qui, jour par jour, a besoin d'être soutenue. Payer constamment de sa personne, c'est là, et il serait prétentieux de chercher à l'apprendre aux industriels et aux commerçants, le grand moyen de succès, parce que c'est le stimulant le plus efficace du zèle des collaborateurs.

Les Professeurs.

La fortune des cours d'apprentis dépend surtout des professeurs. Tant vaut l'homme, tant vaut la terre. La terre, c'est-à-dire les élèves, est partout identique ; les tempéraments et les aptitudes qui constituent des variétés individuelles se fondent dans un ensemble qui vaut dans les Charentes ce qu'il vaut dans le Jura, dans le Midi ce qu'il vaut dans le Nord. Des défauts plus accentués sont compensés, ici ou là, par des qualités plus vives; l'équilibre n'est rompu en aucun lieu. Partout se rencontrent les mêmes difficultés de culture et partout, en somme, la même matière s'offre à la bêche du laboureur. Pourquoi trouve-t-on tant d'inégalité dans la moisson, tant de différences, si souvent, entre deux champs voisins? C'est que les hommes qui les ensemencent, pareils peut-être aussi par la bonne volonté et le savoir, sont dissemblables par le savoir-faire.

Notre intention pourtant n'est pas de dire ce qui fait la valeur du professeur. Cela nous entraînerait à des généralités qui dominent sans doute la question que nous voulons traiter, mais qui ne peuvent être utilement envisagées ici.

Dans le domaine des cours professionnels, il ne s'agit pas de généralités, mais de réalités : les conditions de recrutement des maîtres sont limitées par des circonstances de faits que nous n'avons pas le droit d'oublier. Il importe peu, par conséquent, de camper un type réunissant, en théorie, tous les éléments d'une formation idéale et de conclure en disant: voilà l'homme qu'il vous faut.

Les industriels et les commerçants qui sont habitués à se placer en face de la pratique nous auraient tôt répondu : où le trouverons-nous ?

Toute la question est là en effet. Comment découvrir, dans l'état actuel, le professeur qui réunira en lui la plus grande somme de garanties désirables?

En vue de la discussion au Parlement du projet de loi sur l'Enseignement technique, le ministre du Commerce et de l'Industrie a procédé à une enquête auprès des Chambres de commerce. Il leur a posé un certain nombre de questions qui ont fait l'objet de rapports intéressants. Parmi ces questions se trouvait celle-ci : « Par quels maîtres doivent être faits les cours professionnels? » Voici, très exactement résumées, les réponses qui ont été formulées sur ce point : 59 compagnies demandent que les cours soient faits par des professionnels, patrons, ingénieurs, spécialistes, contremaîtres, ouvriers; 22 par des professeurs de l'enseignement technique, écoles professionnelles, écoles pratiques de commerce et d'industrie (cette réponse est caractéristique, parce qu'elle émane des centres dans lesquels ces institutions existent et qu'elle correspond à une appréciation presque unanime des services rendus par ces établissements); quelques-unes proposent le double concours des professeurs de l'enseignement technique et des professionnels; 6 indiquent que, dans certains cas, les professeurs de l'Université, surtout les professeurs d'ordre scientifique, pourraient apporter leur collaboration aux professionnels; 3 proposent de confier les cours à d'anciens élèves des écoles techniques; 3 prévoient l'intervention des instituteurs.

L'opinion générale ou plutôt le désir qui ressort de l'ensemble de la consultation se trouve précisé dans la formule de la Chambre de commerce d'Alger : « Les cours professionnels devraient être faits par des gens de métier qui seraient en même temps du métier de l'enseignement ».

Ce n'est qu'un vœu. Ne nous y arrêtons que pour retenir l'orientation vers laquelle il faut tendre. Les moyens de le réaliser pleinement nous échappent. Les écoles pratiques et professionnelles ne seront jamais assez nombreuses, et elles n'auront jamais un personnel suffisant pour répondre aux besoins multiples de l'apprentissage. Là où ce personnel existe, utilisons-le. Là où il fait défaut, quelle est la ressource qui nous reste?

Pour enseigner un métier, il faut l'avoir appris soi-même. Personne ne songe à contester cette naïve vérité, mais quelques-uns disent : il ne s'agit pas d'enseigner un métier dans les cours d'apprentis, mais de compléter une éducation qui se fait, au point de vue pratique, à l'atelier. Il en est ainsi, en effet, mais compléter ne signifie pas seulement ajouter ou superposer, cela veut dire harmoniser, fondre, adapter. Sur quelle base s'appuiera le maître qui ignore les exigences de la profession ouvrière, pour sélectionner, dans une science ou dans un art, les connaissances à distribuer dans un temps réduit, et les moyens de les présenter d'une façon vivante qui fasse corps avec l'application journalière? Tout son savoir de théoricien et toute son expérience de la chaire n'y suffiront pas; et à quoi servira son talent si, suivant une expression d'atelier, son enseignement porte à faux?

L'homme de métier, au contraire, a un guide sûr pour conduire ses leçons. Il sait sur quelles notions s'étaie chacune des étapes de l'apprentissage ; il voit les hésitations des débutants lorsqu'ils se trouvent aux prises avec un problème pratique nouveau ; il peut, en temps opportun, combler des lacunes pour leur permettre de le résoudre. Lui seul, en un mot, est capable de lier la marche du cours professionnel à celle du développement de l'habileté manuelle.

Dira-t-on que le maître de métier, qui a le sens très net des besoins de l'atelier, n'a pas celui de l'enseignement et que sa dextérité de praticien est impuissante à lui donner le tour de main du professeur. Cela serait-il vrai que le tâtonnement, appliqué à l'utile, vaudrait encore mieux qu'une assurance sans objet ; mais il ne faut pas s'exagérer l'importance de l'inexpérience pédagogique : le bon sens supplée à bien des choses.

L'objection n'a de force, d'ailleurs, qu'autant que la désignation des moniteurs d'apprentissage est livrée au hasard. Or il n'en peut-être ainsi, et c'est parmi l'élite des professionnels que doit se faire un choix.

Il est, en effet, de première nécessité de ne pas s'en rapporter à la seule bonne volonté des postulants qui offrent leurs services. De même il faut, à tout prix, écarter le système des nominations patronnées par des recommandations personnelles ou collectives.

L'expérience nous a montré la voie à suivre et, sans qu'il ait été besoin, au début, d'une réglementation formelle, l'usage a établi une méthode de recrutement pour le personnel des préposés à l'apprentissage qui donne d'excellents résultats dans les écoles pratiques. C'est le système du concours suivi d'un stage.

S'il est d'une difficulté d'application plus grande dans les cours de métiers, il présente cependant, pour eux aussi, de tels avantages que nous n'hésitons pas à en recommander la généralisation. Qu'on nous permette de nous y arrêter quelques instants pour en expliquer le fonctionnement, afin que le mécanisme n'en soit pas faussé.

Une première question se pose, c'est celle du salaire ou, si l'on veut, de l'indemnité qu'il faut offrir au titulaire de la charge. Qui veut la fin veut les moyens, et si l'on pense organiser solidement des cours d'apprentissage sans supporter les dépenses nécessaires, mieux vaut ne pas se lancer dans l'entreprise. Cette indemnité, proportionnelle au nombre d'heures de travail et en rapport également avec la spécialité qu'il s'agit d'enseigner, doit être telle qu'elle puisse intéresser et attirer les compétences. C'est là une condition essentielle et, si nous y insistons, c'est que nous considérons qu'il est puéril et décevant de chercher à obtenir de bons résultats au rabais.

Un autre point ne peut manquer d'être soulevé et nous ne saurions le passer sous silence. Nous poursuivons avec bonne foi la solution du problème, et la meilleure façon de l'aborder est de faire connaître nettement notre opinion en toute circonstance. Aucun patron, dira-t-on, ne consentira à laisser un maître-ouvrier ou un agent de son bureau d'étude quitter l'atelier ou l'usine trois ou quatre heures par semaine pour devenir, au dehors, moniteur d'apprentissage. Cette hypothèse vise les cours du jour ou les cours de mi-temps; elle ne concerne pas les classes du soir, pendant lesquelles la liberté des maîtres et des élèves est entière.

Nous pourrions répondre à cette objection par des faits et dire que, là où le système se pratique, il n'a pas rencontré la résistance que l'on suppose. Mieux vaut montrer que la difficulté ne tient pas devant la raison.

S'il fallait distraire de l'atelier un ouvrier quelconque, il est possible que certains patrons, pris par les petits côtés de leurs intérêts immédiats, n'hésiteraient pas à s'en séparer sous le prétexte qu'il ne fournit pas sa journée entière. Mais, ne l'oublions pas, il s'agit d'un agent d'élite auquel on tient et à qui l'on fera des concessions pour ne pas le perdre, car il ne se remplace pas facilement. Sa rémunération supplémentaire n'aura-t-elle pas pour effet, au contraire, d'assurer sa stabilité en l'attachant au pays? Ses quelques heures d'absence, qu'elles soient par le patron payées ou non, ne sont-elles pas, au point de vue des intérêts stricts, largement compensées par les services privés qu'il peut rendre? Qui donc sera mieux documenté que lui sur la valeur professionnelle des ouvriers qui, plus tard, viendront demander du travail? Et les choix judicieux de ceux-ci ne sont-ils pas une source de recettes d'avenir qu'il est bon de se ménager par un sacrifice avisé dans le présent?

Voilà des arguments auxquels nous nous garderons de faire crédit, parce qu'ils dérivent d'un état d'esprit qui n'est qu'une exception. Nous ne les avons produits en passant que pour ne pas mériter le reproche d'esquiver les difficultés.

C'est de plus haut qu'il faut voir les choses. Les cours d'apprentissage sont une nécessité de l'heure actuelle. Ceux qui le comprennent sont prêts à quelques sacrifices. Ce serait leur attribuer gratuitement une arrière-pensée égoïste que de supposer qu'ils comptent tirer d'un mouvement d'opinion tous les bénéfices, sans apporter à l'œuvre entreprise leur contingent d'action réelle.

Simplement, parce que cela est utile, parce qu'il place bien au-dessus des petites convenances personnelles, l'intérêt d'un métier ou d'une industrie, le patron donnera à son employé l'autorisation de remplir sa mission.

Bien mieux nous estimons que cette autorisation sera automatique. Comment, en effet, jusqu'à ce jour, se sont organisés les cours d'apprentissage? — Nous parlons de ceux qui sont vraiment professionnels et vraiment productifs. — Sur l'initiative et par la libre entente des industriels ou des commerçants qui ont fixé entre eux des règles qui les lient moralement et qui n'hésiteront pas davantage à inscrire dans les statuts l'engagement préalable de fournir un moniteur si le concours en décide ainsi. Nous connaissons les sentiments du monde du travail; les accommodements ne sont difficiles à obtenir que lorsque l'amour-propre est en jeu, mais ils découlent sans peine d'un concert librement institué dans lequel les questions corporatives sont amicalement débattues.

Concours qui tente les meilleurs candidats et liberté absolue d'y prendre part, voilà, avant toute autre disposition, les deux points qu'il faut assurer si l'on veut recruter des maîtres capables de rendre des services.

Est-il utile de parler des conditions d'inscription ? Garanties de moralité et présomptions d'aptitudes fournies par des références ou des certificats, cela va de soi. Il en est une autre qui semble parfois accessoire et que nous considérons, pour notre part, comme primordiale : il importe de fixer une limite d'âge pour être admis à concourir. Nous sommes loin de souscrire au système que certains préconisent, système qui consiste à confier les cours à des vétérans de l'industrie, du commerce ou du professorat. Les turbulents apprentis n'ont pas la sérénité des disciples de Platon et il serait peut-être vain d'essayer de les réunir aux jardins d'Academus pour entendre des vieillards leur enseigner la sagesse.

Quant à la matière du concours, la première place doit être réservée à l'examen pratique des capacités professionnelles, mais il convient de ménager une leçon permettant un contrôle relatif des qualités d'enseignement. Les aptitudes, sous ce rapport, ne seront certes pas dévoilées de façon certaine au cours de l'examen : il faut plus de temps et bien d'autres épreuves pour apprécier les méthodes et juger de l'autorité d'un maître. Mais les inaptitudes caractérisées apparaîtront et l'élimination qui s'en suivra est un moyen de s'orienter vers un bon choix.

Il est utile que le jury, composé de spécialistes qualifiés, comprenne un assez grand nombre de membres ; son autorité sera mieux établie et ses décisions plus sûres et plus indépendantes.

Voilà donc le lauréat désigné. Il paraît remplir toutes les conditions pour réussir. Réussira-t-il ? L'avenir le dira. L'examen, quel qu'il soit, ne donne jamais une certitude. Il n'est qu'un moyen, moins imparfait que beaucoup d'autres, de préjuger des dispositions et du savoir-faire. Le seul critérium de la valeur d'un homme est l'expérience de la pratique.

C'est pour cette raison que le stage est une précaution indispensable. Au bout d'une année d'exercice, le candidat choisi sera définitivement nommé... ou remercié.

Nommé, nous l'appellerons *Moniteur d'Apprentissage.*

Toutes les mesures de sécurité sont prises ; la clef de voûte de l'édifice a la solidité qui permet la confiance.

Mais si nous pouvons, en effet, concevoir de légitimes espérances, le moment n'est pas venu de nous retirer sous notre tente. Gardons-nous de laisser peser tout le fardeau sur le professeur distingué que nous avons choisi. Il faut le soutenir, l'aider, l'encourager. La marche accélérée des débuts peut se ralentir ; elle se ralentira fatalement si l'ambiance d'activité générale n'est pas maintenue et si les efforts isolés du maître ne sont appuyés que par un simple patronage de surface. La routine se substituera à la vie et les cours d'apprentis deviendront un de ces rouages médiocres qui tournent sans progresser.

Parmi les professeurs, titularisés après une année de stage, des degrés ne manqueront pas de s'établir. Si tous sont qualifiés pour s'acquitter convenablement de leur tâche, quelques-uns y apporteront une intelligence et une ardeur particulières. Quand la preuve de leur supériorité sera faite, il est de toute nécessité de le constater par une sanction. Sanction pécuniaire si l'on veut ; en tous cas sanction rendue évidente par une dénomination nouvelle. Nous proposons de les désigner par le titre de *Maîtres d'apprentissage*. Afin de lui conserver son prix, en veillant à ce qu'elle ne soit pas distribuée avec une libéralité excessive, cette distinction devrait être conférée par le Comité départemental d'apprentissage sur la proposition des Conseils locaux appuyée par un rapport d'inspection.

Le mouvement d'opinion en faveur des cours professionnels se traduit aujourd'hui par une action concrète qui se développe, et nous sommes à la veille de voir s'organiser des examens de fin d'apprentissage dans un grand nombre de villes et, dans les départements, des concours régionaux d'apprentis. Pendant quelques années encore, nous assisterons à des essais disséminés, fort intéressants sans doute, mais insuffisants pour permettre une coordination quelque peu méthodique. Loin de nous la pensée d'enserrer dans une constitution uniforme l'organisation qui se poursuit ; la variété des besoins à satisfaire entraîne nécessairement la diversité des méthodes d'exécution, mais il est des suggestions communes qui naissent des applications spontanées d'un même principe. Dans un temps assez court, les initiatives locales seront sans doute suffisamment poussées et suffisamment précises pour qu'il s'en dégage une direction générale répondant à l'idée unique qui les a suscitées. En un mot, les résultats des examens d'apprentissage et des concours d'apprentis deviendront assez nets pour permettre d'en apprécier la valeur comparative.

A ce moment l'on trouvera en eux une nouvelle base pour juger des mérites des instructeurs et, conséquemment, nous proposerons un troisième moyen de stimuler leur zèle. Les Maîtres d'apprentissage qui auront, dans les examens et concours, fourni, pour leurs professions, les meilleurs sujets recevront le titre d'*Experts*.

Est-ce là une innovation ? S'il en était ainsi, nous aurions hésité à présenter un système avant d'en avoir vérifié l'application. Mais l'expérience est faite et depuis de longues années déjà. Elle a donné en Suisse, et elle continue à donner, des résultats remarquables. La seule différence que nous avons imaginée consiste à instituer trois degrés au lieu de deux. Les cantons suisses n'ont que les *maîtres d'apprentissage* et les *experts*. Lorsque, dans ces cantons, l'obligation de prendre part à l'examen de fin d'apprentissage est imposée aux employés de commerce et aux apprentis, les experts ont un rôle officiel ; ils font partie de la commission qui choisit les épreuves et du jury d'examen. L'exemple, sur ce point encore, nous paraît bon à suivre.

Les commerçants et les industriels verront assurément dans nos propositions plus qu'un excellent procédé pour constituer un corps éclairé et vigoureux de professeurs. Ils ne manqueront pas de comprendre que c'est aussi un puissant moyen de rehausser la valeur des cadres de l'armée du travail. Les anciennes maîtrises tenaient en haute estime l'habileté professionnelle et l'aptitude à l'enseignement. Ressuscitons-les sous cette forme, qui n'a plus aucun des inconvénients d'autrefois et qui a l'avantage d'unir, dans un contrôle des capacités, les chefs de maisons et les ouvriers qui font partie des comités d'apprentissage.

Moyens secondaires d'assurer la fréquentation des cours professionnels.

L'utilité pratique de l'enseignement, le dévouement des administrateurs, la compétence des professeurs sont les premières conditions à réaliser pour assurer l'assiduité des élèves. L'on pourrait soutenir que ce sont les seules, car les moyens secondaires, plus ou moins ingénieux ou divers, ne valent que par les hommes qui les manient. Cela revient à dire, inversement, que lorsque ces moyens s'appuient sur une autorité mal assise, ils sont d'un intérêt médiocre. Pourtant nous voulons en signaler quelques-uns que nous avons vu employer avec succès.

Nous admettons comme condition indispensable la sélection des élèves. Il est des jeunes gens qui n'ont pas les aptitudes nécessaires pour tirer profit des leçons, même les plus simples ; il en est d'autres qui sont un élément de désordre. Les uns et les autres doivent être écartés.

Lorsque les cours fonctionnent, la première mesure à prendre est l'établissement d'un contrôle administratif. Un registre d'inscription et d'appel doit être tenu par le directeur ou par l'administrateur-délégué. A son entrée en séance, chaque professeur reçoit une fiche sur laquelle il inscrit les retards et les absences. Il retourne la liste à l'administration. Celle-ci constate le retard ou l'absence par un signe conventionnel sur le registre d'appel et, au moyen d'une carte-lettre, préparée à cet effet et affranchie, informe sans délai soit le patron, soit les parents ou le tuteur, soit les uns et les autres à la fois. Cela se pratique à peu près partout ; les résultats sont cependant très différents. Quelques maîtres s'imaginent que leur rôle se borne à remplir d'une façon scrupuleuse cette besogne de bureau. Lorsqu'ils l'ont accomplie, leur conscience est tranquille. A d'autres de faire leur devoir, c'est-à-dire de répondre, de conseiller, d'admonester, de sévir.

Certains, au contraire, sont plus exigeants. Au lieu d'enregistrer purement et simplement un fait, ils en cherchent les causes, ils les découvrent, ils les combattent. Comment font-ils ? Il est peut-être sans utilité de le dire, parce que le principe d'action est en eux et qu'il ne se transplante pas comme une herbe vulgaire qui germe dans tous les terrains. Ils veulent et voilà leur puissance.

Cependant il est un procédé que nous avons quelquefois recommandé et qui a souvent réussi. Il n'est peut-être pas greffé sur un sentiment d'incontestable grandeur morale, mais nous le donnons pour ce qu'il vaut et nous sommes loin de l'ériger en règle. La seule règle que nous reconnaissons est la forte personnalité des maîtres et leur valeur professionnelle. Mais il est arrivé que des commerçants et des industriels qui surveillent des classes d'apprentis, ont pensé qu'il n'était pas trop subversif d'appliquer aux cours, des méthodes qui leur paraissent recommandables dans les affaires. En intéressant à la prospérité de leur maison leurs principaux employés, ils ont constaté que le zèle général s'en était accru et que les bénéfices n'en souffraient pas. Ils ont imaginé d'intéresser aussi le directeur et, quelquefois, les professeurs à la prospérité des cours. En dehors d'un traitement fixe, ils leur assurent un casuel qui varie, non d'après le nombre des présences, car certaines leçons ont une clientèle de faveur, mais d'après une proportionnalité d'inscriptions qui se maintiennent, facile à établir pour chaque profession ou pour chaque matière d'enseignement. Il en est résulté que le contrôle bureaucratique a été doublé d'une intervention personnelle beaucoup plus efficace. Lorsqu'une absence est signalée et que la réponse tarde, l'on veut savoir pourquoi : on va voir le patron, si on le peut ; on va voir les parents, le dimanche ; on s'entretient avec eux des progrès de l'élève, et l'on crée ainsi, par des liens qui se resserrent et des relations qui se développent autour de l'œuvre elle-même, une atmosphère d'intérêt dont elle profite largement. Il y a plus, les démarches deviennent bientôt une habitude qui se généralise. Elles sont dans le rôle et comme dans la fonction du maître, et tel qui aurait hésité à les entreprendre, poussé par le seul appât d'une rémunération aléatoire, ne veut pas rester inactif, quand il comprend qu'elles sont un moyen de concentrer autour de sa classe le faisceau de sympathies qui la soutient.

Enfin, sans parler de l'excellent ressort d'émulation que que constituent les bourses d'apprentissage, les récompenses accordées aux apprentis, sous leurs formes les plus diverses, distribuées en raison du travail et en tenant compte parallèlement d'un coefficient d'assiduité, sont également un facteur de bonne fréquentation sur lequel nous n'insistons pas parce qu'elles sont partout en usage. Leur nombre et leur importance — leur influence par conséquent — dépendent en grande partie des autres conditions que nous avons énumérées. Les encouragements viennent presque naturellement lorsqu'une excellente organisation et l'intelligente activité des maîtres les appellent.

Il nous resterait à dire que les causes, trop facilement explicables de l'irrégularité dans les cours du soir, n'existent plus dans les cours du jour ou les cours de mi-temps. Là où l'entente des chefs de maison a pu les instituer, la fréquentation est à peu près parfaite. C'est dans ce sens qu'il faut souhaiter de voir s'orienter les initiatives. Toutes les difficultés que l'on prévoit sont surmontables ; la preuve en est faite par ce qui est. Puisque le succès s'est affirmé dans certaines villes, il n'est pas impossible ailleurs et nous voulons espérer que, sans attendre le vote des dispositions d'un projet imposant l'obligation légale, les bonnes volontés sauront se grouper pour en venir d'elles-mêmes à l'obligation consentie.

CRÉATION ET ORGANISATION D'UNE ÉCOLE D'APPRENTISSAGE

En dehors des établissements essentiellement privés, il existe, en France, deux catégories d'écoles d'apprentissage :

D'une part, les écoles officielles ressortissant au ministère du Commerce et de l'Industrie et portant le nom d'Écoles pratiques d'industrie, ou d'Écoles pratiques de commerce et d'industrie ;

D'autre part, les écoles municipales — subventionnées ou non — et les écoles dépendantes d'associations industrielles, qui reçoivent de l'État une subvention variant suivant leur importance.

Dans les unes comme dans les autres, l'orientation des études relève surtout des conseils locaux, composés d'industriels et de commerçants. En général, pour les écoles subventionnées, le Ministère du Commerce est représenté dans ces conseils; il l'est toujours en ce qui concerne les écoles officielles, et les programmes de celles-ci sont soumis à son approbation.

ÉCOLES PRATIQUES DE COMMERCE ET D'INDUSTRIE

But. — Ces écoles sont destinées à former des employés de commerce et des ouvriers aptes à être immédiatement utilisés au comptoir et à l'atelier.

Tous les enseignements qui y sont donnés doivent donc converger nettement vers un but précis : l'apprentissage.

Adaptation aux besoins locaux. — Les écoles pratiques ne sont pas coulées dans un même moule. Leur caractère essentiel est de répondre aux besoins du commerce et de l'industrie de la ville ou de la région dans laquelle elles sont placées. La durée des études, les programmes, l'organisation sont soumis à ces conditions.

En fait, une grande variété d'enseignement se remarque dans les écoles déjà existantes: les diverses industries qui comportent le travail général des métaux (mécanique, forge, serrurerie) et du bois (menuiserie, modèlerie, ébénisterie, sculpture) y sont largement représentées; mais, à côté d'elles, l'électricité, la chaudronnerie, la ferblanterie, le tissage, la filature, la draperie, la dentelle, la coutellerie, l'armurerie, la lunetterie, l'horlogerie, l'imprimerie, la lithographie, la typographie, la ganterie, la teinturerie, la tannerie, l'industrie des lacets, des peignes, des articles de celluloïd, la coupe de pierre, les industries du bâtiment, les industries féminines, etc., ont leurs ateliers et leurs programmes de travaux pratiques, établis suivant des plans élaborés par les spécialistes de ces professions.

Tout métier qui peut s'enseigner dans le cadre de l'atelier-école a sa place dans le mécanisme extrêmement souple de ces établissements. La même observation s'applique à celles des professions commerciales qui exigent une préparation scolaire orientée dans un sens particulier.

Création. — Les écoles pratiques de commerce ou d'industrie peuvent être fondées soit par un département ou une commune, soit par plusieurs départements ou plusieurs communes.

En ce qui concerne les frais de construction, d'aménagement, etc., l'État peut concourir aux dépenses dans la proportion d'un quart; son intervention n'est pas limitée en ce qui concerne l'outillage.

Personnel. — Le personnel comprend: un directeur, des professeurs, des chefs de travaux et d'atelier, des maîtres ou maîtresses auxiliaires, nommés et rétribués par l'État, des contremaîtres nommés et rétribués par le département ou la commune.

Administration. — Un Conseil de perfectionnement composé, en majorité, de membres choisis dans les chambres de commerce, les chambres consultatives des arts et manufactures, les conseils de prud'hommes, les associations professionnelles, ou, parmi les personnes qui exercent ou ont exercé une profession industrielle ou commerciale, est chargé de fixer le nombre des emplois de contremaîtres, de donner son avis sur le recrutement, la nomination, le mode de rétribution de ces agents, d'établir le programme détaillé de l'enseignement avec l'emploi du temps correspondant, de visiter l'école, d'examiner son budget, de délibérer sur le rapport annuel du directeur, d'assister aux examens, de s'occuper du placement des élèves, d'exprimer son sentiment sur toutes les questions qui lui sont soumises soit par le ministre, soit par le préfet, soit par le maire.

Dépenses. — Les dépenses de première installation ne peuvent être évaluées ici. Elles varient suivant le nombre des élèves, le nombre et la nature des ateliers installés ; suivant aussi qu'il s'agit de la création, de toute pièce, d'une institution nouvelle, ou de la transformation d'un établissement scolaire, déjà existant, en école pratique; suivant encore qu'il y a lieu d'envisager une construction complète, ou l'utilisation d'un immeuble ancien; suivant, enfin, un certain nombre de conditions locales très particulières.

Les dépenses annuelles de fonctionnement et d'entretien sont également sous la dépendance de ces données. Mais s'il est impossible, par conséquent, d'indiquer un chiffre immuable, l'on peut fournir un élément d'approximation suffisant, en se basant sur une moyenne, déduite de dépenses constatées aux budgets d'écoles pratiques en exercice.

La moins importante de ces écoles compte actuellement 60 élèves, la plus peuplée en compte 600. Le chiffre de 200 est celui que l'on rencontre le plus souvent. En établissant nos calculs sur l'ensemble des écoles qui, à quelques unités près, ont cet effectif, nous pouvons dire que l'État intervient toujours pour plus de la moitié dans les frais de fonctionnement, et que la part de la commune, ou du département, dans les dépenses annuelles, dépasse rarement 100 francs par élève.

Ce chiffre s'entend pour le service des cours normaux et des exercices pratiques, suivis par des jeunes gens d'âge scolaire, et pour toutes les dépenses, de quelque nature qu'elles soient, abstraction faite de la première mise de fonds affectés à l'installation. Mais si à l'établissement, comme cela se produit dans la plupart des cas, sont annexées des classes pour les apprentis provenant des ateliers patronaux, le personnel et l'outillage de l'école étant utilisés pour ces classes, le prix de revient global d'un élève s'abaisse dans des proportions considérables.

Programmes. — La variété des professions qui sont ou qui peuvent être enseignées à l'École pratique ne nous permet pas de donner des précisions sur les matières d'enseignement.

Nous rappelons d'ailleurs que les programmes sont discutés par les conseils de perfectionnement, ce qui veut dire qu'ils sont aussi divers que les métiers qu'ils ont pour but de servir, aussi variés que les conceptions locales des besoins de l'apprentissage.

Ils ne sont nulle part imposés et peuvent recevoir toutes les modifications qui sont reconnues justifiées par les intérêts de la production.

Il est, d'autre part, évident que l'enseignement professionnel proprement dit ne devient réellement efficace que s'il s'appuie sur une base solide, formée d'un certain nombre de connaissances générales que ne possède pas encore l'élève sortant de l'école primaire. Aussi une place a-t-elle été faite à ces connaissances, dès le début de la scolarité. Le temps qui leur est consacré est plus restreint en deuxième année, et plus encore en troisième, tandis que l'horaire des divers exercices qui concourent plus directement à la formation professionnelle du futur ouvrier ou du futur employé, s'accroît au fur et à mesure qu'on s'avance vers la fin de scolarité. Le minimum de connaissances générales, indispensables pour servir de base à l'enseignement professionnel, est dispensé à tous les élèves. Il n'en est plus de même pour les matières d'ordre technique qui comportent des développements plus ou moins complets suivant telle ou telle profession, telle ou telle région.

Le Conseil supérieur de l'Enseignement technique et l'Administration se sont inspirés de l'objet même des écoles pratiques qui est, comme nous l'avons dit, l'apprentissage d'une profession industrielle ou commerciale, pour rédiger des programmes-types. Ceux-ci ne sont ni intangibles ni obligatoires, mais ils peuvent, au besoin, servir de guide. Nous ne saurions mieux faire, pour donner une idée de leur esprit, que de reproduire, à titre d'exemples, un plan d'enseignement pour une matière des écoles d'industrie de garçons, un autre pour une matière des écoles de commerce, un troisième pour une matière des écoles de filles.

I. — Technologie et ateliers.

Professions de forgeron, d'ajusteur et de tourneur sur métaux.

HORAIRE

1re *année*............... 21 h. 1/2
2e *année*............... 25 h.
3e *année*............... 30 h.

INSTRUCTIONS PÉDAGOGIQUES. — Le directeur, les maîtres d'atelier et même les professeurs de dessin et de mécanique devront bien se pénétrer de ce que doit être l'apprentissage à l'école pratique et ne jamais perdre de vue qu'il y occupe la place prépondérante. Ils se rendront compte aussi de la différence très grande qui existe entre l'apprentissage dans les ateliers de l'industrie, même dans le cas, assez rare aujourd'hui, où il se fait dans de bonnes conditions, et l'apprentissage à l'école. Là, on ne s'occupe guère que de la partie purement manuelle du métier; ici, on ajoute aux exercices d'assouplissement de la main et au maniement des machines, l'étude des matières qu'on met en œuvre, la connaissance très complète de l'outillage à main, l'étude rationnelle des principales machines-outils et tout particulièrement, l'explication raisonnée des procédés de travail.

Il est incontestable que l'ouvrier formé dans l'atelier industriel peut devenir un habile praticien, susceptible d'assurer dans de bonnes conditions de production certains travaux auxquels on l'a plus spécialement préparé; mais il est certain aussi que, le plus souvent, les services qu'il peut rendre sont limités à un cycle de manipulations toujours les mêmes. Au contraire, les connaissances acquises en dessin, en mécanique, en technologie par l'ouvrier sortant de nos Écoles le mettent à même d'exécuter les différents travaux réclamés par les procédés modernes de fabrication.

On arrivera à ce résultat par un apprentissage sérieux, méthodique et scientifique. Aucun procédé ne sera donné, aucune pratique ne sera indiquée sans explications ou justification. On aura soin d'éloigner toute idée de routine de l'esprit des élèves.

La première partie de cet apprentissage visera à peu près exclusivement le travail à la main; la seconde comprendra en outre la pratique des machines.

En première et deuxième années, les élèves mécaniciens, pour ne considérer que ceux-ci, exécutent un certain nombre d'exercices de lime, de tour et de perçage se rapprochant de plus en plus des pièces qu'on façonne dans l'industrie. Ces exercices sont classés par ordre de difficulté progressive et choisis de manière à ce que les élèves aient à effectuer les opérations qui se présentent le plus souvent dans la pratique. Comme application, les élèves, lorsqu'ils commencent à être maitres de leur lime, confectionnent quelques travaux d'ensemble, consistant principalement en outillage, pour se rendre compte de la nécessité de la précision en vue du montage. On exige d'abord d'eux une bonne exécution et ce n'est qu'insensiblement qu'on les habitue à aller vite.

Chaque élève est pourvu d'un carnet d'atelier. Sur le verso de chaque feuillet, il colle un bleu représentant la pièce à exécuter, ou bien il fait, a l'atelier même, le croquis de cette pièce, soit d'après une pièce semblable, soit, le plus souvent, d'après un dessin. Sur le recto du feuillet suivant, il relève le résumé des instructions données par le maitre tant sur les outils à employer et la manière de s'en servir, que sur l'ordre des opérations à suivre pour conduire le travail d'une façon rationnelle. Il y fait aussi, jour par jour et dans un tableau préparé à l'avance, le pointage des heures passées à son travail, ce qui le stimule en le renseignant sur sa capacité de production. La pièce achevée est examinée par le maitre qui traduit son appréciation par deux notes inscrites au-dessous du tableau de pointage et concernant l'une, l'exécution, l'autre, le temps employé.

En troisième année, les élèves entreprennent d'autres travaux d'ensemble plus importants, qui sont des appareils de démonstration, des moteurs divers et des machines-outils.

C'est surtout par ces travaux de construction mécanique, qu'on initie les élèves au montage et aux tours de main d'atelier, qu'on leur fait acquérir de la méthode, qu'on les familiarise avec l'usage des machines-outils et enfin qu'on peut les entrainer. On les partage en équipes et chaque équipe a son travail particulier.

On devra bien se pénétrer de cette vérité que, dans une école convenablement outillée, on peut parfaitement exécuter des travaux présentant de réelles difficultés. C'est ainsi que de nombreuses écoles ont fabriqué, dans d'excellentes conditions, des machines à mécanismes compliqués.

La technologie est une des parties essentielles de nos programmes et doit être enseignée avec beaucoup de méthode. Le professeur ne s'effraiera pas de l'étendue du programme proposé; il saura le simplifier, dans l'étude des machines notamment, en considérant que les mêmes mécanismes se retrouvent dans la plupart d'entre elles, et en groupant toutes les questions analogues; en ne donnant, par exemple, à propos d'une catégorie de machines, que ce qui différencie chacune d'elles de celles qui sont déjà étudiées; en laissant en outre de côté tous les détails de peu d'importance dont les élèves comprendront aisément l'utilité en les voyant. Le cours ne sera donc pas une suite de monographies et ne devra pas avoir un caractère encyclopédique.

Les élèves illustreront leurs notes de technologie par de nombreux schémas; mais quand le mécanisme qu'ils auront à représenter sera un peu compliqué, le maître leur en remettra un dessin qu'ils colleront à côté de leur texte. Il en sera de même, le plus souvent, pour les schémas d'ensemble.

PROGRAMME

Technologie.

a) Forgeage.

PREMIÈRE ANNÉE. — 1° Description de la forge, de l'enclume et des premiers outils à main, tels que : marteaux divers, tenailles les plus usitées, tranches à froid et à chaud, poinçons, chasses, dégorgeoirs, étampes ;

2° Allumage et conduite du feu. — Choix du charbon ;

3° Instructions diverses sur le chauffage et le forgeage du fer et de l'acier ;

4° Tenue du forgeron.

DEUXIÈME ANNÉE. — *Première partie.* — Principaux matériaux employés dans la construction des machines.

Pour cette première partie, les élèves sont réunis à ceux de l'ajustage.

Deuxième partie. — *Continuation de l'étude de l'outillage.* — Opérations diverses de forge. — Qualités et provenances des charbons de forge.

Travail à la main. — Poids maximum de métal qu'on peut travailler à la main. — Chaude servant à donner de la ténacité au métal. — Travail du fer; travail de l'acier. — Recuit des pièces finies.

Énumérer et expliquer les opérations successives nécessaires pour donner au métal quelques formes simples et typiques.

Soudures. — Divers procédés de soudage. — Précautions à prendre pour le chauffage du métal. — Appréciation à l'œil de la température approximative du métal chaud. — Soudage de deux morceaux de fer; de deux morceaux d'acier. — Soudage du fer et de l'acier. — Acérage du fer pour outils. — Rôle des décapants. — Façon de s'y prendre pour exécuter quelques pièces comportant des soudures.

Trempe de l'acier. — Objet de la trempe. — Chauffage de la pièce à tremper. — Liquides de refroidissement. — Divers procédés de trempe. — Dureté demandée à la trempe pour des objets déterminés.

Forgeage, trempe et recuit des outils. — Aciers spéciaux pour outils.

Brasage — Explication du brasage.

Troisième année. — *Essais pratiques du fer et de l'acier.* — Caractères auxquels on reconnaît les qualités du fer et de l'acier. — Cassure, grain, éclat. — Essais à froid ; essais à chaud.

Pilons. — Marteau-pilon à courroie ou à planche. Description et usages. — Marteau-pilon à vapeur. — Marteau mécanique à frappe rapide. — Grue desservant une forge. — Outillage à main d'un marteau-pilon. — Four à réchauffer. — Presses à forger.

Plusieurs exemples de forgeage de pièces typiques. — Façon de diriger le travail ; précautions à prendre; tours de main.

b) Ajustage et tournage.

Première année. — 1. *Étau.* — Ses différentes parties. — Mordaches. — Hauteur de l'étau. — Étau fixe; étau tournant.

2. *Limes diverses utilisées en première année.* — Tenue de la lime. — Tenue de l'élève. — Dressage d'une surface à la lime. — Croisage des traits.

3. *Burin et bédane.* — Angle des faces du taillant. — Confection des burins et bédanes. — Premières instructions sur la trempe et l'affûtage. — Mode d'emploi du burin et du bédane. — Marteau. — Ébauchage d'une surface au burin. — Tenue de l'élève.

4. *Autres outils de l'ajusteur en usage en première année.* — Règle, équerre simple, équerre à chapeau ; mètre; compas à pointes, compas d'épaisseur.

5. *Premiers exercices de traçage.* — Marbre ; cales en V ; pointe à tracer, pointeau, trusquin.

6. *Perçage à main.* — Perçage au vilebrequin. — Mèches, confection, trempe et affûtage. — Montage du vilebrequin. — Description et usages de la machine à percer à bras.

7. *Tournage.* — Description d'un tour à crochet. — Outils de tour : crochet, grain d'orge, plane. — Confection de ces outils ; angle de coupe. — Trempe et affûtage. — Mode d'emploi de ces outils. — Centrage des pièces à tourner. — Instructions relatives à quelques exercices à faire sur le tour.

Deuxième année. — *Première partie : Matériaux employés dans la construction des machines.*

1. *Bois.* — Structure des bois de nos climats. — Principales essences

de bois; bois durs, bois tendres. — Conservation des bois. — Emplois divers.

2. *Fers* (¹). — Propriétés du fer. — Malléabilité. — Qualités et défauts du fer. — Résistance du fer à la traction. — Essai à la traction; examen de la cassure.

Fers du commerce. — Fers profilés ; emplois. — Prix des fers.

3. *Acier.* — Composition et propriétés de l'acier. — Essai de l'acier à la traction ; examen de la cassure. — Essai de dureté. — Classification des aciers. — Emploi. — Aciers ordinaires pour outils; teneur en carbone correspondant au degré de dureté. — Aciers spéciaux pour outils; composition et propriétés.

4. *Fonte.* — Composition de la fonte. — Fonte blanche; fonte grise. — Emploi de chacune de ces qualités de fonte. — Essai des fontes; cassure. — Fonte malléable. — Emploi.

5. *Autres métaux.* — *Alliages.* — Propriétés et emploi du cuivre. — Composition, propriétés et emploi du bronze et du laiton. — Maillechort. — Métal antifriction. — Aluminium. — Propriétés et usages.

Quelques mots sur le plomb, l'étain et le zinc. — Soudure des plombiers et des ferblantiers.

Deuxième partie : Continuation de l'étude de l'outillage.

1. *Étaux divers.* — Étau parallèle; étau à chanfrein.

2. *Limes.* — Diverses sortes de limes. — Profil des dents. — Taillage, retaillage et affûtage.

3. *Autres outils à main en usage en deuxième année.* — Fausse équerre, compas d'épaisseur, tournevis, clefs à écrous ; règle graduée, pied à coulisse ; fil à plomb, niveau.

4. *Traçage.* — Exemple de traçage sur des pièces spécialement fondues à cet effet. (Les traits ne seront pas indiqués au pointeau pour que ces pièces puissent servir à nouveau.)

5. *Ajustage de pièces.* — Exemples d'ajustage de pièces. — Polissage à la lime douce (le papier émeri sera rigoureusement proscrit en deuxième année). — Tolérance dans l'ajustage de deux pièces mobiles l'une par rapport à l'autre.

6. *Instruments de vérification.* — Palmer, calibres, bagues et tampons. Jauges.

7. *Perçage à la main.* — Perçage à l'arçon. — Perçage au fût à rochet.

8. *Perçage à la machine.* — Description d'une machine à percer simple. — Forets employés : forets hélicoïdaux. — Confection, trempe et affûtage des forets. — Machine spéciale à affûter les forets. — Manchons et mandrins porte-forets.

9. *Alésage.* — Alésoir à main. — Tourne-à-gauche. — Alésoirs divers. — Confection des alésoirs. — Trempe, rectification et affûtage. — Notions sur la trempe et le recuit des outils. — Meules à affûter.

10. *Mandrinage.* — But du mandrinage. — Mandrin. — Mode d'emploi.

11. *Filetage et taraudage.* — Différentes formes des filets. — Filières. — Coussinets. — Tarauds. — Confection et affûtage des tarauds. — Peignes pour le finissage des tarauds. — Opérations de filetage et de taraudage.

(¹) Des notions de métallurgie sont étudiées en chimie.

12. *Tournage mécanique.* — Description du tour à charioter à engrenages. Banc droit; banc coupé. Poupée fixe; poupée mobile. Chariot et porte-outil. — Confection des outils de tour. Angle de coupe, angle d'incidence. — Trempe et affûtage.

Réglage du tour. — Centrage et montage de la pièce entre pointes. — Tournage conique.

Plateau et mandrin. — Montage de la pièce sur le plateau ou le mandrin. — Finissage à la plane.

Perçage et alésage sur le tour.

13. *Description du tour parallèle à charioter et à fileter.* — Diverses parties. — Chariot porte-outil. — Guidage du chariot. — Vis-mère. — Transmission du mouvement à la vis-mère. — Changement de marche. — Lyre ou tête de cheval. — Commande du chariot par la vis-mère. — Mécanisme d'embrayage. — Lunette.

14. *Tour parallèle à charioter et à fileter pourvu d'une crémaillère.* — Commande du chariot par la crémaillère (chariotage). — Tringle de chariotage.

Théorie du filetage. — Filetage à 2, 4, 6 roues. — Montage des roues. — Repères.

Exercices de filetage.

15. *Finissage des pièces de fonte.* — Grattage. — Marbrage. — Peinture des parties non travaillées.

16. *Divers.* — Sciage des métaux. — Scie circulaire; scie alternative. — Brasage et soudage. — Confection des joints.

Troisième année. — 1. *Tours à charioter et à fileter universels.* — Importance d'une bonne disposition de l'arbre sur la poupée; rattrapage de jeu. — Butée. — Boite à changements de vitesse. — Assise à donner au chariot porte-outils. — Mouvements dans tous les sens du chariot et mécanismes permettant de les obtenir. — Remplacement, dans quelques tours à fileter, de la tête de cheval par un dispositif de roues dentées pour les pas de vis les plus courants. — Schémas de ces divers mécanismes. — Vis-mère à l'intérieur. — Déplacement latéral sur semelle de la poupée mobile pour tourner cône. — Plateau universel — Plateau diviseur.

Dispositif à reproduction.

Ce qui caractérise principalement les tours genre américain.

Nombreux travaux qu'on peut exécuter sur un tour.

Montage des pièces sur le tour. — Importance du centrage.

Notions complémentaires sur les outils de tour et sur les outils en général. — Outils en acier extra-dur.

Précautions à prendre pour le chauffage de l'acier à outils. — Appareils de chauffage pour la trempe. — Emploi des moufles, des bains métalliques. — Évaluation à l'œil de la température de l'acier chauffé.

Trempe de l'outil. — Liquides de refroidissement.

Recuit des outils. — Évaluation à l'œil de la température du recuit.

Choix de l'acier convenant à tel ou tel genre d'outils.

Porte-outils. — Vitesse pratique à donner à l'outil en rapport avec l'opération qu'on effectue ou avec la matière qu'on travaille. — Lubrification des outils.

2. *Tours à revolver et à décolleter.* — Ce qui caractérise le tour à revolver et à décolleter. Tourelle. — Préparation et mise en place des outils ; réglage. — Réglage des courses. — Avance de la barre à la main ; avance automatique. — Dispositif pour le filetage et le taraudage.

Tours à décolleter semi-automatiques. — Idée des tours à décolleter automatiques. — Emploi des cames pour la commande automatique. — Emploi universel des tours à décolleter dans les usines de petite et de moyenne mécanique.

3. *Tours en l'air à plateau vertical.* — Usages de cette machine. — Mouvements automatiques du chariot porte-outil.

4. *Tours en l'air à plateau horizontal ou tours verticaux.* — Description générale d'un tour vertical simple. — Porte-outil simple ou à revolver. — Différentes opérations qu'on peut effectuer sur un tour vertical. — Avantages et inconvénients de chacun de ces deux genres de tours.

5. *Description sommaire d'une machine à aléser.* — Alésage.

6. *Machines à meuler.* — Composition et fabrication des meules. — Formes principales.

Machines à rectifier après la trempe. — Divers mouvements du chariot porte-meule. — Vitesse à donner à la meule et à la pièce à travailler.

Machine permettant de finir à la meule une pièce ébauchée au tour ordinaire.

Machine à dresser les surfaces planes à la meule.

7. *Machines à raboter.* — Description. — Conduite de la table par pignon et crémaillère ou par vis sans fin. — Changement de marche automatique. — Retour rapide : comment on l'obtient. — Forme de l'outil. — Support. — Mouvements et commande automatique du chariot porte-outil.

Travaux à exécuter sur les raboteuses.

8. *Étaux limeurs.* — Chariot et coulisseau porte-outil. — Retour rapide. Principaux mécanismes employés pour le retour rapide. — Automatisme des mouvements du chariot. — Réglage. — Opérations auxquelles se prête l'étau limeur.

9. *Mortaiseuse.* — Description sommaire. — Automatisme des mouvements.

10. *Machines à fraiser.* — Grande importance des machines à fraiser. — Ce qu'est une fraise : comment elle travaille : sa supériorité sur les outils de tour et de raboteuse. — Conditions que doivent remplir les fraises. — Principaux types de fraises : formes courantes. — Fraises à profil constant. — Fraises de forme. — Fraises à dents rapportées. — Vitesse de la fraise. — Avancement de la pièce à travailler.

Construction des fraises. — Choix de l'acier. — Tournage et taillage des fraises. — Trempe ; précautions à prendre. — Affûtage ou rectification des fraises. — Machines à rectifier.

Montage des fraises.

Fraiseuse horizontale, verticale, universelle. — Arbre porte-fraise. — Tablier et chariots ; leur commande automatique. — Butées de réglage ou de débrayage. — Fixation des pièces sur le chariot. — Appareillage nécessaire.

Appareils accessoires des machines à fraiser : chariot circulaire, poupées diverses ; diviseur.

Fraiseuse à reproduction.

Grande variété de travaux qu'on peut exécuter sur les machines à fraiser. — Taille des engrenages droits ou hélicoïdaux, des alésoirs.

11. *Machines à percer.* — 1° Machine à percer à colonne. — Tablier mobile et supports des pièces. — Harnais de changement de vitesse. — Porte-foret. — Divers systèmes d'avance de l'outil.

Dispositif d'alésage.

Confection des mèches et des forets;

2° Machine à percer à levier. — Usages.

3° Machines à percer radiales. — Description d'un type simple. — Bâti à rainures ; colonne ; bras ; chariot porte-foret. — Déplacements du bras et du chariot. — Descente automatique. — Harnais d'engrenages. — Divers emplois de la radiale. — Particularités de quelques machines radiales modernes.

Perceuses multiples.

12. *Installation des machines-outils.* — Commande par un intermédiaire. — Calcul des diamètres des poulies. — Commande par électromoteur. — Réducteur de vitesse. — Scellement.

13. *Précautions à prendre dans le maniement des machines-outils.* — Les accidents du travail. — Moyens employés pour les éviter. — Appareils de protection. — Responsabilité.

(Bien que les élèves aient étudié en dessin les principaux organes de machines, le professeur de technologie en fera une revision rapide et appliquera à la détermination de quelques-unes de leurs dimensions, les notions acquises en mécanique sur la résistance des matériaux. Il complétera cette partie de son cours par la description de quelques autres mécanismes non étudiés en dessin et en mécanique. Enfin, sous sa direction, les élèves procéderont à un certain nombre d'essais dynamométriques sur des machines-outils pour avoir une idée du travail qu'elles absorbent, et à d'autres essais relatifs au réglage de la distribution dans une machine à vapeur, au réglage du fonctionnement d'un moteur à gaz ou à pétrole, aux prises de diagrammes et à la mesure au frein de la puissance effective d'un moteur.)

Ateliers.

a) Forge.

Première année. — 1. Préparation et entretien du feu.

2. Chauffage et étirage d'un morceau de fer (riblon).
3. Mettre ce morceau de fer carré, ensuite octogonal, puis rond.
4. Mettre carré un morceau de fer rond.
5. Replier sur lui-même un morceau de fer carré ou rond de 8 à 10 centimètres de long et souder les bouts.
6. Forger des rappointis, des fiches et d'autres menus objets.
7. Exécution de plaques carrées, de plaques rectangulaires, de règles.
8. Exécution de prismes et de cubes.

9. Exécution d'équerres simples, d'équerres à chapeau.

Deuxième année. — 1. Perçage et mandrinage de trous divers.

2. Exécution d'écrous et de boulons divers.

3. Confection de burins, de bédanes et d'outils similaires. — Trempe.

4. Soudure à chaude portée en bout. — Refoulement.

5. Soudure à chaude portée par amorce. — Refoulement et amorçage.

6. Soudure à chaude portée à gueule-de-loup.

7. Soudure à chaude portée par encolage à 90°.

8. Soudure à chaude portée de l'acier. — Précautions à prendre.

9. Exercices de brasage et de soudure.

10. Exécution d'une rondelle soudée, d'une frette, d'un collier.

11. Exécution d'une paire de tenailles.

12. Exécution de marteaux rivoirs, de marteaux d'ajusteur, de marteaux à main de forge.

13. Exécution des divers outils de forge : tranches, chasses carrées, poinçons divers.

14. Exécution de clefs simples, de tourne-à-gauche.

15. Exécution d'objets divers simples pour les besoins de l'ajustage.

Troisième année. — 1. Emploi du marteau-pilon. — Précautions à prendre. — Corroyage par petits paquets au pilon à courroie ou à planche.

2. Exécution d'outils de forge divers : tenailles à té, tenailles à coquilles, chasses à parer, dégorgeoirs, étampes, marteau à devant.

3. Exécution de divers outils d'ajusteur : clefs doubles, clef anglaise, clef à molette, étau à main, étau à chanfreiner, toc, serre-joint, monture de scie à métaux, filière.

4. Exécution de diverses pièces de mécanique : collier d'excentrique, arc de presse à copier, bielle, manivelle, arbre coupé, ancres de petites dimensions.

5. Corroyage de riblons, au marteau-pilon, par paquets de 30 à 50 kilogrammes.

6. Exécution des pièces diverses de machines dont la construction est entreprise à l'atelier d'ajustage.

N. B. — Les élèves de 1re, 2e et 3e années de la section d'ajustage vont de quinze jours à trois semaines, et à tour de rôle, à la forge pour apprendre à confectionner leurs outils.

b) Ajustage et tournage.

Première année. — Emploi des outils suivants : étau, lime d'Allemagne de deux au paquet, lime bâtarde, lime mi-douce ; mètre, règle, équerre ; compas à pointes, compas d'épaisseur ; trusquin, petit marbre ; burin, bédane ; fût à rochet, forets et fraises ; crochets et planes de tour.

1. Dresser une plaque de 60 × 60 et répéter cet exercice d'assouplissement de la main sur une autre surface de dimensions moindres.

2. Exercice de burin et de bédane sur la première de ces plaques. Saignées.

3. Exécuter une plaque rectangulaire de 80 × 15 × 50 ; y faire des chanfreins.

4. Perçage de trous de 8 à 10 millimètres aux angles de cette plaque.

Fraisage des trous.

5. Cube de 10 millimètres de côté.

6. Exécution d'un prisme à base carrée.

7. Exécution d'un prisme à base hexagonale.

8. Exécution d'une règle de 150 × 30 × 10.

9. Exécution d'une fausse équerre.

10. Exécution d'une équerre à 6 pans.

(Tous ces exercices resteront à traits croisés.)

11. Exécution au crochet et à la plane d'un cylindre de 35 millimètres de diamètre et 80 millimètres de long.

12. Exécution d'un cylindre avec portées.

13. Exécution de moulures simples.

(Ces quelques exercices de tour alterneront avec ceux d'ajustage.)

Les élèves les plus avancés pourront faire d'autres exercices tels que : *presse-papier, porte-plat, casse-noisettes...*

Deuxième année. — Indépendamment des outils à main employés en 1re année, les élèves de 2e année auront encore à se servir des suivants : limes diverses, alésoirs à main, tourne-à-gauche, tarauds et filières, mandrins, molettes, étau à main, clefs diverses... et, en outre, de la machine à percer à main, du tour à charioter, de l'étau limeur, et quelquefois de la raboteuse.

(Au fur et à mesure des besoins, il leur sera donné des explications sur la confection, la trempe et l'affûtage des outils de ces machines.)

Exercices :

1° Pratiquer une rainure rectangulaire de 25 millimètres de large et de 10 de profondeur dans une plaque de 80 × 30 × 20 et y ajuster à frottement doux une réglette de 60 × 25 × 10.

2° Exécution de gabarits divers en tôle.

3° Exécution d'une clef à écrous ou d'une clef de robinet.

4° Exécution d'un marteau d'ajusteur ou de menuisier.

5° Exercices de brasage, de soudure, de rivetage.

6° Exécution d'un jeu d'équerres.

7° Exécution d'un compas d'épaisseur.

8° Exécution d'un compas à pointes.

9° Tourner une tige et la tarauder.

10° Tarauder, tourner et ajuster deux ou trois écrous à 6 pans avec rondelles. — Boulons.

11° Exécution d'un tourne-à-gauche.

12° Exercices de chariotage. — Cylindrer un arbre et y faire des portées. — Aléser une bague et l'ajuster sur l'arbre.

13° Clavetage d'un moyeu sur un arbre.

14° Exécution d'un assemblage à queue d'aronde.

15° Exécution d'un ou deux objets de la série suivante : étau à main, étau à chanfreiner, pince de télégraphiste, trusquin, serre-joint, monture de scie à métaux, fer à repasser, marbre, etc.

Troisième année. — Au commencement de la 3e année, les élèves font encore quelques exercices d'ajustage et de tournage. Ensuite, et autant que possible, ils participent tous à quelques travaux d'ensemble, pour lesquels ils ont à se servir de toutes les machines-outils de l'atelier. Pendant cette dernière période de l'apprentissage, on a soin de les initier aux procédés de travail les plus importants et les plus modernes. On veille tout particulièrement à la bonne confection de l'outillage: forme, trempe, recuit et affûtage.

Quand des pièces d'une machine en construction sont analogues aux exercices du programme de 2ᵉ ou de 3ᵉ année, on les fait exécuter aux lieu et place de ces exercices.

Si, dans le cours de la 3ᵉ année, certains élèves n'ont pas à se servir de quelques machines pour les travaux qu'on leur confie, on leur donne des exercices supplémentaires qui nécessitent l'emploi de ces machines.

Exercices:

1° Exécution d'un assemblage à frottement doux rappelant celui des coussinets dans une cage de filière.

2° Exercices de chariotage et de filetage. Confection de pièces utiles: Vis d'établi, de presse, de frein de voiture.

3° Exécution d'une pièce de la série suivante: clef à molette, griffe de tour, étau à griffe et à mors parallèles, pied à coulisse, filière, presse à copier, palier à coussinets en bronze. (Deux élèves peuvent travailler sur la presse et le palier.)

4° Exercices sur la machine à rectifier. — Ajustage d'un tampon dans une bague cylindrique ou conique. — Réglage de la machine. (Deux élèves participent à cet exercice, l'un confectionnant le tampon et l'autre la bague.)

5° Traçage de dents d'engrenage sur un disque en fonte tourné et exécution de quelques dents à la lime. — Taille d'engrenages d'après module.

6° Exercices de fraisage. — Construction des fraises, tournage, trempe, rectification et affûtage. — Montage de la fraise sur la machine et réglage de celle-ci.

7° Taille des roues d'engrenages à la machine. — Denture droite, denture hélicoïdale, denture de roues coniques.

(Les élèves, par groupes de deux ou trois, montent et règlent la machine et taillent quelques dents.)

II. — Commerce et Comptabilité.

HORAIRE

	1ʳᵉ année	2ᵉ année	3ᵉ année
Commerce et comptabilité...............	6 h.	3 h.	3 h.
Exercices de bureau commercial.........	»	6 h.	6 h.

Instructions pédagogiques. — L'enseignement des notions de commerce et de comptabilité sera à la fois théorique et pratique, et le professeur devra recourir à de nombreux exercices d'application.

Au cours des explications sur le commerce, il placera sous les yeux des élèves les spécimens de divers documents commerciaux et des pièces comptables qu'il étudiera.

L'exposé théorique de la comptabilité sera accompagné, en première année, d'une tenue des livres; en deuxième année, de l'établissement de monographies développées, et, en troisième année, d'exercices pratiques qu'il serait désirable de voir donner sous la forme du Bureau commercial.

L'école recevra utilement des journaux commerciaux, des circulaires, des prix courants, dans lesquels les élèves trouveront les cotes des marchandises, ainsi que les renseignements dont ils ont besoin sur les frets, les importations et les exportations, le cours de change, les taux d'escompte, etc.

L'école pourra s'adresser, le cas échéant, à des industriels, à des négociants ou à des commerçants et banquiers de la région pour avoir des renseignements spéciaux.

Les indicateurs Chaix, les tarifs de douane seront également mis à la disposition des élèves.

Afin de donner aux élèves une idée de la situation des principaux articles sur chaque place importante, le professeur leur fera dresser régulièrement un tableau général de la situation des marchés et des produits avec les inscriptions: hausse, baisse, calme, etc.

Toutes les opérations se traiteront par correspondance; les lettres, factures, comptes d'achat ou de vente, seront écrits en français ou en langues étrangères, passés au copie de lettres par celui qui les envoie, vérifiés et classés par celui qui les reçoit.

Pour les télégrammes, qui jouent un si grand rôle dans les transactions avec les pays lointains, on se servira d'un code spécial. Ce travail pliera les élèves aux habitudes commerciales.

Des presses à copier, des machines à écrire et à calculer seront mises à leur service.

Le professeur devra se rendre compte exactement des opérations sur le point d'être engagées, qu'il approuvera ou critiquera. Il lira la correspondance et examinera attentivement les livres pour s'assurer qu'ils sont tenus avec soin et à jour.

Chaque trimestre, ou même chaque mois, il sera dressé une balance générale.

Un inventaire complet sera établi à la fin de l'année scolaire; le plus grand soin sera apporté à sa composition et aucun élève ne pourra se dispenser de terminer ce travail.

PROGRAMME

Première année. — *Commerce.* — Du commerce en général. — Commerce de gros et de demi-gros. — Commerce de détail. — Commerce intérieur. — Commerce extérieur. — Importation, exportation, transit.

Commerçants. — Diverses sortes de commerçants. — Fabricants. — Négociants. — Banquiers. — Agents de change. — Coulissiers. — Courtiers. — Commissionnaires. — Représentants. — Entrepositaires.

Échanges. — Échange en nature. — Échange commercial : achat et divers modes de vente au comptant, avec ou sans escompte. — Achat et vente à terme ou en compte, avec ou sans intérêt. — Diverses sortes de ventes. — Factures. — Note. — Quittance. — Memorandum. — Bon de commission. — Bon de livraison. — Bon de réception. — Cartes d'échantillons, etc.

De la monnaie. — Du billet de banque. — Du papier-monnaie. — Du chèque. — Du billet à ordre. — De la lettre de change.

Postes et Télégraphes. — Taxes des lettres, imprimés, échantillons et papiers d'affaires. — Valeurs déclarées ; lettres et objets recommandés. — Mandats et bons de poste. — Recouvrements. — Taxes télégraphiques, mandats télégraphiques.

Transports. — Transports par voiture, par canaux et rivières. — Transports par chemins de fer. — Divers modes de calculs des taxes. — Transports par mer. — Formalités d'expédition. — Colis postaux. — Lettre de voiture. — Note ou bordereau d'expédition. — Connaissement. — Tarifs divers d'expédition. — Assurances.

Mode d'acquittement des droits de douane et de régie.

Entrepôts. — Leur fonctionnement. — Warrants et récépissés.

Notions générales de comptabilité. — Principaux termes de comptabilité. — Doit. — Avoir. — Débit. — Crédit. — Entrée. — Sortie. — Comptabilité. — Tenue des livres.

Du compte. — Définition du compte. — Manière de disposer un compte.

Des pièces justificatives des mouvements de recettes et de dépenses. — Arrêt et réouverture du compte de caisse. — Diverses méthodes de comptabilité : comptabilité à partie simple, comptabilité à parties doubles.

Du Journal. — Définition. — Disposition. — Formules des écritures.

Du Grand-Livre. — Définition. — Disposition.

Rapports du Journal et du Grand-Livre.

Des comptes collectifs. — Balance des comptes. — Division et classification des comptes.

Inventaires : bilan.

Comptabilité privée. — Opérations de recettes et de dépenses.

Deuxième année. — *Opérations usuelles de banque.* — Escompte et encaissement des effets de commerce, des factures, quittances, etc. — Dépôts d'argent, de titres, de valeurs précieuses. — Avances sur titres, sur marchandises. — Payement de coupons. — Ouvertures de crédit. — Délivrance de chèques, de mandats, de lettres de crédit, etc.

Bordereaux d'escompte. — Confection de bordereaux d'escompte calculés à différents taux. — Des commissions. — Manière de les calculer et de les appliquer aux bordereaux d'escompte et d'encaissement au moyen de tarifs de banque.

Comptes courants et d'intérêts. — Étude détaillée des diverses méthodes de comptes courants. — Règles. — Avantages et inconvénients de chaque méthode.

Bourses. — Bourses des marchandises. — Leur fonctionnement.

Bourses des valeurs. — Classification des valeurs.

Opérations au comptant et à terme.

Des différents placements. — Placements à revenus fixes. — Placements à revenus variables. — Placements à revenus fixes et à lots. — Placements temporaires.

Des assurances.

Exercices pratiques. — *Monographies et bureau commercial.* — Suite d'opérations comprenant : achats, ventes, retours, règlements au comptant, à terme. — Comptes d'achats. — Comptes de magasin, de ventes. — Frais généraux : leur répartition. — Amortissement des valeurs immobilières. — Inventaire des comptes. — Bilan.

TROISIÈME ANNÉE. — *Notions de gestion commerciale et industrielle.* — Organisation d'une maison de commerce. — Du capital nécessaire. — De la matière première. — De la marchandise. — Prix de revient. — Art d'acheter et de vendre. — Main-d'œuvre. — Frais généraux. — Rôle de la comptabilité. — De la conduite des affaires. — Du crédit. — De la publicité.

Organisation d'une comptabilité. — Généralités sur les livres et les comptes à créer dans le commerce, l'industrie, la banque.

Comptabilité des sociétés. — Ouverture des livres. — Inventaire et répartition des bénéfices.

Comptabilité industrielle. — Organisation des livres en raison de la division du travail industriel. — Achat de matières premières. — Comptes d'achats. — Comptes de fabrication. — Comptes de ventes. — Profits et pertes accidentels. — Clôture de l'exercice : Inventaire du matériel, du mobilier, des immeubles, de la caisse. — Bilan.

Comptabilité d'une banque.

Comptabilité d'un commissionnaire. — Affaires à la commission.

Examen des bilans de la Banque de France, du Crédit Foncier et de quelques grandes entreprises.

Exercices pratiques. — *Monographies et bureau commercial.*

Organisation des comptoirs. — Correspondance entre les comptoirs. — Correspondance avec les bureaux similaires. — Banques. — Maisons étrangères.

Services spéciaux : poste, expédition, empaquetage et emballage.

III. — Écoles pratiques de Filles.

Ateliers.

Coupe et couture.

HORAIRE

1re année	17 heures par semaine.	
2e année	20	—
3e année	23	—

Instructions pédagogiques. — Le chef d'atelier qui interprète les programmes des travaux manuels et dirige les ateliers, la préposée à l'apprentissage à qui incombent plus particulièrement les détails d'exécution ne doivent pas perdre de vue qu'elles ont à donner à l'élève une connaissance aussi complète que possible de son métier, et aussi à développer chez elle les qualités d'initiative, de méthode, d'ordre, de soin, d'économie qui s'ajoutent à l'habileté chez la bonne ouvrière.

Si le résultat importe, les procédés employés pour l'atteindre ne doivent pas moins préoccuper la maitresse. Dès la première leçon, elle insistera sur l'attitude de l'élève pendant le travail, sur la pose des mains, sur la manière de tenir l'ouvrage et l'outil, sur le mode de préparation et d'exécution : les mesures trop souvent prises, les points de repère trop multipliés nuisent à la rapidité de l'exécution ; il faut veiller à ce que la jeune apprentie n'en abuse pas.

On ne saurait trop lutter contre la lenteur : nous recommandons de fréquents exercices de vitesse et d'entraînement.

Des travaux collectifs, exécutés en temps limité, des compositions assez fréquentes et judicieusement choisies stimuleront l'activité et l'initiative des élèves.

La clientèle indispensable pour alimenter les ateliers et fournir des travaux intéressants et variés ne doit pas nuire à l'apprentissage complet et méthodique des élèves. On subordonnera la satisfaction des clients aux nécessités d'un enseignement dont le programme est tracé et doit être suivi. Les travaux de commande seront momentanément suspendus si ces exercices collectifs s'imposent, si les compositions de fin de mois ou de fin de trimestre le demandent.

Il est nécessaire d'exiger des ouvrages soignés et bien finis, de veiller à l'économie des produits et fournitures employés, à l'entretien des outils, des machines et du matériel, à l'ordre et au rangement de l'atelier.

Sur un carnet d'atelier dont la tenue est obligatoire, l'élève inscrira, au fur et à mesure, et à leur date, les divers travaux exécutés par elle, le nombre d'heures accordées, et, en regard, le temps employé, la quantité et le prix des fournitures, le prix de revient. Le croquis de l'ouvrage précédera l'exécution, toutes les fois que le chef d'atelier jugera cet exercice nécessaire.

Il importe, au début, d'apprendre à l'élève à bien coudre. C'est pourquoi une très large place est faite à la lingerie en première année.

On attendra la deuxième année pour permettre l'usage de la machine à coudre. La maîtresse en fera connaître les différentes pièces, expliquera le mécanisme, montrera elle-même comment se font le réglage, le graissage et le nettoyage de la machine, la pose et l'enfilage de l'aiguille et de la navette, le changement de canette, l'emploi des guides. Elle mettra l'élève en garde contre les accidents possibles, et veillera à l'entretien et à la conservation des différentes pièces.

L'élève ou les élèves employées à la confection d'un vêtement assisteront à l'essayage ; en troisième année, elles le feront elles-mêmes. L'essayage aura lieu, autant que possible, à des jours et heures déterminés, choisis de telle sorte que la présence des clients ne puisse nuire ainsi au travail et à la discipline des élèves.

L'enseignement de la coupe (tracé de patrons) et du moulage suivra le programme de couture et sera donné par la même maîtresse. L'élève conservera ses patrons et inscrira sur son carnet d'atelier les instructions relatives au tracé ou au moulage de chaque objet.

PROGRAMME

Première année. — *Étude des divers points de lingerie.* — Point devant, point de côté, point arrière, point de surjet, point croisé, point de feston, point de boutonnière, point de marque et point de chaînette, points de fantaisie, point roulé et jours.

Pièces d'étude. — Ourlets, surjets, coutures surfilées, coutures rabattues, coutures anglaises, plis plats, plis creux. Ourlets ajourés. Boutonnières et brides, fronces et montage de fronces, attache de rubans, pose de boutons. Morceaux rapportés.

Coupe et couture d'objets de layette et de trousseau. — Brassière, bavoir, couche-culotte. Jupon, pantalon, chemise de jour, chemise de nuit.

Étude des points énumérés plus haut sur étoffe de laine simple ou doublée. — Pièces d'étude : Morceaux rapportés. Gansage, liserés et rouleautés. Boutonnières, pose d'agrafes et de portes. Poches de jupes et montage de poches, bords de jupes, ceintures, empiècements, volants et plissés, etc.

Coupe et couture de vêtements simples. — Tabliers, jupons et robes de baby.

Deuxième année. — *Pièces d'étude.* — Boutonnières, liserés et rouleautés, différentes sortes de bordages, poches et parements, cols.

Boutons recouverts. Morceaux rapportés.

Étude de la machine à coudre. — Nettoyage, démontage et réglage. Exercices de piqûres.

Doublure de corsage. — Tracé et coupe du patron ou moulage sur mannequin. Préparation et couture, surfilage ou bordage des coutures, pose des rubans de baleines, du ruban de taille, des baleines, des portes et agrafes. Terminaison des bords du devant et du bord inférieur. Col et manches. Travail de rectification, après essayage par la maîtresse.

Tracé de patron ou moulage, coupe, préparation et couture de vêtements simples. — Robes de baby, jupons, jupes, chemisettes, costumes pour fillettes et jeunes filles (coupés, apprêtés et essayés avec l'aide de la maîtresse).

TROISIÈME ANNÉE. — *Exercices collectifs.* — 1° Moulage sur mannequin de différentes formes de corsages et de jupes;

2° Soutache, garnitures, ornements variés. Parties du corsage; revers et cols tailleurs, poches.

Costumes et vêtements d'enfants et de dames. — Exécutés pour la clientèle (moulage, préparation et essayage faits par l'élève).

Des programmes-types sont également établis pour la *lingerie*, les *modes*, la *broderie* (broderie sur blanc, broderie d'ameublement et costumes), les *dentelles* (au fuseau, à l'aiguille, au crochet), les *fleurs*, le *repassage*, etc.

ÉCOLES MUNICIPALES D'APPRENTISSAGE ET ÉCOLES D'APPRENTISSAGE ORGANISÉES PAR DES ASSOCIATIONS INDUSTRIELLES

Avec des ressources inférieures à celles dont disposent les Écoles pratiques, un certain nombre de villes ou d'associations industrielles ont créé des Écoles d'apprentissage. Quelques-unes de ces fondations ont une existence assez ancienne.

Les administrateurs, à tort ou à raison, — à tort selon nous — pensent que l'autonomie de l'institution lui assure une liberté et une souplesse dont elle serait privée si elle se trouvait placée plus directement sous le contrôle de l'État. Nous n'avons pas l'intention de discuter cette opinion, bien qu'elle nous paraisse erronée et qu'elle entraîne généralement la privation d'un certain nombre de moyens propres à mieux assurer la prospérité de ces établissements. Nous nous bornerons à résumer l'organisation de trois écoles de ce genre, celles de Douai, d'Amiens et de Saint-Quentin.

École municipale de la ville de Douai.

Principe de l'organisation. — L'école d'apprentissage de la ville de Douai permet de mener de front trois méthodes de formation des apprentis :

1° L'atelier et l'enseignement théorique à l'école du jour;

2° L'enseignement théorique à l'école du jour, l'enseignement pratique à l'atelier patronal;

3° L'enseignement complémentaire d'apprentissage aux cours du soir et du dimanche.

Il faut signaler, pour donner une idée complète de la variété d'organisation de l'école, deux groupements annexes qui ne rentrent ni dans l'une, ni dans l'autre, de ces catégories, savoir :

a) *Les cours de perfectionement* pour les ouvriers et les employés;

b) *L'institution d'un régime mixte* pour les menuisiers. Ce régime comprend trois années d'études : première année : apprentissage théorique et pratique entièrement fait à l'école; deuxième et troisième années, apprentissage théorique et pratique, la matinée à l'école ; apprentissage pratique, l'après-midi à l'atelier patronal.

Création. — Dépenses. — L'initiative de la création a été prise par la ville de Douai.

Les dépenses ont été supportées dans les proportions suivantes : *Première installation :* par la ville de Douai, locaux ; par l'Etat, outillage.

Entretien et fonctionnement : par la ville de Douai, environ 1/2; par l'Etat, environ 1/4 ; par les industriels et les communes, environ 1/8; par un don anonyme et le produit de travaux exécutés, environ 1/8.

Personnel. — Directeur et professeurs d'enseignement théorique, détachés des cadres du ministère du Commerce et de l'Industrie. Personnel des Ateliers du jour, recruté au concours parmi les professionnels : traitement municipal ; personnel des cours choisi parmi les compétences de l'industrie ou des affaires : indemnité calculée sur le taux de 100 francs l'heure-année.

Administration. — Une commission composée d'inspecteurs de l'enseignement technique, de représentants de la municipalité et de membres désignés par les industriels et les commerçants a pleins pouvoirs pour établir et modifier les programmes de l'école et les méthodes d'enseignement, pour constituer, en faisant appel aux personnes qualifiées, les jurys d'examen des diverses professions.

Professions enseignées. — Tournage ; Ajustage ; Forge ; Tôlerie ; Emboutissage ; Menuiserie ; Charpente. — Cours pratiques : mécanique, technologie, croquis coté, électricité industrielle, peinture professionnelle, comptabilité, sténographie, dactylographie, écriture. — Conférences sur des sujets techniques et sur l'hygiène.

École de la Société Industrielle d'Amiens

(INSTITUTION PRIVÉE D'ENSEIGNEMENT TECHNIQUE)

Création. — La Société industrielle d'Amiens fut fondée au lendemain des traités de commerce de 1860, qui menaçaient l'industrie des étoffes de laine et de velours d'une recrudescence de la concurrence anglaise.

Pendant longtemps elle limita ses efforts à l'organisation de cours publics qui eurent et qui ont toujours un légitime succès.

Fonctionnement. — Ce n'est qu'en 1889 que s'ouvrit

l'école d'apprentissage proprement dite. On y enseigne la forge, l'ajustage, la fonderie, le tour et la menuiserie.

La durée de la scolarité, l'horaire du travail manuel et des cours appliqués, le recrutement des élèves et la sanction des études rappellent les écoles pratiques. L'exemple d'Amiens n'a pas été sans exercer une influence heureuse sur la création de ces dernières.

Cours publics. — Autour de l'école sont groupés vingt-huit cours publics gratuits qui fonctionnent du milieu d'octobre à la fin de juin. Presque tous ont lieu le soir. Ils comptent environ 1.800 inscriptions annuelles, sur lesquelles 1.000 jeunes gens ou jeunes filles ont une fréquentation assidue.

Les principales matières enseignées sont les suivantes : chimie appliquée à la teinture; teinture et manipulations tinctoriales; mécanique appliquée; dessin industriel; automobile; électricité industrielle; coupe de vêtements d'hommes; coupe de vêtements de dames; peinture industrielle sur étoffes; décoration sur tissus et velours de Picardie; comptabilité; sténographie; dactylographie; langues vivantes.

Il est fait, en outre, chaque année, une série de douze conférences sur des sujets d'actualité industrielle.

Personnel. — Directeur et professeurs sont nommés par le Conseil d'administration soit directement, soit à la suite d'un concours. Les uns sont des ingénieurs, les autres sont des employés du Commerce ou de l'Industrie. Un certain nombre appartiennent au cadre de l'Université, occupent un emploi administratif ou exercent une profession libérale.

Budget. — Les recettes que la Société affecte à l'entretien de ses cours, de son école d'apprentissage, et à ses frais d'administration, etc., proviennent :

Des cotisations de ses membres, environ 4/10;

Des subventions du ministère du Commerce, environ 3/10;

De subventions de la ville d'Amiens, du département de la Somme, etc., environ 3/10.

Administration. — La Société est administrée par un conseil de vingt-deux membres. Elle comprend quatre comités dans lesquels ses adhérents se répartissent suivant leurs compétences, savoir : *a*) fils, tissus et confections; *b*) chimie, physique, agriculture; *c*) arts et mécanique; *d*) commerce et économie politique.

École de la Société industrielle de Saint-Quentin et de l'Aisne

(INSTITUTION RÉGIONALE D'ENSEIGNEMENT TECHNIQUE)

Création. — La Société industrielle de Saint-Quentin et de l'Aisne fut fondée quelques années après celle d'Amiens dont elle s'est inspirée.

L'enseignement qu'elle dispense comprend cinq subdivisions dénommées :

1° École professionnelle régionale;
2° École pratique de tissage;
3° École d'apprentissage de lingerie;
4° École de broderie;
5° Cours publics.

Fonctionnement. — L'école professionnelle régionale (forge, ajustage, modelage, menuiserie) et l'école pratique de tissage (tissage théorique et pratique, dessin, mise en carte, ajustage, modelage) se rapprochent, en ce qui concerne l'horaire, l'emploi du temps, l'admission des élèves, la durée et la sanction des études, de l'école d'apprentissage d'Amiens et des écoles pratiques d'industrie.

L'école d'apprentissage de lingerie comprend environ six heures par jour de travaux pratiques et trois heures de cours théoriques (technologie de la couture et des machines à coudre). La durée des études est d'un mois, mais les élèves peuvent, sur leur demande, être autorisées à prolonger leur apprentissage; elles sont également admises, si elles le désirent, à suivre des cours facultatifs de coupe, d'assemblage et de broderie à la main. Elles doivent être âgées de 13 ans au moins, — 12 ans si elles sont titulaires du certificat d'études primaires.

L'école de broderie consacre le même temps aux exercices pratiques (métiers à bras, métiers à fil continu), et aux cours théoriques (technologie de la profession). La durée de l'apprentissage est de deux mois. Les élèves doivent être âgées de 16 ans au moins et de 35 ans au plus.

Celles qui ont suivi régulièrement l'enseignement, dans l'une ou l'autre des écoles, reçoivent un certificat d'apprentissage.

Cours publics. — Les cours publics organisés par la Société industrielle sont gratuits; ils s'adressent aux apprentis et aux ouvriers. Ils ont lieu soit dans le courant de la matinée, soit l'après-midi, soit le soir. Ils portent, à Saint-Quentin, sur le tissage, la broderie à bras et à fil continu, la broderie Bonnaz, le raccommodage de broderies, la lingerie, la langue anglaise, la langue allemande, la sténographie, le droit industriel et commercial, la mécanique, la physique, l'électricité, le chauffage, la sucrerie indigène, le dessin d'ornement et de fleurs, la mise en carte pour rideaux, broderies et tissus divers, la composition d'esquisses pour broderies et tissus, le dessin, la géométrie appliquée. Un cours de dessin et de mise en carte a lieu à Bohain, un cours de chauffage à Soissons.

Chaque année, des conférences, confiées à des spécialistes, sont faites sur la sucrerie, la distillerie ou la brasserie.

Un musée industriel comprenant d'intéressantes collections de modèles, de spécimens de rideaux et de tissus, d'échantillons de toutes sortes est à la disposition des sociétaires. Les professeurs peuvent y puiser des documents pour illustrer leurs leçons.

Administration. — La Société industrielle est gérée par un conseil d'administration, dans lequel sont représentés les élus des assemblées départementale et communale et les membres des neuf comités directeurs entre lesquels les adhérents de l'association se répartissent suivant leurs compétences. Ces comités ont, entre autres fonctions, celle d'élaborer des programmes qui doivent être soumis soit au ministre du Commerce, soit au Conseil d'Administration.

La société est pourvue en outre d'un conseil de perfectionnement composé, en nombre égal, de délégués du ministre du Commerce et de délégués du Conseil d'Administration. Le préfet du département en est le président.

Personnel. — Les professeurs sont nommés par le Conseil d'Administration sur une liste de présentation dressée, suivant la spécialité qu'il s'agit de pourvoir, par l'un des comités directeurs. La désignation du personnel des ateliers appartient exclusivement au président de la société.

En fait, le corps enseignant est recruté parmi les anciens élèves des écoles d'Arts et Métiers, de l'école des Beaux-Arts, les directeurs ou sous-directeurs des principales maisons de constructions mécaniques ou de tissage de la région, les petits patrons brodeurs, les chefs de bureau de dessin, les contremaîtres, les ouvriers et ouvrières d'élite, les architectes, ingénieurs, professeurs et instituteurs de la ville. Les industriels n'hésitent pas à s'imposer des sacrifices pour fournir, quand il y a lieu, leurs meilleurs collaborateurs.

Budget. — Les dépenses de fonctionnement et d'entretien se répartissent approximativement entre :

L'État (Commerce et Beaux-Arts)................	1/4
La ville de Saint-Quentin........................	1/4
Le département, la Chambre de commerce de Saint-Quentin, la ville de Bohain....................	1/8
Les Sociétaires, les dons particuliers, les Compagnies et les Sociétés diverses, etc...............	3/8

COURS DU JOUR

Par *Cours du Jour* il faut entendre une institution d'enseignement professionnel ouverte aux apprentis du Commerce et de l'Industrie pendant la durée légale de la journée de travail.

Ces établissements, rares en France, sont, au contraire, assez répandus à l'étranger.

Nous donnons comme exemples l'organisation de Strasbourg et celle de Limoges.

Institution des cours complémentaires professionnels de la ville de Strasbourg.

But. — Les cours complémentaires professionnels de Strasbourg ont pour but de développer les connaissances théoriques, de compléter et de terminer l'instruction pratique des apprentis.

Ils se proposent, en outre, de parfaire leur éducation morale et civique.

La fréquentation de ces cours est obligatoire.

Organisation. — Ils comprennent des classes distinctes pour chacun des métiers suivants : boucher, boulanger, coiffeur, confiseur, pâtissier, cordonnier, cuisinier, droguiste, épicier en détail, garçon d'hôtel, imprimeur, relieur, tailleur, typographe ; des cours commerciaux et des cours généraux pour les professions de garçon de recette, groom, journalier qui ne nécessitent pas ou qui nécessitent peu de connaissances spéciales.

Les élèves dont l'instruction élémentaire est considérée comme insuffisante pour leur permettre de suivre avec fruit une classe de métier, et les élèves étrangers qui possèdent imparfaitement la langue allemande forment une division préparatoire.

Fréquentation. — Les absences dans les classes de métier proprement dites sont de 6 0/0 environ ; elles sont de 11 0/0 dans les classes sans spécialisation (garçons de recette, grooms, journaliers), mais la proportion des absences non excusées n'est que de 1 0/0 pour la première catégorie et de 7 0/0 pour la seconde.

La direction de l'école, commentant ces chiffres, fait remarquer que la fréquentation est en rapport avec la qualité des élèves.

Elle constate que la plupart des patrons lui apportent leur concours dans la surveillance qu'elle exerce.

Elle regrette toutefois que quelques-uns, toujours les mêmes, trouvent constamment des excuses pour retenir l'apprenti chez eux. Ceux-ci, dit-elle, inconscients de leurs devoirs, ne voient dans les jeunes gens qu'ils emploient que des travailleurs bon marché dont il faut, avant tout, tirer profit.

Pour combattre les absences inexcusées, l'administration a recours à l'avertissement, puis à la sommation adressée aux parents et aux chefs de maison négligents, à la punition de cachot qui frappe les élèves. Enfin, lorsque toute intervention de sa part est restée sans effet, elle porte plainte et adresse une demande en vue de faire amener l'élève par la police.

Fonctionnement. — La durée des leçons varie entre quatre et huit heures par semaine pour les différentes classes de métiers. Il n'y a que quatre heures pour les classes non spécialisées.

Les cours se tiennent le matin pour les boulangers; le matin et l'après-midi pour les droguistes, les épiciers, les cordonniers ; l'après-midi pour les bouchers, les tailleurs, les garçons d'hôtel, les cuisiniers, les coiffeurs, les confiseurs-pâtissiers, les typographes, les imprimeurs et les relieurs; de six à huit heures du soir pour les garçons de recette, les grooms, les journaliers. Enfin, dans quelques cas exceptionnels, certains cours ont lieu après huit heures du soir.

La durée de l'enseignement obligatoire est généralement de deux années.

Esprit de l'enseignement. — Le métier de l'élève est le centre auquel se rapporte l'orientation des études; il constitue la seule considération qui détermine le choix des matières enseignées. Quel que soit l'intérêt des connaissances, envisagées en elles-mêmes, elles ne font pas partie des programmes, s'il n'est pas démontré qu'elles sont absolument nécessaires à l'exercice de la profession. A défaut d'autres raisons, le peu de temps dont les cours disposent suffirait à justifier cette délimitation stricte.

L'instruction de l'école ne remplace pas l'expérience de la pratique; elle la complète par l'apport de notions et d'explications techniques qui n'interviennent guère, d'ordinaire, dans l'accomplissement de la tâche quotidienne à l'atelier patronal.

Les applications manuelles auxquelles les élèves sont astreints éclairent et vivifient l'enseignement théorique. Elles établissent un lien entre l'école et l'apprentissage extérieur. Elles servent en outre à combler des lacunes lorsque, par suite de l'insouciance du patron, l'apprenti ne peut s'initier à tous les détails de son métier.

Les cours de dessin ont pour but de mettre l'élève en mesure de comprendre et, au besoin, d'exécuter un croquis ou de lui faire acquérir un coup d'œil et une dextérité indispensables dans la plupart des professions.

L'instruction civique cherche à le pénétrer de ses obligations envers la famille, la commune et l'État.

Les travaux écrits n'ont d'autre but que de lui permettre de se tirer d'affaire seul lorsqu'il s'agit de la correspondance courante, de l'étude des questions professionnelles ou de l'exercice de ses droits de citoyen.

Le calcul et la comptabilité doivent éveiller en lui le sens de l'économie et lui donner l'idée de l'ordre nécessaire à la tenue d'une maison et à la conduite des affaires.

Il reste à dire que des visites d'établissements industriels et des conférences sont organisées afin d'appeler l'attention des apprentis sur les méthodes modernes, sur les procédés et les moyens de travail susceptibles de les intéresser et de les instruire.

Personnel. — La partie générale de l'enseignement est confiée à des instituteurs et à des professeurs; les cours techniques et spéciaux sont dirigés par des artisans.

Directeur et professeurs sont nommés par le ministère impérial; les artisans chargés d'enseignement sont désignés par le maire. Ces derniers reçoivent une rétribution qui varie entre 2fr,50 et 3fr,75 l'heure.

Les maîtres spéciaux sont soit des patrons, soit des ouvriers. Lorsqu'un ouvrier est choisi, jamais, d'après le témoignage du directeur, le patron ne fait aucune difficulté pour le céder aux heures où sa présence à l'école est utile.

Administration. — Une commission de surveillance, comprenant de trois à six patrons, par métiers, nommée pour trois ans par le conseil municipal, sur une liste dressée par les différentes corporations d'artisans, est chargée de faire des propositions concernant les modifications de programme et d'enseignement que peut suggérer l'intérêt du métier; d'inspecter les classes; de soumettre à l'agrément du maire les candidatures aux fonctions de maîtres spéciaux; d'examiner le projet de budget, etc.

Outre la surveillance de l'administration locale, l'institution est placée sous la haute autorité du ministère impérial, et sa gestion est contrôlée par un commissaire du gouvernement.

Budget. — Le ministère prend à sa charge la moitié des traitements du personnel. Toutes les autres dépenses incombent à la ville de Strasbourg.

L'enseignement est, en général, gratuit; toutefois, pour certains métiers qui exigent l'emploi de matières coûteuses, il est imposé une redevance par tête d'apprenti. Les patrons sont tenus de l'acquitter [1].

Diplôme. — A la fin de leurs études, les élèves subissent un examen. Quand il y a lieu, il leur est délivré un Diplôme de capacité professionnelle qui fait mention, sous la forme « très bien, bien, etc. », des notes obtenues.

Hygiène et éducation. — La direction de l'école a pris différentes mesures pour déterminer chez les apprentis de bonnes habitudes en ce qui concerne l'hygiène et l'éducation : elle leur fait distribuer des livres de la Bibliothèque populaire; elle les incite à faire partie des sociétés de gymnastique; elle provoque l'organisation de petites fêtes; elle met à leur disposition, au prix de 5 pfennigs, des cartes de bains; elle leur fait vendre, par les professeurs, des timbres d'épargne, etc.

Sanctions disciplinaires. — Comme sanctions disciplinaires, les réprimandes du professeur, les plaintes adressées au patron ou aux parents, les retenues, le cachot, la rétrogradation de classe suffiraient, suivant le directeur, à maintenir l'ordre et la discipline. Il en existe d'autres cependant, ce sont les punitions judiciaires. Elles ont, selon lui, l'inconvénient d'une échéance tardive, c'est-à-dire qu'elles sont appliquées trop longtemps après que la faute a été commise; d'autre part, les amendes frappent la famille plutôt que l'élève, et la prison, outre qu'elle entache l'honneur, enlève l'apprenti à son travail et contrarie, par conséquent, ses progrès.

(1) Exemple de contribution imposée : droguistes, 25 fr. par an; imprimeurs, 15 fr.; coiffeurs et confiseurs, 12 fr. 50.

PROGRAMMES

Les programmes sont rédigés suivant un plan qui, pour toutes les professions, comprend quatre parties : 1° connaissances professionnelles; 2° connaissances civiques; 3° calcul et comptabilité ; 4° travaux écrits.

Différents, en ce qui concerne le premier point, ils présentent, pour les trois autres, des caractères communs qui peuvent se résumer ainsi :

Connaissances civiques. — Règlement des cours ; le travail et les métiers. — Morale pratique : devoirs envers les patrons, les compagnons, les clients. Les droits et les devoirs de la famille. — Hygiène : hygiène du logement et de l'alimentation. — Conditions de travail : apprentissage, contrat, livret de travail, durée du travail, repos hebdomadaire, salaire, certificats. — Assurances ouvrières : lois et ordonnances. — Histoire des métiers et histoire particulière du métier exercé ; union corporative ; journaux techniques ; sociétés coopératives. — Chambre des métiers : examen de compagnon et de maître. — Juridiction professionnelle : tribunal des métiers ; lois et règlements concernant l'exercice d'un métier ou d'un commerce. — Institutions et administrations du pays : les devoirs du citoyen envers la Ville et l'État.

Calcul et Comptabilité. — Les quatre règles : problèmes usuels se rapportant exclusivement à la profession ; monnaies ; mesures ; poids. — Règle de trois : problèmes sur les heures de travail, sur le salaire, sur les dépenses journalières, mensuelles, annuelles. — Calcul d'intérêts d'un compte à la caisse d'épargne. — Problèmes sur les assurances ouvrières, sur l'achat de marchandises et d'outils, sur le cubage, le chauffage, l'éclairage. Rabais et escompte. — Affaires à terme, change et valeurs, compte-courant. Établissement des frais généraux et leur répartition; prix de revient. — Livre de caisse, journal, livre de factures, grand-livre, inventaire; rédaction d'une comptabilité de commerce d'un mois.

Travaux écrits. — Rédactions de lettres : demandes d'emploi ; lettres d'excuses ; lettres concernant les marchandises ; demande d'un devis, d'un catalogue, réclamation, refus d'une marchandise, commande, expédition, etc. ; lettres concernant les paiements, les engagements juridiques, les rapports avec les administrations ; annonce d'ouverture, de succession et de changement d'un commerce, annonces générales.

Programme des connaissances professionnelles.

Bouchers. — La boutique : installation, nettoyage, ordre, propreté, aération et éclairage, peson et balance, téléphone.

Les différentes sortes de viande.

Conservation de la viande, sa préparation.

Extrait de viande, viande de conserve.

Les bacilles, la lutte contre eux.

Connaissance générale des animaux de boucherie.

Constitution des bêtes de boucherie : forme extérieure et dénomination des différentes parties ; construction intérieure, os, muscles, tissus gras, les principaux organes, leur fonctionnement.

Détermination de l'âge des bêtes de boucherie, les races principales, l'achat des animaux, poids brut, poids net.

Epices et ingrédients, leur utilisation dans la préparation de la viande.

L'abattoir et le marché aux bestiaux de Strasbourg.

Les pays producteurs de bestiaux, le transport, l'importation et l'exportation des bestiaux, octroi et droits d'entrée.

Qualités générales de la viande.

La viande suivant le genre, l'âge, le sexe, la nourriture et la tenue des animaux ; viande saine et viande malade.

Symptômes de santé d'un animal vivant ; symptômes de maladie. Appréciation de la viande d'un animal abattu.

Altération de la viande après l'abatage.

Instruction pratique : L'abatage du menu bétail.

Dépouillement des animaux.

Le vidage.

Dépeçage : noms des différents morceaux.

Utilisation des issues.

Outils et machines pour l'abatage.

L'estimation des bêtes de boucherie.

L'abatage du gros bétail.

Boulangers. — Les céréales, le moulin, la farine.

Les ingrédients dans la boulangerie . eau, lait, beurre, margarine, beurre de noix de coco, saindoux, œufs, sucre, raisins de Corinthe, amandes, sel.

L'installation d'une boulangerie, le four, machines et outils.

Les combustibles et l'éclairage.
Peson et balance.
Ferments et levures, levains, la fermentation, l'acide carbonique.
Thermologie.
Préparation de la pâte, les différentes sortes de pain, la cuisson du pain.
Les différentes qualités de pain.
La conservation du pain.
La culture des blés en Allemagne et à l'étranger.
Le commerce du blé et de la farine.
Transports des céréales et de la farine par voie de terre et par voie d'eau.

Instruction pratique : Distinction pratique des différentes sortes de farine.
Confection de croissants, craquelins, petits pains au lait, de gâteaux à la levure, de grandes bretzels, de différentes sortes de petits pains à l'eau, de pain de seigle.

Coiffeurs. — Rasoirs, ciseaux, tondeuse, affiloir et cuir.
Peignes, éponges, blaireau, brosses, vaporisateur, etc.
Structure et soins de la peau, en particulier du cuir chevelu.
Structure, formation, alimentation et qualités des cheveux.
Arrangement, propreté, chauffage et éclairage de la boutique.
Maladies de la peau et des cheveux : chute prématurée des cheveux, calvitie partielle, maladie des poils de la barbe, dartres, teigne, séborrhée.
Nuance des cheveux et leur grisonnement, teinture et produits de teinture.
Hygiène dans le salon de coiffure.
Brillantines, poudres, fards, lotions pour les cheveux, savons.
Matériel pour le travail des cheveux : cheveux humains, cheveux d'animaux, cheveux artificiels.

Instruction pratique : Préparation des cheveux : lavage, étalage, démêlage, crépage, lissage.
Tressage : différentes formes de nattes, leur utilisation.
Montage et finissage des nattes, les différents nœuds.
La façon d'une barbe et d'une perruque.
Travaux de vitrine.
Ondulation.

Confiseurs-pâtissiers. — Farine, œufs, lait, beurre, graisses et huiles.
Sucre et miel.
Fruits du Midi : ananas, citron, orange, raisin de Corinthe, amandes, noisettes, pistaches, café, thé, cacao.
Cuisson du sucre.
Traitement des sirops, de la gelée, de la marmelade; les confitures.
Les combustibles, chaleur, éclairage.
Installation des cuisines; outils et machines.
Peson et balance.

Aromates : cannelle, noix de muscat, gingembre, vanille, anis, fenouil, clous de girofle, coriandre et safran.

Couleurs, produits distillés, produits chimiques, drogues, essences, extraits.

Ferments et levures, la fermentation, l'acide carbonique, la cuisson.

Fabrication de bonbons fins et fourrés.

Fruits et bonbons candis.

Traitement des chocolats; glaçage.

Dessin : Décors faciles pour tartes et pains d'épices.

Formes de caractères faciles.

Feuilles naturelles, fleurs et fruits.

Décors plus difficiles.

Décoration de pièces montées.

Caractères enlacés, décoration d'œufs de Pâques, formes d'animaux simples.

Travaux pratiques : Garniture de tartes, décoration simple, écriture.

Décoration facile d'œufs de Pâques, gâteaux de Noël.

Cordons et décorations plus difficiles.

Caractères enlacés, chiffres.

Ecussons et boucles avec inscriptions.

Décoration d'œufs de Pâques.

Décoration à la poche : fleurs, animaux, personnages.

Sujets de petits fours.

Garniture difficile de tartes, écritures et chiffres difficiles.

Garniture à la poche : fleurs, animaux, personnages.

Modelage en terre glaise : feuilles, fleurs, fruits, animaux.

Moulage de formes en plâtre ou en soufre, gravure de poinçons en plâtre.

Cordonniers. — La fabrication du cuir, les principaux cuirs.

Les diverses fournitures du cordonnier : imitation de cuir; tissus; ligneul; clous, etc. Les matières colorantes, les cirages, les graisses.

L'atelier : propreté, aération, chauffage et éclairage.

Historique de la chaussure et de la fabrication du cuir.

Le pied humain et ses formes.

Les centres de l'industrie du cuir.

Le commerce et le prix des divers cuirs.

Travaux pratiques et dessin : Les coutures. Les coutures des bottes.

Le brochage de la tige sur la forme.

Les réparations : ressemelage, pièces, etc.

Les formes.

Les diverses spécialités et qualités des cuirs.

Dessin des diverses parties de la chaussure, des formes et des garnitures.

Préparation de la semelle.

Confection de chaussures neuves, clouées et cousues.

Chaussures spéciales: chaussures hygiéniques, etc.

Dessin de différents pieds.

Dessin de la couture piquée, de la bordure, des contreforts, des semelles, des talons, etc.

Technologie : outils et machines, leur emploi, lieu de provenance, prix, entretien, etc.

Cuisiniers. — Le programme se rapproche de celui des confiseurs pâtissiers.

Droguistes. — *Pratique commerciale :* installation des magasins et des bureaux ; précautions contre l'incendie ; balances et poids, ustensiles ; préparation d'onguents, comparaison des drogues fraîches et des drogues vieilles, poisons et contre poisons ; termes techniques, termes commerciaux.

Les principales drogues d'origine animale, végétale, minérale ; examen, emploi, falsification. — Les couleurs : emploi, composition, falsification ; couleurs minérales, couleurs végétales, couleurs animales ; les couleurs d'aniline ; extraits ; vernis ; siccatifs ; laques ; préparation des couleurs à l'huile.

Notions de botanique : les principales familles de plantes.

Notions de chimie : Métalloïdes : hydrogène, eau, eau oxygénée. Les halogènes et leurs hydracides. Soufre, hydrogène sulfuré, acide sulfurique. Phosphore et acide phosphorique. Arsenic, hydrogène arsénié et acide arsénieux. Antimoine et antimoine sulfuré. Bismuth, acide borique, acide silicique. Carbone, oxyde de carbone, acide carbonique. Sulfure de carbone et acide cyanhydrique.

Métaux : potassium, sodium et lithium, leurs hydroxydes, chlorures, iodures et cyanures, et leurs sels principaux. L'ammoniaque et ses combinaisons.

Les métaux alcalino-terreux, le zinc, l'argent, le nickel, le fer et l'aluminium. L'étain, le plomb, l'or et le platine. — Le manganèse ; permanganate et chromate.

Combinaisons organiques : parmi les corps de la série grasse, paraffine, chloroforme, iodoforme, les principaux alcools, alcool amylique, éther, acides, aldéhydes, acétones, les graisses et huiles, les cires et savons. Les acides oxaliques, tartriques et citriques. Sucre, gomme arabique, amidon, cellulose et chlorophylle.

Parmi les corps de la série aromatique : benzine, naphtaline, phénol, huiles d'amandes amères, acide benzoïque, aniline, nitrobenzine, acide picrique, térébenthine, camphre, tannin, acide tannique.

Physique et photographie : les poids et autres mesures, aéromètre, emploi du siphon, changement d'état, sublimation, distillation, cristallisation et autres opérations techniques comme rectification et extraction. La construction de l'appareil photographique, les noms des différentes parties, les sortes de plaques, l'exposition, le développement, le fixage, la copie, l'agrandissement et les produits chimiques employés en photographie.

Épiciers. — Café, thé, cacao, chocolat, épices.
Sucre, sucreries, miel, fruits frais et torréfiés, sirops, fruits du midi.
Les aliments dérivés des céréales; haricots et pois, etc., etc.; semences.
Saucisses et viandes, conserves.
Boissons, vinaigre, graisses végétales et animales.
Articles de lavage et de nettoyage; pétrole, bougies, allumettes, benzine, térébenthine, alcool, ammoniaque.

Garçons d'hôtels. — Les différentes sortes de viande et les différents mets.
Gibier, volaille, poissons, écrevisses, escargots, coquillages, huîtres.
Légumes, conserves, fruits, épices, huiles, vinaigre.
Propreté et aération de la chambre d'hôtel, chauffage, éclairage; sonnette électrique, sonnette d'alarme, téléphone.
Lait, beurre, fromage, œufs.
Café, thé, cacao, cigares et tabac.
Vins, bière, liqueurs, eau minérale.
Les principales lignes de chemin de fer partant de Strasbourg. Les principales lignes d'Alsace-Lorraine, de l'Allemagne et de l'Europe, les principales lignes de vapeurs.
Lecture des horaires.

Français : Exercices de prononciation et de lecture : exercices de conversation rattachés à des groupes de mots et à des sujets concernant l'industrie hôtelière.

Instruction pratique : l'apprenti : sa situation envers le patron et le premier garçon; habillement, soins de propreté.
Le titre : les titres usités en Allemagne, les rapports avec les hauts personnages; les titres anglais et français.
La table : le dressage d'une table, le pliage des serviettes, le service, la table d'hôte, le banquet; restaurant à la carte; le souper après un bal; le buffet froid.
La gastronomie : l'heure des différents repas, la coutume de les prendre; nature des repas et leur préparation suivant les nationalités.
Le menu : termes culinaires; succession des mets; composition des menus; la préparation des menus suivant les saisons.
Les boissons : les vins allemands, les vins français, les autres vins; choix des vins pour un repas, façon de servir le vin; boissons composées.
Le garçon d'hôtel à l'étranger.

Imprimeurs. — Histoire et invention de l'imprimerie.
Les premières presses d'imprimerie.
Développement des machines à imprimerie jusqu'à l'époque moderne.
Explication des différents systèmes.
Entretien des machines, mise en marche.
Histoire de la fabrication du papier.
Les qualités courantes de papier.
Formats du papier.
Histoire de la fabrication des couleurs.

Leur traitement et leur utilisation.

Les couleurs primitives : jaune, rouge, bleu.

Le mélange des couleurs.

Les différents produits dont on se sert dans l'imprimerie.

Couleurs employées pour l'impression à teintes.

La presse d'imprimerie à platine (Minerve ou à pédale).

Le travail à cette presse.

Le montage de la platine.

L'encrier, son montage et son réglage.

Impression de travaux courants.

Les rotatives.

De l'usage des rouleaux.

L'encrage, la position du rouleau et l'encrier.

Le serrage des formes ordinaires, calage de la forme.

Les différentes formes de serrage : composition simple, compositions stéréotypées, composition avec illustrations, formes d'impression doubles et mixtes.

Réglage du papier à la presse mécanique.

Montage et fixage de clichés, autotypies, etc. — Impression en couleurs, calage des formes. — Mise en train d'illustrations. — Impression d'illustrations. — Impression à teintes. — Le mélange des couleurs. — Impression en plusieurs couleurs. — Impression en couleurs copiantes. — Le procédé de l'impression en relief. — Impression irisée. — Impression dorée.

Relieurs. — Le papier, le cuir, le parchemin, le carton.

L'atelier : propreté, aération, chauffage et éclairage.

Les tissus, les colles ; aiguilles à relier, etc., matières d'ornementation.

Historique du livre en général et de la reliure en particulier.

Travaux pratiques: La brochure ; les réparations ; les cartes géographiques ; le livre scolaire ; le livre cartonné.

La reliure en toile, le missel, l'atlas ; la reliure en cuir et en parchemin ; étuis en carton ; les couleurs, tranches en couleur.

Cartes géographiques sur toile, sur baguettes.

Technologie : outils et machines : qualités des marchandises.

Tailleurs. — Les matières premières de l'industrie textile : lin, coton, laine, soie.

Les différentes sortes de boutons, les fournitures.

Propreté, éclairage, aération et chauffage de la boutique.

Histoire de l'habillement. Les modes.

Animaux à fourrure ; tannage, préparation et teinture des fourrures.

La confection des tissus et les genres de tissus : filage, tissage, teinture, apprêtage, décatissage.

Les principales régions d'industrie textile : le commerce de la fourrure ; les spécialités d' toiles.

Typographes. — Histoire et importance de l'art de l'imprimerie ; lettres, calcul typographique, règles de composition, la technique de la composition et de la distribution, les principales sortes de caractères, formats du papier et de la composition, formes, signes de correction des épreuves.

Termes étrangers et groupes de mots, manuscrits allemands, exercices d'orthographe, la division des mots, abréviations diverses.

Composition pour journaux, livres, poésies et catalogues, composition de tableaux faciles, de titres simples, les colonnes, titres modernes, calcul de manuscrits.

Esquisse simple de tous genres d'imprimés, composition de mathématiques, travaux difficiles pour le commerce, imprimés pour sociétés, composition d'affiches, gravure de plaques pour impression à teintes.

Termes étrangers et phrases, alphabet grec et manuscrits, grammaire et règles de ponctuation.

Cours de la Chambre de métiers de la Haute-Vienne.

But et moyens. — La Chambre de Métiers de la Haute-Vienne ne se substitue pas aux ateliers patronaux pour donner l'apprentissage. Elle leur apporte son concours pour compléter avantageusement l'instruction professionnelle et l'éducation des apprentis.

Les moyens qu'elle emploie sont les suivants :

1° Cours professionnels ; 2° conférences et causeries éducatives ; 3° concours d'apprentis ; 4° examens de fin d'apprentissage et délivrance de certificats ; 5° création d'un bureau d'études pour les industries locales ; 6° bibliothèque.

Création. — L'initiative de la création revient à la Chambre de Commerce et la pensée qui a guidé cette compagnie a été de réaliser dans la liberté ce que la plupart des nations étrangères ont accompli dans l'obligation.

En février et mars 1911, le Président de la Chambre de Commerce réunit, à plusieurs reprises, les représentants des principaux corps de métiers de Limoges, mécaniciens, serruriers, imprimeurs, typographes, lithographes, fabricants de chaussures, fabricants de tiges, cordonniers, fabricants de porcelaine, charpentiers, menuisiers, maçons, tailleurs de pierre, hôteliers, pâtissiers, etc., et recueillit leur avis sur les difficultés que rencontre l'apprentissage dans chacune de ces professions. Il étudia avec eux les moyens, relevant uniquement de leur volonté et de leur entente, qui pouvaient être employés pour organiser des classes d'apprentis.

De ces entretiens il fut possible de dégager les lignes générales sur lesquelles devait s'appuyer une action concertée.

L'on tomba d'accord pour reconnaître l'urgence d'une intervention commune et, conséquemment, la nécessité, pour chacun, d'apporter sa contribution morale et matérielle à l'œuvre qu'il fallait entreprendre.

L'on convint, après avoir décidé la création de cours professionnels, directement adaptés aux besoins de chaque métier, d'en confier la partie pratique et technologique à des spécialistes, la partie théorique à des professeurs de l'école de commerce et d'industrie.

La question essentielle de l'obligation consentie fut résolue dans le sens de l'affirmative : toutes les corporations s'engagèrent à laisser aux apprentis la liberté nécessaire pour suivre les cours, en totalité ou en partie, pendant la durée de la journée légale de travail.

Il fut tenu compte, pour diverses professions, des exigences saisonnières, pour d'autres de certaines préférences d'horaire; mais, en général, le début de la matinée fut consacré aux cours, parce qu'à ce moment l'esprit est plus dispos et la main moins lourde pour écrire ou pour dessiner.

Des délégués, nommés par chaque corporation, se chargèrent d'élaborer les programmes particuliers; la Chambre de Commerce arrêta les statuts et le règlement d'ensemble; elle vota des crédits spéciaux; elle recueillit des souscriptions; le Ministère du Commerce apporta sa subvention, la Ville de Limoges la sienne; la Municipalité fournit des locaux; l'École pratique mit ses ateliers à la disposition des organisateurs; on loua, en outre, deux immeubles au centre de la ville; enfin des professeurs furent désignés, et la direction de l'enseignement confiée au Chef des Travaux de l'École pratique.

La Chambre de Métiers de la Haute-Vienne était créée.

Administration. — En principe sont membres de la Chambre de Métiers, tous les industriels et tous les professionnels de tout métier domiciliés dans la Haute-Vienne qui ne manifestent pas une intention contraire. Il n'est demandé, pour cette adhésion tacite, ni cotisation, ni formalités. Mais ne participent à l'administration que les personnes qui versent une cotisation et les membres du bureau d'un syndicat ou d'une association subventionnant les cours.

La Chambre de Métiers a un Conseil de Perfectionnement composé de membres de droit, de membres désignés par la Chambre de Commerce et par le Conseil municipal et de membres élus par les souscripteurs. Parmi ces derniers se trouvent trois délégués de chacune des corporations pour lesquelles des cours sont organisés. Les initiateurs du mouvement ont eu la légitime préoccupation de s'assurer la direction générale de l'association et de réserver aux représentants de chaque corps de métier le soin de surveiller la marche technique des cours qui les concernent.

Budget. — Le budget des recettes est constitué par des subventions de l'État, de la ville de Limoges, de la Chambre de Commerce et des souscriptions particulières.

Le budget des dépenses comprend les frais de gestion et d'administration, les honoraires des professeurs, des conférenciers, les fournitures de matériel et de matières premières, les dépenses nécessitées par les concours, les examens, les récompenses, les diplômes, etc.

Fonctionnement des cours. — Les cours, organisés tant à Limoges qu'à Rochechouart et à Saint-Junien, s'adressent aux imprimeurs, typographes, lithographes, relieurs, cordonniers-coupeurs, menuisiers-ébénistes, horticulteurs-maraîchers, mécaniciens, serruriers, maçons, tailleurs de pierre, charpentiers, céramistes, peintres en bâtiment, zingueurs.

L'assiduité est à peu près parfaite; il résulte en effet de l'enquête à laquelle nous avons procédé que le pourcentage de la fréquentation est de 96 0/0.

COURS DE MI-TEMPS

L'institution des cours de mi-temps paraît être une des formes les plus heureuses de l'enseignement professionnel. Elle s'est généralisée dans les pays qui nous environnent, et elle tend à se répandre en France, en se substituant aux cours du soir; mais son évolution est lente.

Un obstacle surtout entrave sa carrière : le manque de cohésion des associations corporatives. En Allemagne, en Suisse, en Angleterre, les groupements professionnels ont des cadres solides; la majorité décide et la décision s'exécute. Il est, chez nous, plus difficile d'agir. Par esprit de conciliation, par crainte de voir une scission se produire dans une assemblée économique qu'il a été laborieux de constituer et qu'il est délicat de faire vivre, l'on ne prend guère un parti que lorsque l'unanimité, ou la presque unanimité, y est favorable. Or il est plus facile de s'unir dans l'abstention que dans l'action et, lorsque quelque opposition bien déterminée s'élève contre un projet, l'abandon du projet est la solution pacificatrice à laquelle chacun souscrit sans trop de peine.

C'est là, à notre avis, la principale raison des lenteurs d'organisation qui se produisent, car les objections contre les cours de mi-temps sont, en elles-mêmes, trop fragiles pour paralyser l'entreprise. Toujours et partout les mêmes, elles consistent à dresser un petit intérêt individuel, — quelquefois un simple dérangement — en face d'un immense intérêt général. Pour les besoins de la cause, on exagère l'importance du rôle de l'apprenti à l'atelier et l'on explique que le travail qu'il fournit est solidaire de la marche d'ensemble d'une équipe. Pour un peu l'on dirait que l'édifice va s'écrouler, comme un château de cartes, si l'on se prive momentanément de ce petit auxiliaire que l'on ne paie pas ou que l'on paie si peu.

L'on ne songe pas, en formulant ces observations : 1° Que si l'apprenti est effectivement un rouage nécessaire, il est juste de lui accorder un salaire plus élevé ;

2° Qu'il arrive assez fréquemment au patron de le distraire de sa besogne utile pour lui faire faire des travaux accessoires et que, pendant ce temps-là, l'atelier ou le chantier ne chôment pas ;

3° Que les difficultés présumées insurmontables ont été considérées comme inexistantes par des industriels placés dans des circonstances absolument identiques.

Faut-il ajouter que ces objections sont purement imaginaires ; elles précèdent le fait ; elles ne le suivent jamais. En d'autres termes, là ou les cours de mi-temps sont institués et fonctionnent, personne n'a dit qu'ils jetaient un trouble de quelque importance dans une industrie quelconque. Tous les patrons, au contraire, qui se sont résolument attachés à cette œuvre et qui la contrôlent de près, se plaisent à en constater les excellents effets et aucun n'en relève les inconvénients. L'habitude de ne pas avoir son apprenti sous la main, à telle ou telle heure de la journée, se prend avec une facilité merveilleuse.

Rappeler ainsi les arguments d'opposition, c'est y répondre.

Allons-nous maintenant exposer les avantages des cours de mi-temps? Ce serait inutile parce que personne ne songe à contester qu'il est de première importance, pour l'intérêt privé, comme pour l'intérêt du pays, d'avoir des ouvriers instruits de leur métier.

Nous voudrions citer toutes les villes, toutes les associations et tous les syndicats patronaux — car l'adhésion patronale est ici indispensable — qui se sont déjà engagés dans cette voie. Les limites que nous nous sommes imposées ne le permettent pas. Un exemple pris à Paris où ces cours se sont déjà développés dans de nombreuses professions, et quelques exemples puisés en province, où le mouvement s'accuse dans plusieurs centres, suffiront peut-être à donner l'impression qu'il est possible de multiplier ces institutions.

Cours de mi-temps organisés à Paris par le Syndicat des mécaniciens, chaudronniers et fondeurs de France.

L'important syndicat des mécaniciens, chaudronniers et fondeurs de France s'est depuis longtemps préoccupé de développer l'instruction technique des ouvriers et des apprentis. A cet effet il a d'abord institué des cours du soir. Ceux-ci étaient fréquentés par de nombreux auditeurs, mais les apprentis y constituaient une minorité.

Frappé de cette constatation, le syndicat se décida à faire mieux.

L'expérience acquise lui permit de se rendre compte des causes de l'abstention des apprentis. Elles tenaient, selon lui : « 1° à ce que les parents se refusaient à laisser sortir leurs enfants, le soir, dans des quartiers parfois peu sûrs où ils étaient exposés à des dangers de toute nature ; 2° à ce qu'il est raisonnablement et humainement impossible d'exiger d'un adolescent que, sa journée de travail terminée, il fournisse encore le soir, avec fruit, un nouvel effort. »

Le bureau du syndicat eut l'idée d'organiser des cours de mi-temps fonctionnant entre cinq heures et demie et sept heures et demie du soir. Il voyait, dans leur institution, l'avantage de supprimer l'objection faite par les parents au sujet de l'heure tardive et un moyen d'imposer aux apprentis l'obligation.

Toutefois, avant de pousser plus loin ses projets, il jugea indispensable de prendre l'avis des sociétaires sur l'opportunité de cette création. Ce sont les résultats de cette enquête que nous voulons résumer, parce qu'ils nous semblent symptomatiques. Nous sommes convaincus, en effet, que si d'autres groupements professionnels procédaient à une consultation semblable, on retrouverait, quelles que soient les professions, une proportion sensiblement pareille d'indifférents, de partisans et d'adversaires.

Les deux questions essentielles auxquelles les membres du syndical avaient à répondre étaient celles-ci :

Permettriez-vous à vos apprentis de quitter vos ateliers vers cinq heures du soir une fois ou deux fois par semaine?

Dans cette hypothèse, consentiriez-vous à leur payer leur journée entière?

Une moitié des membres ne répondirent pas.

Pour l'autre moitié, les réponses furent affirmatives dans la proportion des 9/10.

Un adhérent, sur dix environ, refusa donc de donner une suite favorable aux propositions faites, et les raisons, invoquées par les maisons opposées aux cours de mi-temps sont celles que connaissent bien toutes les personnes qui ont eu à s'occuper, sur un point quelconque du pays, d'une entreprise analogue. Elles peuvent se condenser ainsi :

a) La sortie avant l'heure normale désorganiserait complètement l'atelier;

b) Nos frais généraux sont déjà très élevés; toute nouvelle charge serait impossible à supporter ;

c) Nous faisons les sacrifices nécessaires pour former nos apprentis nous-mêmes ;

d) Les cours de mi-temps ne sont que des palliatifs qui doivent fatalement demeurer sans résultats appréciables.

Le dépouillement du referendum avait été suffisamment net pour que le syndical ne s'arrêtât pas à ces objections isolées.

Les cours de mi-temps furent ouverts dans les 11e, 13e et 14e arrondissements.

PROGRAMME

L'enseignement comprend :

Le Dessin industriel;

La Géométrie appliquée;

La Technologie des matières premières et de l'outillage.

Nous reproduirons seulement le programme du cours de technologie.

Première année. — Technologie du bois. Technologie des métaux qui entrent dans la construction des machines-outils ou qui sont travaillés à l'aide des machines-outils. Notions sur les propriétés mécaniques générales des métaux.

1° *Technologie du bois.* — Généralités sur le travail du bois. Divisions et emplois des bois. Bois industriels. Cubage. Défauts du bois. Travail préparatoire des bois.

Outils simples. Machines-outils : Scies alternatives, scies à ruban, scies circulaires. Mesures de sécurité concernant les scieries. Machines à percer. Tours. Machines à dégauchir et à raboter. Toupie. Machines à mortaiser. Outils modernes (fraises et outils circulaires).

2° *Technologie des métaux.* — *Fers.* — *Aciers.* — *Fontes.* — Leurs constitutions chimiques et les caractères physiques et mécaniques essentiels qui en dépendent. De la fusibilité, de la cassure et du phénomène de la trempe en général.

Moyens simples et rapides de les distinguer entre eux à l'atelier.

Notions très sommaires de la métallurgie de ces trois catégories.

A titre documentaire : description très rapide des grandes méthodes métallurgiques : hauts fourneaux ; forge catalane ; convertisseur Bessemer ; four Martin ; affinage, puddlage. Différentes nuances dans chaque catégorie. Usages et travail.

De la cémentation du fer ou de l'acier. Cémentation industrielle au four, cémentation d'atelier en coffrets.

Métaux spéciaux de l'espèce du fer : Aciers au chrome, au manganèse, au vanadium, au nickel, au tungstène. Leurs emplois. Aciers rapides.

Des corps étrangers d'effets nuisibles et des divers défauts des métaux étudiés.

De la trempe : procédés de trempage des aciers.

Densité des métaux de l'espèce du fer.

Des copeaux obtenus avec ces divers métaux : gras, secs, limailles.

Métaux de l'espèce du cuivre : cuivre pur et ses principaux alliages.

Cuivre : Caractères physiques et mécaniques. Eléments de la métallurgie du cuivre. Cuivre affiné, cuivre électrolytique. Travail du cuivre : fusion, martelage, laminage, étirage, tréfilerie. Usines.

Laiton : Composition et préparation de l'alliage. Même programme que ci-dessus, sauf en ce qui concerne la métallurgie.

Bronze et maillechort : même programme.

Etain. Plomb. Zinc. Métal antifriction.

Aluminium : même programme. Métallurgie de l'aluminium.

Notions sur les propriétés mécaniques des métaux. Notions élémentaires sur les déformations des métaux qui ne peuvent être appréciées à l'œil nu : dilatation, élasticité, déformations élastiques, limite d'élasticité.

Notions élémentaires sur les déformations permanentes : rupture des métaux par la traction, la compression, la torsion, le cisaillement.

Notions élémentaires sur les déformations appréciables : malléabilité, ductibilité, tenacité, friabilité, etc.

Deuxième année. — Technologie de l'outillage en général et de l'outillage des machines en particulier. — Technologie des éléments communs à toutes les machines.

1° *Technologie de l'outillage en général. Différentes catégories du travail des métaux.* — Travail par déplacement de matière : forge, laminage, tréfilerie étirage, pilonnage, forge proprement dite au marteau et à la main, façonnage, estampage, matriçage, emboutissage, repoussage.

Travail par enlèvement de matière :

a) Par soulèvement sous forme de copeaux, tournures, limailles et poussières : rabotage, perçage, fraisage, mortaisage, burinage à la main, tournage, alésage, limage, meulage et rectification.

b) Par défoncement : poinçonnage.

Différentes espèces d'outils appropriés à ces différentes catégories de travail :

a) Par déplacement de matière : cylindres de laminoirs. Filières et mandrins à étirer (forme à leur donner; entrée et dépouille). — Pilons, martinets, marteaux-pilons, marteaux à la main; outillage le forgeron, matrices et poinçons à estamper et emboutir (forme à leur donner, entrée et dépouille);

b) Par enlèvement de matière (par soulèvement) : Des outils tranchants qui travaillent par soulèvement; caractères communs, coupe, dépouille, dégagement, grandeurs diverses à donner à ces éléments, selon le cas (nature du métal à travailler, forme de déchets obtenus). Burin de raboteuse, de tour, de mortaiseuse, burins à main, fraises, outils de tours, limes, forets et mèches, tarauds et filières, meules.

c) Par enlèvement de matière (par défoncement) : matrices et poinçons. Particularités.

2° *Technologie des éléments communs à toutes les machines.* — Des transmissions : arbres, paliers, supports, chaises, poulies et courroies. Montages des courroies sur les poulies. Embrayage et débrayage. Rapport du nombre de tours. Train d'arbres et de poulies.

Des engrenages : Roues dentées, droites et d'angle, à chevrons, à dents obliques. Pas diamétral, pas circonférentiel. Module. Crémaillères. Rapport du nombre de tours. Train d'arbres et d'engrenage.

Des vis et écrous : Eléments d'une vis. Vis sans fin et roues dentées.

Eléments divers : Chariots coulissants. Bielles. manivelles. Harnais, etc., etc. Calcul d'un train de roues d'engrenages ou de poulies. Calcul de l'avance d'un outil, ou d'un pas à exécuter sur un tour.

Troisième année. — Monographie des machines-outils types et, si le temps le permet, monographie des machines-outils dérivées des types ou composées.

Machines-types. — Tour simple. Fraiseuses simples (horizontales, verticales). Raboteuse. Mortaiseuse. Perceuse (à la main et sensitive). Aléseuse. Machine à rectifier.

Machines dérivées ou composées : Tour à revolver. Tour automatique. Fraiseuse universelle. Etau limeur. Perceuse et perceuse taraudeuse automatique. Montage et équipages divers.

Mesures de sécurité concernant les machines.

Cours professionnels de mi-temps fondés par le Syndicat général des Entrepreneurs du bâtiment de Bayonne-Biarritz.

Si pour donner un second exemple de cours de mi-temps nous avons choisi, entre beaucoup d'autres, l'organisation de Bayonne-Biarritz, c'est parce qu'elle réunit trois conditions, ou, si l'on veut, trois principes de fonctionnement qui se trouvent rarement groupés dans une fondation unique :

1° Union de plusieurs communes — en l'espèce, Bayonne, Anglet et Biarritz — pour subventionner une même institution ;

2° Union et entente des patrons affiliés au Syndicat des entrepreneurs dans ces trois communes, pour accorder à leurs apprentis la liberté d'assister aux cours qui ont lieu de cinq heures à sept heures du soir ;

3° Union de professeurs et de spécialistes pour donner l'enseignement. Voici, sur ce dernier point, l'opinion du Président du Syndicat des entrepreneurs de Bayonne-Biarritz : « Le maître d'apprentissage ne peut être exclusivement un technicien ou un membre de l'enseignement. Il faut des spécialistes, mais des spécialistes qui sachent choisir et présenter. Les professeurs sont portés à enseigner des puérilités qui ne sortent pas du domaine théorique. Les techniciens ne démêlent pas toujours, dans le problème complexe, les éléments qui l'éclairent et en préparent la solution. Le professeur devrait être à la fois technicien et pédagogue. »

Mais, dit encore le Président, comme ces deux conditions ne se trouvent réunies dans la même personne qu'à titre d'exception, « la solution qui nous a semblé la plus logique a été de faire appel aux deux éléments ». Toutefois, en ce qui concerne le second, l'élément pédagogique, le Président des Entrepreneurs considère — et nous pouvons dire considère avec raison — que le personnel de carrière pédagogique ne peut être utilisé que « s'il est au courant des applications pratiques ».

L'un des avantages des cours de Bayonne-Biarritz est qu'ils sont limités à un petit nombre de matières. S'adressant exclusivement aux commis d'architecte, aux dessinateurs, aux décorateurs, aux serruriers, aux menuisiers, aux charpentiers, aux tailleurs de pierre, c'est-à-dire aux divers auxiliaires de la construction, ils se résument dans les exercices de dessin professionnel (dessin industriel, dessin architectural, dessin appliqué à l'art ornemental et décoratif, suivant les groupes de métiers).

L'importance relative de l'horaire hebdomadaire permet de multiplier assez les exercices pour accuser les progrès et pour rendre, par là même, la fréquentation véritablement intéressante pour les apprentis.

Une seule séance par semaine, distraite de la pratique du dessin, suffit pour enseigner les principes de géométrie et de mécanique indispensables aux uns, la connaissance et l'utilisation des styles indispensables aux autres.

Une partie du dimanche matin est occupée par des visites aux principaux chantiers.

La durée minimum des études est de deux ans, à la suite desquels un diplôme peut être délivré. L'année scolaire s'étend du 1er octobre au 31 juillet. Durant la période d'hiver, les cours ont lieu de cinq heures à sept heures du soir, tous les jours sauf le samedi; durant la période d'été, ils ont lieu de cinq heures et demie à sept heures et demie.

Les apprentis sont inscrits sur la demande de leurs patrons qui indiquent au Syndicat la nature des cours qu'ils doivent suivre.

Un carnet de présence, revêtu à chaque séance du visa du professeur, permet au chef d'entreprise de contrôler l'assiduité. Les retards et les absences injustifiées entraînent l'application d'une échelle de sanctions dont la plus grave est l'exclusion définitive.

Un concours termine chaque année d'études.

Le budget annuel comprend les subventions de l'État, des communes intéressées, de la Chambre de Commerce, du Syndicat du Bâtiment et des cotisations particulières.

Cours de mi-temps organisés à Reims.

Il nous semble utile d'ajouter un nouvel exemple des cours de mi-temps à ceux que nous venons déjà de citer. Nous y trouverons l'occasion de souligner quelques points importants qui corroborent les idées générales que nous avons déjà exprimées :

1° Les difficultés de création et de fonctionnement des cours de mi-temps paraissent minimes lorsqu'un homme compétent et actif prend résolument en main cette organisation. Cette constatation n'est pas faite pour le seul plaisir de rendre hommage à notre collègue et ami Beauvais, mais parce qu'elle répond à une thèse que nous avons toujours soutenue : les obstacles s'abaissent devant qui sait vouloir. Inversement, nous conjurons les hommes de dévouement qui auront tenté, sans y réussir, soit de mettre sur pied, soit de faire vivre et de faire apprécier des institutions d'apprentissage, de ne pas accuser de leur échec les dispositions peu favorables des patrons, des ouvriers, des administrations ou des conseils locaux. Ils auraient tort. Jamais — disons presque jamais pour n'affliger personne — il ne faut chercher à expliquer un échec par des causes secondaires;

2° Pour que l'enseignement pratique soit à la fois attrayant et utile, il doit être donné par des professionnels distingués. Il n'existe qu'un seul moyen pour recruter un personnel d'élite : les gens de métier qui font profiter de leur expérience les classes d'apprentis doivent être bien payés. Aucun patron raisonnable ne refuse le concours de ses contremaîtres à l'œuvre des cours d'apprentissage, lorsque ceux-ci sont bien dirigés;

3° Il importe de lier par un règlement à la fois les administrateurs et les élèves. Le rôle du directeur des cours est de savoir amener les premiers à assister régulièrement aux séances du Conseil d'Administration et de faire prendre aux seconds l'habitude de fréquenter les classes assidûment;

4° En raison du peu de temps dont on dispose, les matières enseignées doivent être peu nombreuses et l'enseignement doit se limiter aux besoins immédiats de la profession.

Ces quelques observations formulées, résumons très brièvement l'organisation rémoise.

Création. — En dehors d'une école pratique de garçons et d'une école pratique de filles, la ville de Reims a créé des cours de mi-temps pour les apprentis du bâtiment. Elle l'a fait avec la collaboration de la Chambre de Commerce et des Syndicats patronaux.

Dépenses. — Les dépenses de première installation ont été entièrement supportées par la ville, qui se charge également du chauffage et de l'éclairage.

La Chambre de Commerce paie le personnel enseignant.

Le Syndicat patronal du bâtiment fournit les machines et l'outillage.

Les cours bénéficient en outre d'une subvention du Ministère du Commerce et de l'Industrie.

Administration. — Un Conseil de surveillance et de perfectionnement, constitué comme il est dit ci-dessous, est chargé de contrôler et d'assurer la fréquentation et de veiller au bon fonctionnement des cours.

Personnel enseignant. — Le personnel enseignant est composé de contremaîtres rétribués à raison de 2 fr. 50 l'heure. « Les patrons accordent toutes facilités à leurs apprentis pour suivre les cours, ainsi qu'aux contremaîtres chargés de donner l'enseignement pratique. »

Enseignement. — L'enseignement comprend :

1° Des cours de dessin adaptés spécialement aux diverses professions;

2° Des travaux pratiques d'atelier.

Il est complété par des conférences, des visites industrielles d'usines, de chantiers ou d'ateliers.

Les cours ont lieu de cinq heures à sept heures, deux jours par semaine : une heure, par conséquent, est prélevée sur le temps de travail et une heure sur les loisirs de l'apprenti.

RÈGLEMENT

ARTICLE PREMIER. — Les Cours d'apprentissage de la ville de Reims ont pour but de former des ouvriers instruits et habiles, connaissant théoriquement et pratiquement les principes se rapportant à leur métier.

ART. 2. — Ils s'adressent aux apprentis, c'est-à-dire aux jeunes gens ayant terminé leurs études primaires et se destinant à exercer l'une des professions enseignées.

ART. 3. — Ils sont spécialement réservés aux apprentis et ouvriers habitant Reims ou exerçant leur profession dans cette ville.

ART. 4. — L'enseignement donné aux cours d'apprentissage comprend :

1° Des cours pratiques de dessin adaptés spécialement aux diverses professions ;

2° Des travaux pratiques d'atelier.

Tous les cours sont obligatoires. Ils sont complétés chaque année par des conférences, des visites industrielles d'usines, de chantiers ou d'ateliers.

ART. 5. — Les cours d'apprentissage se divisent en autant de sections principales qu'il y a de professions enseignées. Le nombre peut être augmenté ou diminué suivant les besoins.

ART. 6. — En principe les cours ont lieu les mardi et vendredi de chaque semaine, de cinq heures à sept heures du soir. Toutefois, en cas de nécessité impérieuse, les jours et heures peuvent être modifiés par l'Administrateur délégué, d'accord avec la Commission administrative.

ART. 7. — Les livres et fournitures classiques, l'outillage et les matières premières pour les travaux pratiques sont fournis gratuitement aux élèves.

ART. 8. — Les Cours d'apprentissage sont placés directement sous le patronage de la Chambre de Commerce, de la municipalité de Reims et des Syndicats professionnels intéressés.

ART. 9. — Ils sont administrés par un Conseil de perfectionnement présidé par le Président de la Chambre de Commerce ou, à son défaut, par le Maire de la Ville de Reims.

Ce Conseil comprend :

Trois conseillers municipaux ;

Deux membres de la Chambre de Commerce ;

Deux membres de la Société Industrielle ;

Les Inspecteurs de l'Enseignement technique résidant à Reims ;

Le directeur de l'École pratique de Commerce et d'Industrie.

Deux membres de chacune des professions enseignées aux cours d'apprentissage.

ART. 10. — Le Conseil de perfectionnement dresse chaque année le budget des recettes et des dépenses. Il étudie spécialement :

1° L'organisation des Cours d'apprentissage ;

2° L'établissement des programmes et horaires ;

3° Les acquisitions de matériel et de matières premières ;

4° L'organisation des expositions, des concours, des examens de fin d'apprentissage, des distributions de prix et prend toutes mesures utiles à la prospérité des cours.

ART. 11. — Le Conseil de perfectionnement se réunit chaque fois que le Président le juge utile ; il peut, en outre, être convoqué sur la demande du tiers de ses membres.

ART. 12. — La Direction des Cours d'apprentissage est confiée à un administrateur délégué, désigné chaque année, avant l'ouverture des cours, par le Conseil de perfectionnement.

L'administrateur délégué est chargé de prendre toutes les dispositions réglementaires qui concernent l'enseignement et la discipline.

Il signe les bons de commande, vérifie et approuve les mémoires.

Le personnel enseignant, les élèves et les gens de service lui sont subordonnés.

Il peut s'adjoindre un secrétaire administratif.

ART. 13. — L'administrateur délégué est secondé dans ses fonctions par une Commission administrative de quatre membres choisis par le Conseil de perfectionnement des cours. Cette commission se réunit aussi souvent que les nécessités l'exigent, sur convocation de l'Administrateur délégué.

Pendant la durée des Cours, elle se réunit au moins une fois par mois.

ART. 14. — L'Administrateur délégué, d'accord avec la Commission administrative, nomme et révoque les professeurs, fixe leurs attributions et leurs honoraires, dresse chaque année le projet de budget.

ART. 15. — Le trésorier de la Chambre de commerce est trésorier des cours d'apprentissage. Il paie les dépenses autorisées par le Conseil de perfectionnement et régulièrement approuvées par l'administrateur délégué.

ART. 16. — Les recettes sont alimentées par les subventions de la ville de Reims, du département, de l'Etat, de la Chambre de Commerce, des Syndicats professionnels, ainsi que par des souscriptions collectives et individuelles.

ART. 17. — Les dépenses comprennent les frais de gestion et d'administration, les honoraires des professeurs, les fournitures de matériel, de matières premières, les frais d'assurances ainsi que ceux qui sont nécessités par les expositions, concours, examens, récompenses, diplômes, etc.

ART. 18. — Le personnel des cours communique avec la Commission administrative par l'intermédiaire de l'administrateur délégué qui accompagne de son avis les demandes ou écrits quelconques. Les professeurs doivent adresser à l'administrateur leurs demandes, plaintes ou réclamations.

ART. 19. — Les professeurs ne peuvent modifier les programmes des cours sans y être autorisés. Ils sont tenus de donner leurs leçons aux jours et heures fixés. En cas d'empêchement, l'Administrateur pourvoit, s'il y a lieu, à leur remplacement provisoire. Toutefois, si l'absence du professeur doit durer plus de quinze jours, la désignation de son suppléant est faite d'urgence par la Commission administrative.

ART. 20. — Chaque professeur est chargé d'assurer la discipline dans sa classe ou dans son atelier. Il est responsable du matériel qui lui est confié.

ART. 21. — Il est interdit aux professeurs de se livrer à un travail personnel pendant la classe. Leur présence est obligatoire pendant toute la durée des classes.

ART. 22. — Les travaux des élèves restent la propriété des cours d'apprentissage.

ART. 23. — Le registre d'inscription des élèves est tenu par les soins de l'administrateur délégué.

ART. 24. — Les peines disciplinaires suivantes peuvent être infligées aux élèves :

L'observation en particulier;

La réprimande publique;

L'exclusion temporaire;

L'exclusion définitive, mais cette dernière ne peut être appliquée que par la Commission administrative.

ART. 25. — Toute infraction grave au règlement ou à la discipline, toute négligence dans le travail, tout manque de respect envers ceux qui sont appelés à diriger ou à instruire les apprentis, tout acte de violence ou de brutalité envers des condisciples ou envers toute autre personne entraînera l'application de l'une des sanctions énumérées à l'article 24.

ART. 26. — Tout dommage causé par un élève au local, au mobilier, aux outils ou aux collections est réparé à ses frais, sans préjudice des peines disciplinaires qui peuvent lui être infligées.

ART. 27. — Les absences répétées sans motifs valables peuvent entraîner la radiation de l'élève.

ART. 28. — Les examens de capacité ont lieu chaque année, suivant le règlement établi par la Commission administrative.

COURS D'APPRENTISSAGE ORGANISÉ A L'ATELIER PATRONAL

Cours d'Apprentis de la Maison Chappée et fils, organisés au Mans, à Antoigné et à Port-Brillet.

But. — La Maison Chappée et fils a organisé au Mans, pour ses employés de bureau, et dans ses usines d'Antoigné et de Port-Brillet, pour ses apprentis fondeurs, modeleurs, ajusteurs et chaudronniers, des cours qui ont pour but de permettre aux jeunes gens de treize à dix-huit ans d'apprendre leur métier intelligemment et, en conséquence, d'arriver le plus rapidement possible à un salaire rémunérateur.

Organisation. — En ce qui concerne les employés, les cours ont lieu chaque jour, pendant une heure, après la fermeture des bureaux : ils portent sur la correspondance, la sténographie, la comptabilité, l'anglais et les éléments de droit commercial.

Pour les apprentis proprement dits, l'enseignement comprend une partie pratique ou manuelle et une partie complémentaire et technologique.

Travail manuel. — Les apprentis mouleurs sont installés dans un local spécial, contigu à l'atelier principal de fonderie. Un contremaître, choisi parmi les meilleurs, et particulièrement désigné par sa moralité, son caractère et son habileté professionnelle, est exclusivement chargé de l'instruction pratique de cette section.

Les sections de modelage, d'ajustage et de chaudronnerie sont soumises à un régime différent. Dans ces ateliers, la journée est de dix heures, et la loi de 1900 n'impose pas, par conséquent, le système de la salle distincte. L'enfant est confié soit à un bon praticien, soit, le plus souvent, à son père; car il faut dire que, malgré leur nombre considérable d'ouvriers — 1.800 — MM. Chappée et fils ont su conserver, dans une large mesure, le caractère familial de l'apprentissage. Qu'il s'agisse de la tutelle d'un compagnon d'élite ou de la direction paternelle, le résultat est toujours meilleur que dans le cas d'un enseignement collectif confié à un moniteur unique, si qualifié soit-il. Telle est la constatation faite par les chefs de la Maison.

Enseignement complémentaire et technologie. — Alors que l'enseignement pratique — et il ne saurait en être autrement — est distribué à tous les apprentis, c'est-à-dire à 120 ou 130 jeunes gens, les classes complémentaires sont facultatives; elles sont suivies par la moitié des apprentis environ. Les cours ont lieu quatre fois par semaine de cinq heures et demie à sept heures du soir, et le programme comprend : 1° des notions de géométrie; 2° des exercices de dessin (prise de croquis, mise au net à l'échelle, principes de perspective); 3° des éléments de technologie. Les leçons sont professées, sous le contrôle d'un ingénieur de la Maison, par un chef d'atelier que ses aptitudes ont spécialement désigné.

Salaires et sanctions. — Les apprentis sont rétribués dès le début. On n'ignore pas l'influence de cette mesure sur l'esprit des familles. Celles-ci n'ont plus de raison de sacrifier la formation technique de l'enfant à une considération de gain immédiat, puisque ces deux avantages se trouvent réalisés par les sages dispositions prises par MM. Chappée et fils. La rémunération à l'entrée est de un franc par jour; elle s'élève rapidement, au fur et à mesure que les progrès s'affirment, et elle peut atteindre 3 et 4 francs à la fin des cours.

Ainsi l'augmentation du salaire est, pour le jeune homme,

une conséquence directe et certaine de l'accroissement de sa valeur professionnelle.

Ce n'est pas la seule sanction de ses efforts. Chaque année un concours détermine un classement : des prix divers et des livrets de caisse d'épargne récompensent les lauréats. Enfin la Maison estime qu'il est de son devoir de distinguer plus particulièrement encore les sujets d'élite, c'est-à-dire ceux qui, par leur bonne conduite leur esprit laborieux et leur intelligence technique, ont laissé percer des espérances d'avenir. Ceux-là accomplissent un stage dans les différents services ; ils peuvent embrasser ainsi l'ensemble de la fabrication et des transactions de l'usine, et ils deviennent par là même susceptibles de s'élever dans l'échelle des collaborateurs qui travaillent à sa prospérité. MM. Chappée et fils sont fiers, à juste titre, de la longue liste de contremaîtres, chefs de fabrication et employés principaux qui, sans préparation préalable, ont trouvé leur voie grâce uniquement à l'organisation méthodique que nous venons de rappeler, organisation dont l'initiative a été prise il y a vingt ans.

L'atelier-école d'apprentissage (*ébénisterie et sculpture*) créé par la Maison Merle frères et Cie de Valence-sur-Rhône.

But. — L'atelier-école de la Maison Merle frères et Cie, situé dans un local distinct du reste des ateliers, réunissant toutes les conditions de bonne installation désirables, a un but préventif et un but éducatif.

1° Il permet d'éviter les inconvénients du régime habituel de l'apprentissage, inconvénients qui, d'après MM. Merle frères, peuvent assez fréquemment se résumer ainsi : l'enfant, apprenti d'un ouvrier, devient un domestique ; il est chargé de toutes les corvées et de toutes les besognes ; la préoccupation de le faire produire domine toutes les autres ; il est affecté à des travaux faciles, toujours les mêmes, sans intérêt pour lui, mais productifs pour le patron; l'apprentissage du métier est un objet accessoire (¹).

Si l'instruction manuelle est mauvaise, l'éducation morale est pire : l'enfant est souvent rudoyé; il entend toutes les conversations; on ne se gêne devant lui ni en paroles ni en actes (¹);

2° L'atelier-école permet de former des ouvriers possédant toutes les habiletés de leur métier et de s'occuper, parallèlement, de leur culture morale et intellectuelle.

Conditions d'admission. — Les apprentis admis à l'atelier-école doivent être âgés de quatorze ans au moins et posséder, autant que possible, le certificat d'études primaires. La durée de l'apprentissage est de trois années. Les parents sont tenus de signer un contrat d'apprentissage.

Salaire. — Les apprentis reçoivent un salaire de début de 0 fr. 50 par jour et, tous les trois mois, ils peuvent bénéficier d'une augmentation en rapport avec les progrès réalisés.

Autres encouragements. — Il est en outre accordé à ceux qui ont mérité une note satisfaisante un petit congé de repos, sans réduction de salaire.

Professeurs. — L'enseignement est donné par des maîtres-ouvriers d'une moralité et d'une valeur professionnelle éprouvées.

Horaire. — Sur 60 heures de présence par semaine, 48 sont réservées au travail d'atelier, 6 au dessin et 6 à la technologie et aux causeries sur la morale, l'hygiène, etc.

Cours de la Société alsacienne de Constructions mécaniques, Belfort.

But. — Les cours de la Société alsacienne de Constructions mécaniques ont pour but de donner aux apprentis un ensei-

(¹) D'après une brochure de MM. Merle frères.

gnement pratique appuyé sur les applications qui se présentent journellement à l'atelier.

Organisation. — Les cours ont lieu quatre jours par semaine, de cinq heures à sept heures, d'octobre à juillet. L'heure de cinq à six est payée comme travail effectif. L'inscription des apprentis est facultative, mais une fois acquise, elle est considérée comme un engagement d'assiduité et la fréquentation de deux cours au moins devient obligatoire.

PROGRAMMES

Mathématiques.

1re ANNÉE. — *Arithmétique.* — Notion du nombre, grandeur ou quantité, compter les grandeurs discontinues (nombre de rivets, etc.).

Rappel des notions de numération orale et écrite.

Addition et soustraction des nombres entiers (cotes partielles et totales sur le dessin d'une pièce, etc...).

Multiplication et division des nombres entiers (espacement de trous de rivets au bord d'une tôle, etc...).

Fractions ordinaires; réduction au même dénominateur; opérations; applications aux mesures anglaises.

Fractions décimales; opérations; applications à des calculs courants; cotes d'un dessin; prix d'un certain nombre d'objets.

Carrés; puissances. Racine carrée; approximation. Rapports; proportions. Règles de trois; applications (production journalière d'une machine; changements de vitesse par changements de poulies de transmission ou de renvoi; hauteur d'un objet au moyen de son ombre, etc...).

Règle d'intérêt. Partages proportionnels; répartition du bénéfice d'une équipe au prorata des salaires, etc...

Divisibilité; preuve par 9 de la multiplication.

Quelques notions sur les nombres premiers.

Système métrique. — Origine. Mesures de longueur; unités d'atelier; instruments de mesure de l'atelier et du bureau de dessin.

Mesures de surfaces; carré, rectangle, cercle; pression d'une chaudière (par cm^2); résistance d'un métal (par mm^2).

Mesures agraires; transformation en mesures métriques.

Mesures de volume et de capacité; densité des corps.

Calcul de la quantité de métal nécessaire à forger une pièce; cuber la pièce et multiplier par la densité.

Monnaies.

Quelques mots sur la mesure des angles, des temps, des températures. Quelques opérations sur les nombres complexes.

Algèbre. — But; passage de l'arithmétique à l'algèbre; signes et lettres. Expressions algébriques; addition, soustraction, multiplication.

Fractions algébriques.

Résolutions d'équations du 1er degré, numériques à une et plusieurs inconnues. Quelques problèmes du 1er degré. Comparaison avec leur solution arithmétique.

2e ANNÉE. — *Algèbre* (suite). — Formules ; calcul de la valeur numérique.

Equation de 2e degré à une inconnue ; somme et produit des racines. Quelques problèmes du 2e degré.

Notions sur les progressions arithmétiques et géométriques et sur les logarithmes ; emploi des tables, règle à calcul.

Géométrie. — Introduction. Lignes. Surfaces.

Généralités sur les déplacements. Rotation.

Translation.

Angles plans. Angles dièdres. — Mesure des angles. Equerres. Angle de coupe des outils.

Perpendicularité des droites et plans. Symétrie des figures. Parallélisme ; tés; trusquins.

Lignes polygonales. Propriété du triangle isocèle.

Cercle. Construction des triangles. Tangentes. Raccordements. Parallélogrammes et applications. Compas d'épaisseur.

Proportionnalité : compas de réduction; échelles : pantographe. Relations métriques dans le triangle.

Trigonométrie. Lignes trigonométriques. Formules fondamentales. Polygones réguliers. Inscription. Longueurs de la circonférence. Aires planes. Solides. Prismes. Pyramides. Corps ronds. Développement.

Mécanique. — Définitions. Principes fondamentaux.

Forces; compositions de forces de même direction ; concourantes; parallèles.

Notion du moment d'une force.

Equilibre d'un système de forces.

Pesanteur; centre de gravité; équilibre d'un corps suspendu.

Etude des mouvements. Vitesse.

Mouvements uniformes; mouvement uniformément varié. Accélération; chute des corps. Mouvement circulaire; vitesse tangentielle, angulaire et en tours par minute; transformation de l'une en l'autre; application à la vitesse de coupe d'un outil de tour.

Force centrifuge, rupture d'un volant, d'une meule; équilibrage des pièces mécaniques à grande vitesse de rotation (turbines, meules). Applications : essoreuses, ventilateurs; pompes centrifuges; régulateur des machines à vapeur.

Proportionnalité des forces aux accélérations; masse; plan incliné; coin.

Travail des forces; travail de la pesanteur.

Puissance vive; applications : marteaux, moutons, projectiles. Puissance emmagasinée par un volant.

Résistances passives; résistance de l'air (coupe-vent); frottement de glissement et de roulement (billes; rouleaux; applications). Utilisation des résistances passives : freins.

Frein de Prony.

Transmission de la puissance. Roues de friction; application aux machines-outils. Poulies et courroies; droite, croisée, demi-croisée; renseignements pratiques : assemblage des bouts et courroies. Câbles de transmission.

Engrenages; pas circonférentiel; pas diamétral ou pitch ou module; calcul d'un engrenage. Taille des dents. Engrenages d'angle. Trains d'engrenages.

Crémaillères. Chaînes.

Transformation du mouvement. Bielle et manivelle. Excentrique. Cames.

Machines simples. Levier. Poulies, moufles, palans. Treuil simple, différentiel, à engrenages.

Applications aux appareils de levage.

Vis ; pas ; écrous ; systèmes de filetage.

Boulons. Fabrication des boulons et écrous.

Application aux vérins. Réduction de vitesse par roue et vis sans fin.

Résistance des matériaux. Différents efforts ; résistance à la rupture des divers métaux ; coefficients pratiques ou de sécurité. Calcul de quelques pièces travaillant à la traction, à la compression, au cisaillement. Indications pratiques relatives à la flexion; poutres; ponts.

Dessin.

1re ET 2e ANNÉES

Représentation d'un objet ; vues : plan ; coupes ; élévation. Conventions usuelles. Cotes. Relevé de croquis de pièces d'abord simples, puis plus compliquées. Déduire diverses coupes.

Lecture de dessins. Représentation perspective d'une pièce d'après un dessin.

Exécution de détails d'après un ensemble.

Sanctions. — Les élèves sont notés suivant le travail et l'assiduité. Ces notes donnent lieu à un classement de fin d'année qui est communiqué aux chefs d'ateliers.

Les jeunes gens dont le bon classement concorde avec une appréciation favorable du chef d'atelier reçoivent des récompenses sous forme d'augmentation de salaire variant de 1 à 4 centimes par heure.

Les meilleurs enfin ont pris part, avec succès, aux examens institués dans la région de Belfort pour la délivrance du certificat de capacité professionnelle. Cent cinquante à cent quatre-vingts jeunes gens suivent les cours.

Améliorations projetées. — « Afin d'arriver à une meilleure collaboration de l'enseignement manuel de l'atelier et de l'enseignement technique élémentaire, il existe un projet tendant à créer, au moins pour les services purement mécaniques, un atelier d'apprentis. De cette façon les jeunes gens qui suivent les cours se trouveraient dans de meilleures conditions pour faire leur apprentissage. Ils ne seraient plus pris par la routine du grand atelier où ils sont noyés et où leurs capacités peuvent difficilement se développer. C'est là, à notre avis, le véritable procédé de formation de bons ouvriers. » (G. Ziegler, *administrateur de la Société alsacienne de Constructions mécaniques.*)

Cours d'apprentissage de la Société des Aciéries de Longwy.

Les cours d'apprentissage de la Société des Aciéries de Longwy portent sur l'ajustage, la forge, la chaudronnerie, l'électricité, le modelage, la fonderie de fonte, la fonderie d'acier, les tours à cylindres et — pour les employés — sur la comptabilité et la sténographie.

Si nous les citons après les trois exemples que nous venons de donner, c'est qu'ils sont, aux termes mêmes du contrat d'apprentissage, considérés comme obligatoires. Un article du règlement que le contrat sanctionne est formel à cet égard : « Les apprentis sont tenus de suivre les cours spéciaux créés par la Société des Aciéries et se rapportant au métier qu'ils apprennent. »

Mais, va-t-on penser, cette obligation, comme toutes celles que stipule la convention entre patron et parents d'apprentis, est purement nominale puisque, en fait, le contrat d'apprentissage est lui-même dépourvu de toute sanction.

C'est là une erreur. La Société des Aciéries a su rendre réelles les obligations du contrat et l'expérience qu'elle a faite n'a point entraîné de déception. Elle a réussi de la façon la plus certaine, et l'on peut dire la plus humaine, à rénover l'apprentissage et à lier à son service, dans la mesure compatible avec la liberté de l'ouvrier, ses apprentis une fois formés.

La solution qu'elle a adoptée tient, par quelques côtés, aux questions essentielles d'apprentissage que nous n'avons pas voulu aborder dans ce livre; mais, par d'autres, elle est directement en rapport avec l'enseignement professionnel que la Société développe, contrôle et récompense.

Qu'elle soit ou non en dehors de notre plan, cette solution, en tous cas, vaut qu'on la signale.

Le problème en face duquel s'est trouvée la Société des Aciéries est le problème général que tous les industriels connaissent : le contrat d'apprentissage n'a, d'ordinaire, que la valeur d'un engagement moral ; aussi beaucoup de parents d'apprentis le considèrent comme inexistant et ne se font aucun scrupule de le rompre dès qu'ils voient que leur fils, en quittant la maison qui l'instruit, recevra un salaire plus élevé ailleurs.

Comment concilier les intérêts divers, c'est-à-dire comment, d'une part, attacher l'apprenti à l'atelier patronal pendant et après la durée de l'apprentissage, et, d'autre part, comment assurer aux familles des avantages qui les engagent à respecter le contrat ?

La direction des Aciéries a institué un système qui lie effectivement le patron et l'apprenti.

Suivant le métier, la durée de l'apprentissage est pour le jeune homme, — âgé de treize ans au moins et titulaire du certificat d'études primaires, — qui entre aux Aciéries, de trois, quatre ou cinq années. Ses parents, en le faisant inscrire, promettent de le laisser pendant deux ans aux ateliers de la Société, à la suite de son apprentissage.

L'apprenti reçoit une rémunération croissante d'année en année, dont le taux de début est de 10 à 20 centimes l'heure. L'augmentation varie de 5 à 10 centimes l'heure au commencement de chacune des années qui forment la période d'apprentissage.

Le salaire de début est intégralement et régulièrement versé, mais les augmentations sont divisées en deux parts :

une moitié est touchée par l'apprenti, *une autre moitié est mise en réserve* pour servir de garantie à l'exécution du contrat. Cette seconde partie, inscrite au crédit du jeune homme, porte intérêt à 4 0/0.

En outre, si l'apprenti se distingue dans les exercices manuels qu'il fait ou dans les cours professionnels qu'il suit, il reçoit des primes et des gratifications divisées également en deux parts : une moitié lui est remise, une autre moitié, inscrite à son livret d'épargne, porte intérêt à 4 0/0.

Dans un cas particulier, le mécanisme des primes joue automatiquement. La surveillance des apprentis appartient, dans chaque atelier, à une commission composée du chef de service, d'un ingénieur, d'un employé, d'un contremaître et de deux ouvriers. Cette commission donne mensuellement des notes concernant le travail, la conduite, les progrès, et quand il y a lieu, les examens professionnels ; chaque point obtenu au-dessus de 10 entraîne régulièrement l'attribution d'une prime de 5 francs en fin d'année.

Les sommes représentant la moitié des primes et gratifications, accrues des intérêts, sont remises à l'ouvrier lui-même à sa majorité et, au plus tôt, deux ans après sa sortie d'apprentissage, s'il a satisfait à toutes les conditions de son engagement.

Elles sont versées à la famille en cas de maladie prolongée ou de décès de l'apprenti.

Elles sont, au contraire, acquises à la Caisse des Institutions ouvrières de la Société si le jeune homme a rompu volontairement son apprentissage, s'il a quitté le service des Aciéries dans les deux ans qui ont suivi l'expiration de son contrat, si enfin, par suite de paresse, d'incapacité ou d'inconduite, la Commission de surveillance a dû décider son renvoi.

Tel est, dans sa simplicité, le moyen pratique employé par la Société des Aciéries de Longwy, pour consolider l'apprentissage dans ses ateliers et pour proportionner la rémunération de ses apprentis aux efforts et aux capacités dont ils font preuve.

COURS DU SOIR

Il est difficile de donner des exemples particuliers de cours du soir, parce que dans cet ordre d'organisation, la matière est trop abondante et parce qu'on ne saurait distinguer entre des institutions dont le fonctionnement et les méthodes sont identiques. Au surplus il importe peu d'entrer, à ce sujet, dans des détails de programme, de budget, d'administration ou de sanctions des études.

La seule particularité sur laquelle nous appelons l'attention des lecteurs, au risque de nous répéter, est la nécessité de donner, dans ces cours, un enseignement véritablement pratique et professionnel. Souvent, au hasard de nos tournées, nous avons vu des hommes de bonne volonté et de dévouement qui consacraient à cette œuvre des cours du soir le meilleur d'eux-mêmes. Leurs leçons n'étaient pas toujours aussi substantielles que leurs intentions étaient méritoires. Quelquefois nous avons rencontré l'homme de métier dont l'enseignement serre la profession au point d'en éclairer pas à pas la pratique quotidienne, au point de se muer en une sorte de consultation perpétuelle dont les apprentis, assidus et confiants, tirent un immense profit.

Et nous avons conclu de ces observations qu'il est indispensable de constituer un cadre de « professionnels enseignants » à qui seront utilement confiés les « cours techniques ». C'est ce que nous avons essayé de démontrer dans notre premier chapitre.

Pour les « cours complémentaires d'enseignement général », nous sommes moins en peine. Les professeurs compétents existent. Le seul souhait que nous formions est qu'ils ne soient pas tentés de quitter le champ où ils sont maîtres pour se risquer sur le terrain mouvant du dessin industriel, de la technologie, de la fabrication, ou pour disserter sur des aperçus d'économie et de comptabilité qu'ils ont acquis par les livres.

Partout où les cours d'apprentis rendent des services appréciés, c'est qu'ils sont entre les mains de praticiens qualifiés pour les conduire,

qu'il s'agisse des cours parisiens de l'Union d'enseignement professionnel, de la Chambre syndicale des Entrepreneurs de Couverture et Plomberie, de la Chambre syndicale des Tapissiers-Décorateurs, de la Chambre syndicale de la Bijouterie, Joaillerie, Orfèvrerie, de la Chambre syndicale du Papier et des Industries qui le transforment, etc., etc. ;

qu'il s'agisse encore des cours techniques de la Société d'Enseignement professionnel du Rhône, des cours professionnels pour les mécaniciens et chauffeurs de la marine à Marseille, des cours techniques de la Société philomathique de Bordeaux, des cours professionnels de l'Union compagnonnique de Nantes, des cours de filature et de tissage de la Société du Commerce et de l'Industrie lainière de la région de Fourmies, etc., etc.

Nous nous étions promis de ne citer aucun groupement. Nous n'avons pas eu la prudence nécessaire pour nous abstenir, mais personne ne nous en voudra ; l'énumération est trop incomplète pour qu'aucune des omissions forcées que nous avons faites nous soit imputée comme un reproche.

COURS DU DIMANCHE

Cours de maréchalerie de la ville de Reims.

Les cours de maréchalerie organisés par le syndicat des patrons maréchaux de la Marne fonctionnent depuis 1905. Ils ont lieu chaque dimanche de huit heures à midi, dans les locaux de l'École pratique. Ils commencent en octobre et finissent en juillet.

Ils sont suivis très régulièrement par des jeunes gens venant de l'arrondissement de Reims et même de celui d'Épernay. Pour favoriser la fréquentation, la Compagnie de l'Est accorde le demi-tarif aux apprentis. Les frais de voyage sont d'ailleurs remboursés aux jeunes gens par le syndicat des patrons maréchaux.

Les cours sont professés : 1° par un professeur d'agriculture, en ce qui concerne la partie Machines agricoles; 2° par un maréchal des logis, maître maréchal, et deux brigadiers maréchaux appartenant aux deux régiments de dragons de la garnison, en ce qui concerne la partie professionnelle proprement dite.

Les dépenses se répartissent approximativement de la façon suivante : ministère du Commerce, un quart; ministère de l'Agriculture, un quart; département, un quart; ville de Reims et Syndicat des patrons, un quart.

PROGRAMME

Description et technologie de l'outillage du maréchal ferrant; examen de quelques machines-outils.

Pied : description ; organisation; enveloppes.

Aplomb : du pied ferme ; de face ; de profil ; de derrière; en marche.

Cheval : extérieur; régions ; tares (dures, molles). Robes.

Causeries sur les moteurs à pétrole, à alcool, à gaz.

Fer : description ; ouverture; ajusture; formes.

Pieds défectueux : défaut de proportion, de conformation, d'aplomb, de corne.

Pieds encartelés; parage du pied. Quartiers resserrés; talons serrés; serrés par en haut; serrés par en bas ; leurs ferrures.

Fer à planche : le forger; l'appliquer; avantages ; inconvénients.

Renouvellement de la ferrure : Déferrer ; parer le pied ; préparer le fer ; faire porter le fer ; attacher le fer ; examen du pied ferré.

Fer anglais : le forger ; l'appliquer ; avantages ; inconvénients.

Ferrure à froid, à glace. Avantages, inconvénients. Crampons, chevilles, clous.

Fer pont. Fer Thary. Avantages, inconvénients.

Fer de mulet, fer arabe. Les forger, description.

Causeries sur les moteurs électriques; notions générales de conduite et d'entretien.

Accidents occasionnés par la ferrure. Maladies du pied, boiteries, exploration du membre boiteux.

Accidents et maladies ; premiers soins à donner avant l'arrivée du vétérinaire.

Accidents en marche, moyens d'y remédier par la ferrure.

Le matériel agricole moderne. Le rôle du maréchal à la campagne.

Conférences avec projections sur les principales machines.

Les organes des machines et leurs définitions.

Les machines destinées au travail du sol. Les charrues ordinaires. Le brabant. Réglage des charrues. Herses. Rouleaux. Houes. Bineuses. Scarificateurs. Extirpateurs. Cultivateurs.

Les semoirs à grains et à engrais. L'appareil distributeur. La direction. Réglage du semoir. Débit et espacement des roues.

La faucheuse. Appareil coupeur. Embrayage et débrayage.

Les machines de récolte. Rateau à cheval. Faneuse. Leurs organes.

La moissonneuse simple. Appareil coupeur. Rabatteurs et javeleurs. La faucheuse-moisonneuse.

La moissonneuse-lieuse. Ses organes. Rabatteurs. Appareil coupeur. Appareil élévateur. Appareil lieur.

(Les descriptions de machine devront se faire sur la machine elle-même. Autant que possible, ce programme comportera plusieurs visites de fermes, avec applications sur le terrain.)

L'ÉCOLE PRATIQUE
FOYER D'ENSEIGNEMENT PROFESSIONNEL

Nous venons de montrer, par quelques exemples, les différentes formes suivant lesquelles s'est organisé, ou tend à s'organiser, l'enseignement qui s'adresse aux apprentis.

Elles se résument dans l'énumération que voici :

1° Apprentissage et enseignement professionnel à l'école pratique;

2° Apprentissage et enseignement professionnel à l'école municipale ou à l'école privée ;

3° Apprentissage et enseignement professionnel à l'atelier patronal;

4° Apprentissage à l'atelier, enseignement professionnel aux cours du jour;

5° Apprentissage à l'atelier, enseignement professionnel au cours de mi-temps;

6° Apprentissage à l'atelier, enseignement professionnel aux cours du soir ou du dimanche.

Peut-on concevoir toutes ces formes, ou presque toutes, coordonnées, unies, soudées, de façon à obtenir le maximum de résultats avec le minimum de frais?

Nous répondons oui et, pour continuer à fournir une démonstration par les faits, nous ferons d'abord appel au témoignage de M. Labbé, inspecteur général de l'Enseignement technique.

Les lignes que l'on va lire ne sont que la reproduction, résumée, de l'exposé qu'il a fait de l'organisation de l'apprentissage à Tourcoing.

TOURCOING. — La ville de Tourcoing et, disons-le, M. Labbé lui-même, ont été guidés dans l'organisation dont il s'agit par les principes suivants :

1° L'apprentissage doit se faire à l'atelier pour la masse des travailleurs;

2° Pour certaines professions, l'apprentissage peut et doit être fait à l'école;

3° L'apprentissage, fait à l'atelier ou au comptoir, doit être préparé et complété par un enseignement approprié donné dans les cours professionnels.

I. — Apprentissage et enseignement professionnel à l'école.

Lorsqu'un enfant de treize ans, qui vient de terminer ses études à l'école primaire, désire suivre une carrière commerciale, l'École pratique de Commerce de Tourcoing lui ouvre ses portes. Elle lui assure un enseignement qui comprend : la langue française, la comptabilité, la géographie commerciale, la sténo-dactylographie, le commerce proprement dit, la législation commerciale, la correspondance commerciale, les langues étrangères, la technologie du tissage, des textiles et des tissus.

Pour rendre l'enseignement plus attrayant, pour éveiller et cultiver l'esprit commercial de sa clientèle, l'école possède un musée commercial, où l'élève trouve les échantillons des produits qu'il étudie, et un bureau commercial où, grâce à une organisation des plus originales, il peut pratiquer une comptabilité aussi réelle que s'il était dans une maison de commerce.

Si un autre enfant a des dispositions qui le poussent vers l'industrie, c'est-à-dire s'il montre des aptitudes spéciales pour les mathématiques, le dessin, le travail manuel, il peut suivre les cours de l'École pratique d'Industrie. Là il reçoit un enseignement théorique orienté vers la profession particulière qu'il a choisie. En outre, grâce à la technologie, au dessin coté et, surtout, aux travaux méthodiques et gradués de l'atelier, il fait un apprentissage aussi raisonné et aussi complet que possible.

A l'Ecole pratique d'industrie de Tourcoing, toute l'organisation de l'apprentissage repose sur cette idée : produire industriellement ou, en tout cas, s'inspirer toujours des procédés et des méthodes du travail industriel, de sorte que :

1° Les objets fabriqués ont un caractère industriel ;

2° Les élèves, lorsqu'ils sont suffisamment avancés, emploient la machine-outil dans les conditions mêmes où l'utilise l'atelier industriel ;

3° Quand ils ont terminé leurs études, ils n'ont pas de prétentions exagérées, parce que, durant toute leur scolarité ils ont été appelés à mesurer leur salaire, calculé d'après leur travail, au salaire des ouvriers d'usine ; parce qu'ils connaissent, à leur sortie, le gain qu'ils ne peuvent pas dépasser ;

4° Entraînés par les bonnes méthodes de travail, ils « rendent » en sortant de l'école ; ils ne constituent pas une main-d'œuvre trop chère ;

5° Les pièces exécutées, ayant une valeur marchande, le coût de l'apprentissage diminue d'autant et les apprentis peuvent être payés à l'école.

Malheureusement l'École pratique n'est fréquentée, et ne le sera de longtemps encore, que par une minorité de privilégiés. Les besoins impérieux de l'existence obligent beaucoup de parents à envoyer, de bonne heure, leurs enfants à l'usine ou au magasin.

Or, avec la division extrême du travail qui est la loi du commerce aussi bien que de l'industrie, les enfants de la classe ouvrière risquent fort de rester toute leur vie rivés à leur tâche quotidienne, sans grand espoir de s'élever jamais, faute de culture générale et de savoir professionnel.

La municipalité de Tourcoing a essayé de remédier à une situation aussi injuste, et c'est ainsi qu'elle a été amenée à organiser, à côté et à l'aide de l'Ecole pratique, des cours professionnels à l'usage des apprentis et des ouvriers du commerce et de l'industrie.

II. — Apprentissage à l'atelier, enseignement professionnel à l'école.

Cours industriels pour ouvriers du fer et du bois et pour monteurs électriciens. — Ces cours sont dirigés par le *Directeur* et le *Conseil de perfectionnement de l'École pratique.*

Ils s'adressent aux jeunes gens, apprentis et demi-ouvriers des professions du fer et du bois qui travaillent dans les ateliers et les usines de la ville.

Ils se tiennent dans les locaux de l'École pratique, ils ont lieu le soir, après la journée de travail, et le dimanche matin.

Ils sont théoriques et pratiques.

Les cours théoriques comprennent le dessin industriel, le croquis coté, la technologie et le calcul appliqué.

Les cours pratiques comportent l'étude manuelle de la profession. C'est ainsi qu'un tourneur qui, toute la journée, cylindre des pièces, vient au cours pour apprendre à fileter au repère, à aléser, à tourner conique, et qu'un menuisier s'y exerce à faire des escaliers, etc.

Le *personnel enseignant* est celui de *l'école pratique.*

Cours commerciaux. — Comme les précédents, ces cours sont dirigés par le *Directeur* et le *Conseil de perfectionnement de l'École pratique.*

Ils sont fréquentés par les employés des maisons de commerce et portent sur la comptabilité, la dactylographie, les langues étrangères et l'étude des textiles.

Ils ont lieu, le soir et le dimanche, dans les *locaux de l'Ecole pratique.*

Le *personnel enseignant* est celui de *l'Ecole*, auquel vient s'ajouter un négociant.

Cours pour chaudronniers en cuivre. — La création des deux cours dont nous venons de parler est due exclusivement à l'initiative municipale ; l'organisation de celui-ci est le résultat d'une entente municipale et patronale.

Le cours est dirigé par le *Directeur* et le *Conseil de perfectionnement de l'École pratique.*

Les leçons et les exercices pratiques ont lieu dans les *locaux de l'École.*

Le cours est professé une fois par semaine de cinq heures à sept heures ; élèves de l'école pratique et apprentis des ateliers patronaux s'y trouvent confondus.

Le *personnel enseignant* est celui de *l'École pratique*, auquel est adjoint un contremaître de l'industrie privée.

Cours pour mouleurs en fonte. — Même organisation et même mode de fonctionnement que le cours des chaudronniers.

Cours pour les professions du bâtiment. — Ces cours ont lieu tous les soirs de cinq heures et demie à sept heures et demie soit une heure prise sur la durée de la journée légale de travail et une heure prise sur le repos de l'apprenti.

Ce sont donc des cours de mi-temps. Ils sont désignés à Tourcoing sous le nom d'Ecole du Bâtiment.

L'école du bâtiment a été créée avec le concours du Syndicat général des entrepreneurs, de l'Etat et de la Ville. Elle est administrée par une commission qui compte dans son sein des architectes, des entrepreneurs et des représentants de la Ville et de l'Etat.

Le directeur des cours est choisi parmi les membres entrepreneurs.

Le personnel enseignant comprend onze contremaîtres fournis par les entrepreneurs, un architecte, *un professeur et un chef d'atelier de l'École pratique.*

Les classes comportent des cours théoriques et des cours pratiques.

Les cours théoriques sont ceux de calcul, de dessin et de technologie.

Les leçons de calcul et de système métrique ne portent que

sur les questions qui peuvent se présenter dans la pratique professionnelle ;

Les leçons de dessin ont pour but d'habituer l'ouvrier à exécuter des épures et des tracés d'ouvrage à main levée ;

Les leçons de technologie ont pour sujet les outils et les matériaux employés dans les travaux du bâtiment.

L'école assure des cours pratiques pour chacune des professions suivantes : serrurerie, tôlerie, forge, charpente et menuiserie, plomberie-zinguerie, tuyauterie, maçonnerie, taille de pierre, carrelage, peinture.

Cours pour maréchaux ferrants. — Créés par la municipalité et le syndicat patronal des maréchaux ferrants, ces cours sont administrés par une commission composée d'inspecteurs de l'enseignement technique, de vétérinaires, de patrons et d'ouvriers maréchaux et du *Directeur de l'École pratique.*

Ils se donnent dans les *locaux de l'École pratique* et utilisent un matériel spécial à la profession.

Ils sont théoriques et pratiques. Les élèves étudient l'anatomie du pied, les différentes ferrures ; ils ferrent des pieds morts, puis des chevaux destinés à l'équarrissage.

L'enseignement est confié à trois patrons maréchaux.

Cours pour les ouvriers mécaniciens. — Les ouvriers du Syndicat des mécaniciens, ayant constaté les heureux résultats des cours professionnels suivis par les apprentis, demandèrent à bénéficier de faveurs analogues, sans être confondus avec ceux-ci. Satisfaction leur fut donnée, et un cours, purement théorique, a été institué spécialement pour eux. Il a lieu le dimanche matin ; il est confié à un *professeur de l'École pratique.*

Cours pour les cordonniers. — Professés par un maître cordonnier, par un négociant et par *des professeurs de l'École pratique*, ces cours s'adressent à des apprentis et à des demi-ouvriers travaillant déjà en atelier. Ils ont lieu tous les jours de cinq à sept heures, dans des *locaux annexes de l'École pratique.*

Les leçons comprennent un cours théorique de patronage et de coupe, un cours de marchandises et de technologie, un cours de français, un cours de calcul; les exercices pratiques portent sur la coupe et la fabrication de la chaussure.

Tel est, dans son ensemble, le groupe d'enseignement professionnel de Tourcoing. Pour lui donner toute la souplesse désirable, tant au point de vue administratif et financier qu'au point de vue de son accommodation aux méthodes et aux besoins industriels, une « Société d'Enseignement professionnel » prend en tutelle toutes ces œuvres, depuis l'école pratique jusqu'aux cours du soir. Elle maintient entre elles l'esprit de solidarité qui fait leur force; elle gère leur dotation; elle veille à ce que le salaire versé aux apprentis soit bien le prix réel de leur main-d'œuvre; elle accepte des commandes; elle contrôle la répartition du travail et en surveille l'exécution, de telle sorte que les conditions de production soient à l'atelier de l'école ce qu'elles sont à l'atelier de l'usine ou à la manufacture.

Onze cents jeunes gens suivent les cours.

Ce chiffre représente, à quelques unités près, le nombre des apprentis âgés de moins de dix-huit ans que l'inspection du travail trouve dans les ateliers des professions que nous venons d'indiquer.

Les dépenses sont supportées par l'État, la Ville de Tourcoing et par les patrons.

L'École pratique est le pivot de toute l'organisation, et, grâce aux heureuses dispositions prises, un élève ne revient qu'à 43 francs par an, environ.

Ceux des auditeurs qui n'ont pas des connaissances générales suffisantes sont invités à suivre les cours d'adultes ordinaires qu'il ne faut pas confondre, nous le répétons, avec les cours professionnels proprement dits.

∴

SAINT-ÉTIENNE. — L'exemple que nous venons de relever ne constitue pas un fait isolé. Là où l'école pratique s'est implantée, elle est un centre autour duquel se sont généralement groupés tous les efforts d'organisation. Ce qui existe à Tourcoing est de date relativement récente; ce qui existe dans les écoles anciennes, qui ont donné le pas aux autres, est devenu un solide agglomérat, multiple et divers dans ses formes et profondément assis dans les cités industrielles.

Si du Nord nous passons à la région de la Loire, nous verrons ces cours donner leur plein effet et il n'est pas d'usines ni d'ateliers où nous ne trouverons des monteurs, des chefs d'équipe, des contremaîtres qui doivent leur situation aux leçons désintéressées qu'ils ont reçues à l'école pratique.

Nous disons désintéressées, et, puisque nous avons pris à tâche de citer des exemples, il nous sera permis d'en noter un en passant qui vaut bien qu'on en parle.

Il y a près de trente ans que le premier cours, qui s'adressait aux apprentis de l'industrie, fut ouvert à l'*École pratique* de Saint-Étienne. C'était un cours de Chauffage, appuyé par des exercices de manipulation, et l'organisateur en était M. Lebois, alors directeur de cet établissement. Il en était aussi le professeur.

Quelques années après, lorsque le succès fut assuré, M. Lebois laissa « sa chaire » au chef des travaux de l'École, pour en ouvrir un second qui pouvait alors être considéré comme une nouveauté assez hardie. C'était un cours d'électricité industrielle. Il le professa, comme le premier, sans indemnité aucune.

Le moment vint plus tard d'en confier la charge à son successeur. Mais, dit M. Lebois, à qui nous avons souvent entendu conter ses débuts, « en passant mes cours à d'autres j'obtenais toujours des municipalités qu'ils fussent rémunérés ».

Parallèlement s'ouvrait un cours de teinture sous la direction du maître chargé, à l'école pratique, de l'enseignement de la chimie et de la teinture. Bientôt l'insuffisance du laboratoire obligea la classe à émigrer dans un local voisin qui a pris depuis la dénomination d'École municipale de chimie et de teinture. Le *professeur de l'école pratique* est toujours à sa tête.

L'élan ne devait plus s'arrêter. Successivement furent créés, *toujours à l'école pratique*, un cours de tournage et de filetage, un cours de forge, un cours de menuiserie et de trait, un cours d'ébénisterie, un cours de modèlerie et fonderie, un cours de moteurs à explosion, un cours de traçage pour chaudronnerie, ferblanterie et zinguerie, un cours de technologie des métiers à tisser. Tous ces cours et d'autres encore qui, faute de place, durent être transférés soit à l'École régionale des Arts industriels, soit à la Bourse du travail, soit dans d'autres locaux, constituent actuellement un important ensemble *sous la direction du directeur de l'École pratique*, successeur de M. Lebois.

La municipalité de Saint-Étienne supporte à peu près tous les frais de fonctionnement, qui s'élèvent à 25.000 francs environ.

Est-il besoin de dire que l'École pratique de filles n'est pas restée en arrière? Elle a institué des leçons de lingerie et de coupe pour lingerie, de coupe et confection pour le vêtement qui sont suivies par de nombreuses ouvrières.

A Saint-Chamond, à Rive-de-Gier, à Firminy, l'école pratique est un foyer d'enseignement professionnel aussi actif, toute proportion gardée.

Enfin, il convient d'ajouter que, dans toutes les régions où des établissements similaires ont été fondés, leur rôle est le même, dans la mesure où leur installation, leurs spécialités et l'appui des administrations locales leur permettent d'agir. Il serait trop long d'énumérer distinctement tous ces efforts partiels, mais il n'était pas sans utilité de les signaler d'un mot, ne serait-ce que pour répondre à ceux qui souvent nous rappellent, et non parfois sans raison, l'avance de l'étranger, que nous possédons en France un merveilleux outil de diffusion et de propagation de l'enseignement professionnel.

Cet outil, c'est l'école pratique, dont le personnel et les ateliers sont presque partout à la disposition des apprentis du dehors, comme des apprentis qu'elle forme elle-même, dont les locaux s'ouvrent aux spécialistes qui veulent en profiter pour enseigner leur art, dont les méthodes enfin ne sont pas sans avoir une influence éducative puissante sur les moniteurs des cours de l'industrie privée, lorsque ceux-ci ne craignent pas de chercher à s'instruire à son contact.

∴

GRENOBLE. — L'*école pratique* est autre chose encore qu'un centre et un foyer. Elle est un champ d'expérience où tous les essais de pédagogie professionnelle trouvent un accueil empressé. Les critiques qui ne la connaissent pas, qui la connaissent mal, ou qui en connaissent une dont le passé et les traditions sont encore un obstacle aux méthodes nouvelles, lui adressent parfois de singuliers reproches. Le mot école est pour eux synonyme d'enseignement doctrinal, et il leur arrive de dire qu'un pareil milieu ne peut se prêter aussi bien que l'atelier à tous les besoins de l'apprentissage. Ils oublient que l'école pratique n'est pas incrustée dans une formule et que celle sur laquelle ils raisonnent est fausse. Elle est fausse parce qu'ils l'ont inventée eux-mêmes ou parce qu'ils en ont trouvé par hasard un mauvais spécimen qui a pris, dans leur esprit trop prompt à généraliser, un caractère immuable. Comment voulez-vous, s'écrient-ils, qu'avec ce cadre et ces procédés, l'on forme des ouvriers qui produisent ?

L'organisme de l'école pratique n'est rigide en aucune manière ; il est tout entier d'adaptation. L'institution est, en somme, une école de métiers, et c'est aux hommes de métier, lesquels ont toujours la majorité dans les conseils de perfectionnement, de l'établir comme ils l'entendent. Le ministère du Commerce n'opposera jamais d'objection aux initiatives hardies, pourvu qu'elles n'aient d'autre but que de soutenir les intérêts professionnels. C'est donc une erreur de penser que les exigences industrielles ne sauraient trouver satisfaction à l'école pratique. Lorsque ces exigences se sont précisées, lorsqu'on a défini et ordonné les formes sous lesquelles il convient rationnellement de les servir, l'école se crée comme une conséquence de cette construction théorique. Nous nous gardons de prétendre qu'en toute occasion la résultante de ce travail d'étude peut être l'école, mais elle peut être l'école dans bien des cas, à la condition, encore une fois, que l'on n'envisage pas forcément sous ce mot un type préconçu. Pourquoi l'école pratique ne serait-elle pas, dans quelques circonstances particulières, un atelier, une manufacture, une maison de commerce qui s'annexent un enseignement méthodique, aussi bien qu'un établissement scolaire qui s'annexe des laboratoires d'application industrielle ou commerciale?

C'est à ce détour sans doute que nous sommes attendu, et l'on va nous demander de poursuivre la démonstration par l'exemple vécu, comme nous l'avons fait pour toutes les questions d'enseignement professionnel traitées précédemment.

L'exemple existe. L'*école pratique* de ganterie de Grenoble est, en même temps qu'un établissement d'instruction technique qui prépare à une profession déterminée, une véritable firme industrielle et commerciale qui a ses capitaux propres, ses ateliers de fabrication et ses bureaux, son laboratoire d'essais, sa comptabilité, ses fournisseurs et ses clients.

La Chambre syndicale des fabricants de gants qui l'a créée, avec le concours du ministre du Commerce et de la municipalité, cherchait à former, pour l'industrie de la ganterie et les industries connexes, des agents susceptibles d'être employés dans l'administration des manufactures, de devenir des vendeurs ou des voyageurs, d'être utilisés enfin dans la partie manuelle de la fabrication.

Pour répondre à ce triple objet, elle décida de faire porter l'enseignement sur des matières d'ordre général, d'ordre commercial et d'ordre technique. Elle établit un plan d'études se déroulant sur quatre années, d'après les grandes lignes suivantes :

1re année : prédominance de l'enseignement général ; place importante réservée aux langues vivantes ;

2e année : prédominance de l'enseignement commercial

(langues vivantes, etc.); part importante laissée à l'enseignement général;

3e année: enseignement commercial (langues vivantes, etc.) et travaux pratiques (fabrication);

4e année : prédominance des travaux pratiques; continuation de l'enseignement commercial.

L'originalité n'est pas là. Elle est dans le fait que l'*école est une fabrique* qui achète et qui vend, non à titre accessoire comme cela se pratique ailleurs, mais avec la permanence de méthode d'une maison de commerce. Elle a ses agents, ses employés, ses ouvriers à demeure, et tout ce personnel est constitué par ses élèves. Elle a même ses ouvrières au dehors, piqueuses, couturières, brodeuses, qui viennent prendre et qui rendent leur travail à ses guichets et se font payer à sa caisse. Ce sont les manufacturiers grenoblois qui ont constitué son actif en mettant à sa disposition un fonds de roulement qu'elle doit faire fructifier.

Le sens des affaires est aiguisé par les transactions qui s'opèrent et par l'enregistrement des comptes que ces transactions comportent. Les exercices de bureau commercial, tels qu'on les comprend d'ordinaire dans les écoles pratiques, ne sont autres, on le sait, que l'application surveillée des principes comptables et des notions de commerce que supposent la fondation et la gestion fictives d'une ou plusieurs maisons de commerce, d'une maison de banque ou d'un autre organisme d'affaires. Quand ils sont bien conduits, ils sont, dans les écoles commerciales, un excellent moyen d'éducation, mais ils prennent, on le comprendra, une valeur d'enseignement autrement efficace à l'école de ganterie, parce qu'ils s'appliquent à la réalité des opérations d'achat, de fabrication et de vente. C'est là, incontestablement, la meilleure initiation expérimentale au jeu des comptes et à la pratique commerciale.

Ce n'est pas au seul point de vue de la fabrication, du négoce et de la comptabilité que le Syndicat des gantiers a entendu faire de l'enseignement pratique. Le commerce des gants est surtout un commerce d'exportation. Par conséquent il importe que les futurs agents de manufactures aient, en langues vivantes, des connaissances bien assises. Pour répondre à ce besoin, les cours d'allemand et d'anglais occupent un temps considérable dans l'horaire; ils sont confiés à des maîtres d'origine étrangère, et c'est par la leçon orale et la conversation courante que l'on essaye de former le vocabulaire, d'exercer l'ouïe et la parole, de rompre ces organes à l'accentuation des mots et au rythme des phrases. Les élèves, à leur sortie de l'école, sont capables de comprendre un Allemand ou un Anglais qui leur parle distinctement; ils sont capables de se faire comprendre de lui. Mais de là à posséder l'aisance d'élocution qui permet de traiter des affaires, il y a loin. C'est alors qu'intervient un rouage qui a, lui aussi, son originalité. Une société de patronage des jeunes Dauphinois à l'étranger fournit aux élèves les moyens de séjourner une année au dehors.

Quand ces jeunes gens, après avoir appris leur métier à l'école, sont allés chercher dans les pays de langue anglaise ou de l'Europe centrale, l'outil et la mentalité qui les mettront à même de s'occuper des marchés internationaux, ils peuvent être aptes à rendre des services éclairés. Nous savons qu'ils sont aptes également à se juger sainement eux-mêmes, c'est-à-dire à se considérer comme des débutants qui ont toujours beaucoup à apprendre.

Et c'est ainsi que l'*école pratique*, modeste dans ses prétentions et singulièrement propre à se plier à tous les genres d'organisation et d'enseignement qu'exigent les métiers et les affaires, devient, entre les mains de ceux qui savent l'utiliser, le mécanisme le plus docile et de meilleur rendement pour la préparation à la vie active.

CERTIFICAT DE CAPACITÉ PROFESSIONNELLE

DÉCRET DU 24 OCTOBRE 1911, INSTITUANT DANS CHAQUE DÉPARTEMENT ET DANS CHAQUE CANTON UN COMITÉ DE L'ENSEIGNEMENT TECHNIQUE.

ARTICLE PREMIER. — Il est institué dans chaque département un comité départemental, et dans chaque canton, un comité cantonal de l'Enseignement technique.

ART. 2. — Le comité départemental comprend des membres de droit, des membres élus et des membres nommés par le préfet.

Sont membres de droit :

Dans le département de la Seine :

Le préfet de la Seine ou le secrétaire général de la préfecture de la Seine, président du comité ;

Le président du conseil général ;

Le président du conseil municipal de Paris ;

Le président de la commission de l'enseignement au conseil municipal de Paris ;

Le président de la chambre de commerce de Paris ou un membre du bureau de la chambre, désigné par lui ;

L'inspecteur d'académie, directeur de l'enseignement primaire de la Seine ;

Deux inspecteurs et une inspectrice de l'enseignement technique, désignés par le ministre du Commerce.

Dans les autres départements :

Le préfet ou le secrétaire général de la préfecture, président du comité ;

Le président du conseil général ;

Le maire de la ville siège du comité, ou son délégué, et les maires des villes où existent des établissements d'enseignement technique, ou leurs délégués ;

Les présidents des chambres de commerce et des chambres

consultatives des arts et manufactures établies dans le département ou leurs délégués ;

Les inspecteurs de l'enseignement technique exerçant dans le département ;

L'inspecteur d'académie,

Et un représentant du ministre du Commerce, désigné par lui.

Sont membres élus :

Dans le département de la Seine :

Deux conseillers généraux désignés par leurs collègues ;

Deux membres du conseil municipal de Paris désignés par leurs collègues.

Dans les autres départements :

Trois conseillers généraux élus par leurs collègues.

Les membres nommés par le préfet sont choisis parmi les conseillers municipaux, les industriels ou anciens industriels, les commerçants ou anciens commerçants, les employés ou anciens employés et les ouvriers ou anciens ouvriers du département, les directeurs ou professeurs d'écoles techniques publiques ou privées reconnues par l'État, les membres des conseils d'administration ou de perfectionnement de ces écoles, les représentants des associations syndicales, des associations d'enseignement populaire ou autres, qui entretiennent des cours professionnels ou de perfectionnement, les membres des associations d'anciens élèves des établissements d'enseignement technique existant dans le département.

Le nombre des membres dont la nomination appartient au préfet ne doit pas dépasser quinze, et doit comprendre au moins cinq commerçants ou industriels et cinq employés ou ouvriers.

Art. 3. — Le comité cantonal est présidé par :

Un inspecteur de l'enseignement technique ou, à son défaut, par une personne que le préfet nomme en raison de sa compétence.

Il comprend :

Cinq patrons et cinq ouvriers ou employés nommés par le préfet sur une liste de proposition dressée par le comité départemental.

Art. 4. — Les membres des comités départementaux et cantonaux sont nommés ou élus pour une durée de quatre ans. Ils sont renouvelés par moitié tous les deux ans. La première série sortante est désignée par le sort.

Les membres de droit et les membres élus cessent de faire partie des comités départementaux ou cantonaux lorsque a pris fin la fonction ou le mandat en raison desquels ils ont été nommés.

Art. 5. — En dehors des attributions spéciales qui peuvent être conférées par les lois ou décrets les comités départementaux et cantonaux sont chargés d'une manière générale d'étudier les mesures propres à favoriser les progrès de l'enseignement technique.

Le comité départemental donne son avis :

1° Sur les projets de création d'écoles publiques d'enseignement technique dans le département ;

2° Sur les demandes de subvention de l'État formées par les écoles privées d'enseignement technique et les cours professionnels du département ;

3° Sur toutes les questions qui lui sont soumises par le ministre du Commerce et de l'Industrie.

Les comités cantonaux donnent leur avis sur les questions qui leur sont soumises par le comité départemental auquel ils adressent leurs rapports.

Art. 6. — Les comités de deux ou plusieurs départements voisins peuvent se concerter sur les questions relatives à l'enseignement technique et intéressant à la fois leurs départements respectifs.

Art. 7. — Les fonctions de membre des comités départementaux et des comités cantonaux de l'enseignement technique sont gratuites.

Art. 8. — Un arrêté du ministre du Commerce et de l'Industrie déterminera les conditions suivant lesquelles seront institués, dans la ville de Paris, des comités spéciaux d'enseignement technique qui auront les mêmes attributions que les comités cantonaux.

Art. 9. — Le ministre du Commerce et de l'Industrie est chargé de l'exécution du présent décret.

DÉCRET DU 24 OCTOBRE 1911, INSTITUANT UN CERTIFICAT DE CAPACITÉ PROFESSIONNELLE

Article premier. — Il est institué un certificat de capacité professionnelle, le certificat est délivré aux jeunes gens et jeunes filles de moins de dix-huit ans qui justifient de trois années de pratique dans le commerce ou l'industrie, et qui ont satisfait à un examen dont les conditions sont indiquées ci-après :

Art. 2. — L'examen comporte des épreuves théoriques et pratiques dont le programme est déterminé, pour chaque profession, par un arrêté du ministre du Commerce après avis du comité départemental de l'enseignement technique.

Art. 3. — L'examen est subi devant un jury nommé par le préfet. Le jury comprend un président, des membres du comité départemental ou des comités cantonaux de l'enseignement technique et des spécialistes, patrons, employés et ouvriers notoirement connus pour leur capacité.

L'examen a lieu chaque année.

La date et le lieu en sont fixés par le préfet, après avis du comité départemental de l'enseignement technique.

Art. 4. — Le taux des subventions accordées sur le budget du ministère du Commerce et de l'Industrie aux cours professionnels organisés en faveur des jeunes gens et jeunes filles de moins de dix-huit ans, employés dans le commerce et l'industrie, sera fixé en tenant compte des résultats obtenus par leurs élèves aux examens du certificat de capacité professionnelle.

Dispositions transitoires.

Art. 5. — Pendant un délai de trois ans, à compter de la date du présent décret, tous les candidats justifiant de trois années de pratique dans le commerce ou l'industrie pourront se présenter à l'examen pour l'obtention du certificat de capacité professionnelle jusqu'à l'âge de vingt et un ans.

Art. 6. — Le ministre du Commerce et de l'Industrie est chargé de l'exécution du présent décret, qui sera inséré au *Bulletin des lois* et publié au *Journal officiel.*

Le ministère du Commerce et de l'Industrie, en instituant le Certificat de Capacité professionnelle, a eu pour but de fournir aux industriels qui s'efforcent de donner à leurs apprentis la préparation théorique et pratique nécessaire à l'exercice de leur profession, le moyen de faire sanctionner, par une attestation autorisée, les résultats du travail de ces jeunes gens. Il a pensé qu'il y avait un haut intérêt économique et social à permettre aux apprentis, ouvriers et employés méritants, de faire constater leur aptitude par un diplôme officiel.

Il a, d'autre part, manifesté l'intention de proportionner ses subventions aux résultats constatés dans les examens d'apprentis.

Nous avons cru, de notre côté, qu'il pouvait être utile

d'aider à l'organisation dont il s'agit. A cette fin nous soumettons aux comités départementaux et cantonaux un projet de règlement dont ils pourront s'inspirer, s'ils le désirent, pour fixer les conditions suivant lesquelles ils décideront de faire fonctionner l'examen.

Enfin, à titre de documentation, nous reproduisons des programmes élaborés en vue du Certificat de Capacité professionnelle par plusieurs comités départementaux.

EXAMEN DU CERTIFICAT DE CAPACITÉ PROFESSIONNELLE

PROJET DE RÈGLEMENT PROPOSÉ

Dispositions générales.

Article premier. — Un certificat de capacité professionnelle sera délivré aux jeunes gens et jeunes filles justifiant de trois années de pratique dans le commerce ou l'industrie qui auront satisfait à un examen dont les conditions sont indiquées ci-dessous.

Art. 2. — Les candidats doivent être âgés de moins de dix-huit ans à la date de l'examen.

Exceptionnellement la limite d'âge est reportée à vingt et un ans dans les conditions prévues par le décret du 24 octobre 1911.

Art. 3. — Le Jury d'examen, composé suivant les dispositions de l'article 3 du décret du 24 octobre 1911, se divise en autant de commissions qu'il y a de professions ou de spécialités donnant lieu à un examen distinct.

Art. 4. — Les candidats se feront inscrire à rue n° quinze jours avant la date d'ouverture de l'examen, soit directement, soit par l'intermédiaire de leur patron, du directeur des cours d'apprentissage ou du directeur de l'école professionnelle. Ils devront fournir : 1° un bulletin de naissance; 2° des certificats indiquant la date de leur entrée en apprentissage et attestant la régularité de leur travail pendant cette période. Ils pourront joindre à ces pièces les diplômes scolaires qu'ils possèdent et les attestations qu'ils jugeront utile de produire.

ART. 5. — Le Jury se réunira huit jours avant l'ouverture de la session pour arrêter les dispositions relatives à l'organisation de l'examen.

Examens des apprentis de l'industrie.

ART. 6. — Les examens auxquels sont soumis les apprentis de l'industrie qui concourent pour l'obtention du certificat de capacité professionnelle se composent de trois parties :

1° Un examen pratique ;

2° Un examen oral (ou écrit) portant sur les connaissances professionnelles ;

3° Un examen de dessin (1).

ART. 7. — L'examen pratique comprend une partie facultative et une partie obligatoire.

ART. 8. — La partie facultative consiste dans l'exécution d'une pièce d'épreuve (2), si la nature de la profession le permet.

Le jury dresse, au cours de la session d'examen, la liste des pièces d'épreuve que les candidats seront admis à présenter à la session de l'année suivante.

(1) Sont dispensées de l'examen de dessin les professions suivantes : boucher, charcutier, boulanger, brasseur, cordier, cuisinier, meunier, repasseuse, tanneur, etc. La liste complète des dispenses est dressée par le jury.

(2) L'utilité de la pièce d'épreuve sera certainement contestée. Nous n'ignorons pas les objections que l'on peut faire à ce sujet, et nous convenons que la plupart sont fondées. A notre avis, cependant, la production d'une sorte de « chef-d'œuvre » présente plus d'avantages que d'inconvénients. Le principal est de créer par ce moyen une atmosphère d'intérêt dans les ateliers autour des cours d'apprentissage et du certificat de capacité professionnelle qui en est la sanction. Si, pendant plusieurs semaines, les conversations des ouvriers et des apprentis portent sur l'objet qui se fabrique laborieusement en vue de l'appréciation du Jury, nous pensons que l'on aura suscité ainsi le meilleur mouvement de propagande qui se peut imaginer en faveur de l'enseignement complémentaire d'apprentissage. Il reste bien spécifié que la pièce d'épreuve n'intervient dans l'examen qu'à titre facultatif.

Toutefois il peut autoriser la présentation de pièces d'épreuves non comprises dans cette liste, pourvu qu'elles répondent aux conditions suivantes :

La pièce d'épreuve est toujours un objet d'utilité pratique et de vente facile dont l'établissement permet de contrôler l'habileté professionnelle de l'apprenti.

Elle est exécutée dans l'atelier du patron par le candidat et sans le secours d'aucune autre personne. Le patron doit, par écrit, se porter garant que cette prescription a été observée.

La pièce d'épreuve est, s'il y a lieu, accompagnée du dessin ou du plan original établi par le candidat.

Les pièces d'épreuves sont exposées dans une salle spéciale pendant la durée de l'examen. Elles peuvent être mises en vente si les apprentis le désirent. Il suffit d'en faire la demande en indiquant le prix de vente. Le nom du candidat et le prix proposé figurent sur la pièce exposée (1).

(1) Exemples de pièces d'épreuve exécutées par des candidats de diverses professions à l'occasion d'examens de fin d'apprentissage :

Charpentiers : Un escalier.

Charrons : Une brouette, une roue de brouette, une roue de derrière de camion, un avant-train de char, une roue de voiture, une roue de char à bras.

Cartonniers : Une boîte ; deux bonbonnières.

Chauffage central : Un projet de chauffage à eau chaude, avec calculs et schéma.

Coiffeurs : Une natte.

Confiseurs : Pièces montées.

Cordonniers : Une paire souliers de dame ; une paire souliers lacets pour hommes.

Forgerons : Avant-train de voiture ; deux porte-ressorts pour voiture, deux fers à cheval ; une hache.

Ferblantiers : Embranchement de deux tuyaux ; un seau à traire ; un bidon pour transport de lait : un arrosoir ovale.

Jardiniers : Principales greffes ; une couronne.

Maçons : Un petit cimentage.

Marbriers : Un monument funéraire pour enfant.

Mécaniciens : Un manchon pour mèches cylindriques avec trois mordaches et une clef ; un cliquet ; un pointeau automatique ; pièces principales d'une machine à percer avec modèles du bâti.

Menuisiers : Une commode secrétaire ; un bureau sapin ; une table de nuit ; une table à ouvrage noyer ; une fenêtre chêne.

Monteurs électriciens : Installation d'un moteur à courant continu avec

Art. 9. — La partie obligatoire de l'examen pratique consiste dans l'exécution, sous la surveillance du jury, d'un travail d'atelier en rapport avec la profession du candidat.

Art. 10. — L'examen oral comporte des interrogations relatives à l'exécution de travaux d'atelier, à l'utilisation des matériaux et des matières premières, à l'emploi des outils et des machines, au prix de revient des objets fabriqués et, d'une façon générale, à la technologie du métier. L'examen écrit n'a lieu que pour quelques professions dont la liste est dressée par le jury.

Art. 11. — L'examen de dessin comprend l'établissement d'un croquis ou d'un dessin facile correspondant aux travaux que les ouvriers et les ouvrières peuvent être appelés à exécuter dans la pratique courante de leur profession.

Pour les professions qui comportent ce genre d'épreuve, le dessin est exécuté d'après un objet et consiste en un croquis coté à main levée, suivi ou non d'une épure. La liste de ces professions est dressée par le jury.

Pour les autres, l'examen comprend soit une composition, soit un dessin d'après un modèle graphique ou une esquisse.

Art. 12. — Chacune des épreuves est cotée de 0 à 20. Le

tableau et résistances; tableau modèle pour la conduite des poses électriques.

Peintres sur bois : Une table de nuit faux bois noyer.

Peintres en voiture : Une roue; un panneau de voiture.

Relieurs : Diverses reliures.

Selliers-tapissiers : Une bride; un sac collier de cheval.

Serruriers : Un avant-toit; une table à fleurs; un chandelier.

Tailleurs d'habits : Un veston.

Tailleurs de pierre : Une marche d'escalier.

Vanniers : Un panier de voyage; une corbeille à papier; un grand fauteuil.

Cuisinières : Suprême de pommes à la gelée; truites à la norvégienne; parfait de foie Alexandra; gâteau mousseline aux noisettes; galantine de volaille avec aspic, salade Trianon.

Lingères : Chemise d'homme, chemise de dame.

Modistes : Un chapeau blanc pour jeune fille; un chapeau de dame; un chapeau de crêpe.

Repasseuse : Un capot; une chemise; une jupe.

Tailleuses pour dames : Un costume de jeune fille; une blouse; un corsage de jeune fille; un costume tailleur; une robe.

coefficient 3 est affecté à l'épreuve pratique qui est appréciée en tenant compte : 1° de l'exécution ; 2° de la vitesse. La cote définitive afférente à cette épreuve est la moyenne de la note d'exécution et de la note de vitesse.

Art. 13. — Le certificat de capacité professionnelle sera délivré aux candidats qui auront obtenu une moyenne générale au moins égale à 12, sans note particulière inférieure à 6.

Art. 14. — Les candidats qui n'auront pas subi l'examen avec succès pourront, pourvu qu'ils satisfassent d'autre part aux conditions d'âge indiquées à l'article 2, subir un nouvel examen l'année suivante. Cet examen portera, à leur choix, soit sur l'ensemble des épreuves, soit sur les seules épreuves qui leur ont valu une note éliminatoire.

Art. 15. — Il pourra être décerné aux apprentis et aux apprenties dont l'examen aura donné les résultats les plus satisfaisants des primes ou récompenses consistant soit en livret de caisse d'épargne, soit en livres, instruments et outils se rapportant à leur profession,

Examens des apprentis du commerce.

Art. 16. — Les examens auxquels sont soumis les apprentis et les apprenties du commerce comprennent obligatoirement :

1° Une épreuve d'écriture ;

2° Une épreuve de correspondance commerciale ;

3° Une épreuve d'arithmétique commerciale ;

4° Une épreuve de comptabilité (obligatoire seulement pour les comptables) ;

5° Des interrogations sur le calcul mental ;

6° Des interrogations sur la géographie ;

7° Des interrogations sur les marchandises et les usages commerciaux ; et, facultativement :

1° Une épreuve de langue étrangère (conversation) ;

2° Une épreuve de sténographie ;

3° Une épreuve de dactylographie (ces deux premières

épreuves sont obligatoires pour les sténo-dactylographes).

Art. 17. — Les épreuves sont cotées de 0 à 20. Le certificat de capacité professionnelle sera délivré aux candidats qui auront obtenu une moyenne générale au moins égale à 10, sans note particulière inférieure à 5. Les notes afférentes aux épreuves facultatives n'interviennent dans le calcul de la moyenne qu'autant qu'elles sont au moins égales à 10. Si les notes obtenues aux épreuves facultatives tendent à diminuer la moyenne générale, le classement des candidats se fait en ne tenant compte que de celles de ces notes qui majorent cette moyenne.

Art. 18. — Les dispositions des articles 14 et 15 sont applicables aux apprentis du commerce.

PROGRAMMES DU CERTIFICAT DE CAPACITÉ PROFESSIONNELLE

Les programmes que nous donnons ne concernent que quelques professions. Leur défaut principal tient à leurs origines diverses : ils ne sont pas équilibrés, mais notre but étant simplement de réunir des documents à titre d'indication, nous avons tenu à les reproduire tels quels. Ce n'est que plus tard, lorsque les examens auront été poursuivis pendant plusieurs années, que s'établira une sorte de balance des exigences entre les différents centres et les diverses professions. Le moyen de provoquer cet état de choses n'est pas de proposer d'office des corrections, en diminuant ici lorsque le programme semble trop chargé, en augmentant là lorsqu'il paraît trop faible. Il est préférable de mettre sous les yeux des organisateurs des conceptions variées. La critique est le meilleur instrument de nivellement et nous lui fournissons l'occasion de s'exercer en offrant des repères au libre jugement de chacun.

Peu à peu l'on arrivera ainsi, par le simple jeu des opinions débattues, à une appréciation sensiblement équivalente des difficultés qu'il convient d'imposer pour la délivrance du certificat de capacité professionnelle.

Classement des professions. — Pour faciliter la constitution des Jurys d'examens, les professions ont été classées, en général, en dix groupes, savoir :

GROUPE I. — *Constructions mécaniques.*

GROUPE II. — *Constructions civiles et mines.*

GROUPE III. — *Ameublement.*

GROUPE IV. — *Cuirs et peaux.*

GROUPE V. — *Transports.*

GROUPE VI. — *Alimentation.*

GROUPE VII. — *Papier et industries du livre.*

GROUPE VIII. — *Industries textiles.*

GROUPE IX. — *Vêtement, toilette et industries féminines.*

GROUPE X. — *Professions diverses.*

Chaque jury, comprenant autant de spécialistes qu'il est nécessaire, se subdivise en sous-commissions correspondant aux métiers représentés.

AJUSTEURS-MÉCANICIENS

(LOIRE)

Technologie. — Notions générales sur les principaux métaux employés dans la construction des machines.

Fers. — Propriétés, qualités et défauts ; usages. — Formes des fers du commerce.

Aciers. — Propriétés, qualités et défauts ; usages. — Aciers ordinaires et aciers spéciaux pour outils. — Trempe de l'acier. — Acier de cémentation.

Fontes. — Propriétés et usages. — Fonte blanche, fonte grise.

Autres métaux. — Cuivre, bronze et laiton. — Propriétés et usages. — Métal antifriction.

Choix de la matière à employer pour la construction des différentes pièces de machine.

Quelques essais simples et pratiques sur les métaux.

Outillage à main de l'ajusteur. — Étaux, limes diverses, retaillage ; burin et bédane. — Emploi et entretien de ces outils.

Règle, équerre, pied à coulisse, compas.

Traçage. — Marbre, trusquin. — Pratique du traçage ; exemples.

Instruments de vérification. — Palmer, calibres, jauges.

Perçage au vilebrequin, à l'arçon, au fût à rochet. — Mèches, trempe et affûtage. — Perceuse électrique.

Alésoirs et alésage. — Confection des alésoirs ; trempe et affûtage.

Meules à affûter.

Notions sur la trempe et le recuit des outils.

Mandrinage. — Mode d'emploi du mandrin.

Quelques machines-outils dont l'ajusteur peut avoir à se servir.

Description d'une machine à percer, d'un étau-limeur, d'une raboteuse, d'une mortaiseuse, d'une fraiseuse.

Préparation des outils, angle de coupe, et montage de la pièce sur la machine. — Réglage de la machine et vitesse à donner à l'outil.

Dressage de surfaces à la meule.

Procédés de travail. — Parties d'une pièce laissées brutes, parties travaillées, parties polies.

Exemples d'ajustage de deux pièces. — Tolérance dans l'ajustage de deux pièces mobiles l'une par rapport à l'autre.

Finissage des pièces de fonte; grattage, marbrage et peinture.

Montage des pièces terminées. — Retouches.

Mise en place d'une machine. — Précautions à prendre ; amarrage. — Scellement.

Calcul arithmétique et tracé géométrique. — Pratique des quatre opérations sur les nombres entiers et décimaux.

Notions de système métrique. — Grandeurs à mesurer, unités ; instruments de mesure. — Recherche du poids d'un corps connaissant sa densité.

Pratique des opérations sur les fractions ordinaires.

Règle de trois simple.

Quelques définitions géométriques et tracés. — Lignes, angles, circonférence.

Tracé de perpendiculaires, de parallèles.

Division en parties égales, d'une droite, d'un angle, d'une circonférence.

Construire un angle égal à un angle donné. — Construction de rosaces.

Triangle, carré, rectangle, parallélogramme, trapèze, cercle. — Construction de ces figures et calcul des aires.

Construction d'un hexagone, d'un octogone.

Principaux solides géométriques : cube, prisme, cylindre, pyramide, cône, tronc de cône et sphère. — Calcul pratique de leur volume.

Volume d'une pièce mécanique de forme très simple. — Calcul de son poids connaissant sa densité.

Notions très élémentaires de mécanique. — Généralités. — Mouvement rectiligne uniforme. — Vitesse. — Mouvement de rotation uniforme, vitesse en nombre de tours par minute.

Ce qu'on entend par force. — Mesure d'une force au moyen du peson à ressort.

Travail d'une force dans les cas simples. — Kilogrammètre.

Du levier. — Bras de levier. — Puissance et résistance. — Trois genres de leviers. — Ce qu'on entend par moment d'une force. — Quand un levier est en équilibre, le moment de la puissance est égal à celui de la résistance.

Quand un levier tourne autour de son point d'appui ou de son axe, le travail de la puissance est égal à celui de la résistance.

Idée de la résistance de frottement, de la résistance au roulement. — Travail absorbé.

Étude de quelques machines simples et mécanismes. — Poulie fixe, poulie mobile.

Rapport entre la puissance et la résistance et les chemins parcourus. — Travail de la puissance, travail de la résistance.

Poulies et courroies. — Rapport des vitesses de la poulie

menante et de la poulie menée. — Connaissant la vitesse de la poulie menante, calculer celle de la poulie menée.

Poulies et courroies pour arbres parallèles, pour arbres disposés à angle droit l'un par rapport à l'autre.

Roues de friction et roues dentées. — Rapport des vitesses. Calcul de la vitesse de la roue menée connaissant celle de la roue menante et leurs diamètres, ou calcul du diamètre de la roue menée connaissant sa vitesse et la vitesse ainsi que le diamètre de la roue menante.

Crémaillère et pignon denté.

Vis et écrou. — Rapport des vitesses et des chemins parcourus.

Pour toute machine simple ou mécanisme, on se rendra compte que le travail de la puissance est toujours égal à celui de la résistance, abstraction faite des pertes, et on en déduira l'impossibilité du mouvement perpétuel.

Bielle et manivelle. — Excentrique circulaire.

Cames diverses.

Puissance d'une machine ; cheval-vapeur.

Dessin. — Croquis coté d'un organe de machine simple et courante (plan, élévation, coupes). — Lecture d'un dessin.

Épreuve manuelle. — Assemblage, d'après un dessin donné, de deux pièces exécutées au burin, au bédane et à la lime.

Épreuves de l'examen. — 1° Une interrogation de 20 minutes sur la technologie. Coefficient 1 ;

2° Une interrogation sur la mécanique pratique, sur l'exécution de la pièce dont le candidat a fait le croquis et sur la lecture d'un dessin. Durée : une demi-heure. Coefficient 1 ;

3° Un problème très simple d'arithmétique et un tracé géométrique. Durée : 1 heure 1/2. Coefficient 1 ;

4° Un croquis coté d'une pièce. Durée : 3 heures. Coefficient 2 ;

5° Une épreuve pratique. Durée : 10 heures. Coefficient 3.

ARMURIERS

(LOIRE)

Connaissances à exiger de tous les candidats. — Description des fusils de chasse et de tir des divers systèmes couramment fabriqués à Saint-Étienne. — Parties essentielles et caractéristiques de chacun de ces systèmes.

Canon. — Canon acier et canon damas. — Calibre. — Choke. — Chambre. — Bande ; différentes formes. — Ajustage des crochets. — Demi-bloc. — Monobloc.

Platine. — Platine simple. — Platine à rebondissant.

Platine encastrée. — Piliers et pivots.

Bascule. — Principaux genres de bascules. — Modes d'attache du canon sur la bascule.

Monture. — Généralités sur la monture. — Pente.

Méthode rationnelle pour relever les mesures d'une arme.

Épreuve de l'arme. — Marques et poinçons.

Portée normale d'une arme.

Canonniers. — Outils du canonnier ; description et usage. — Matières employées dans la fabrication du canon.

Fabrication du tube. — 1° Tube en damas. — Association des métaux, d'après le genre de dessin à obtenir ; corroyage.

Forgeage. — Enroulement du ruban sur mandrin. — Soudage du ruban.

Forage, dressage, alésage, meulage ou tournage.

Dérochage.

2° Tube en acier. — Choix du métal. — Forgeage, étirage et refoulement. — Perçage et opérations mécaniques successives. — Dressage du tube.

Fabrication du canon double. — Modes d'assemblage. — Brasage. — Dressage. — Achevage. — Alésage. — Choke. — Connaissances approfondies de ces opérations.

Calibres. — Dénomination et diamètre en millimètres.

Épreuve. — Charge de poudre et de plomb pour les calibres les plus employés.

Tir de fusils de chasse. — Recul. — Portée. — Idée de la pression des gaz sur le projectile.

Platineurs. — Outils du platineur; préparation, entretien et emploi.

Modèles de platines actuellement fabriqués. — Montage. — Disposition.

Platine à deux piliers, à trois piliers, à pivot. — Systèmes de rebondissant.

Platine à rampe et à chaînette. — Ressort. — Choix de l'acier. — Confection du ressort. — Trempe, revenu, dressage. — Transformation des platines.

Remplacement des diverses pièces.

Appareils mécaniques à recommander pour l'exécution d'un certain nombre d'opérations.

Basculeurs. — Outils divers employés dans la fabrication des bascules. — Emploi d'appareils mécaniques, par exemple, de la perceuse et de la fraiseuse.

Dimensions courantes employées dans les bascules.

Différents systèmes de fermetures et différents genres de leviers de manœuvre ou clefs : *a*) dans les fusils à chiens ; *b*) dans les fusils hammerless; *c*) dans les fusils à canon fixe ; *d*) sur le prolongement de la bande.

Devants adhérents ou détachés. — Dénominations spéciales. — Mode d'attache sur le canon.

Excentrique. — Extracteur. — Éjecteurs automatiques. — Divers types.

Montage de la bascule et du devant sur le canon. — Crochetage et plat du canon.

Charnière ; son importance dans les fusils à chiens et dans les fusils hammerless.

Disposition à donner aux organes de fermeture.

Percussion dans les fusils à chiens et dans les fusils hammerless à platines ; son importance.

Position des platines encastrées.

Batterie intérieure dans les fusils hammerless ; marche.

Sûreté ; divers genres.

Monteurs. — Outillage du monteur. — Bois et matières employés.

Différents genres de montures, pour fusils à chiens, fusils hammerless, fusils contournés dits « pour borgnes ».

Monture pour carabine, pistolet, revolver.

Préparation des pièces pour la mise en bois. — Disposition à donner aux platines et à la sous-garde dans un fusil à chiens. — Entaillage.

Crosse, dépouille. — Mise en bois.

Différentes formes de crosses.

Pente. — Avantage. — Longueur.

Méthode rationnelle pour relever les mesures de couche et de longueur.

Importance de la mise en bois et de la tournure de la crosse.

Outillage à employer pour placer les vis à bois et les vis à fer.

Équipeurs. — Outillage employé. — Principaux outils ; usage.

Principaux travaux de l'équipeur. — Fusils hammerless à batterie intérieure. — Fusils hammerless à platines.

Marche de la bascule. — Préparation du canon. — Charnière. — Replacage. — Marche des clefs et verrous.

Principes à appliquer pour la solidité de l'arme.

Mamelons. — Formes extérieures de la bascule.

Filets au canon. — Marche du devant. — Marche intérieure. — Trempe des pièces. — Organes de percussion. — Départs. — Sûreté.

Crosse. — Forme anglaise, forme pistolet. — Cotes de la poignée.

Faux corps. — Raccord des pièces.

Lignes à observer pour l'esthétique de l'arme.

Démontage en blanc. — Mise au polissage du bois. — Pièces au bois. — Retouches et remontage.

Polissage des pièces intermédiaires. — Bleuissage. — Polissage des chambres et des crochets.

Mise au point pour le démontage et le remontage de l'arme.

Calcul arithmétique et tracé géométrique. — Programme des ajusteurs pour toutes les spécialités.

Quelques notions de mécanique. — Mouvement rectiligne uniforme ; vitesse. — Mouvement accéléré ou retardé. — Mouvement de rotation.

Ce qu'on entend par force. — Mesure d'une force par le peson à ressort. — Évaluation de la tension d'un ressort de fusil.

Travail d'une force dans les cas simples. — Kilogrammètre. — Idée du travail accumulé dans un ressort armé. — Ce que devient ce travail quand le ressort se débande.

Du levier. — Bras du levier. — Puissance et résistance. — Trois genres de leviers. — Conditions d'équilibre d'un levier.

Recherche et étude des leviers de la platine et de la bascule.

Idée des résistances de frottement et du roulement, et du travail absorbé par ces résistances.

N. B. — Les canonniers et les monteurs sont dispensés de ces épreuves de mécanique.

Dessin. — Croquis coté d'une pièce se rapportant à la spécialité du candidat.

Épreuve manuelle. — Exécution d'une pièce ou d'un travail se rapportant à la spécialité du candidat.

Épreuves de l'examen. — 1° Une interrogation de 20 minutes portant principalement sur la technologie de la spécialité du candidat. Coefficient 1 ;

2° Un problème d'arithmétique et un tracé géométrique. Durée : 1 heure 1/2. Coefficient 1 ;

3° Croquis. Durée : 3 heures. Coefficient 2 ;
4° Epreuve manuelle. Durée : 10 heures. Coefficient 3.

AUTOMOBILES ET CYCLES

(MEURTHE-ET-MOSELLE)

Théorie. — Les matières premières employées : fer, acier, caoutchouc.

Les moteurs à essence : description, fonctionnement, réglage.

Les magnétos d'allumage : description, fonctionnement, réglage.

Les réparations des parties mécaniques, axes, coussinets ; réglage et équilibrage des roues.

Les réparations des chambres et des pneus.

Description des voitures automobiles : diverses espèces.

Pratique. — Réparation d'une chambre à air.

Réglage d'une magnéto.

Réglage d'un moteur.

Réparations courantes : remise en état du moteur, des portées, des coussinets, des bagues et des leviers de commande.

BALANCIERS

(ISÈRE)

Théorie. — Conditions d'équilibre du levier. Les diverses espèces de balances : description. Conditions de justesse et de sensibilité d'une balance. Vérification d'une balance. Les séries de poids. Règlements concernant les poids et mesures.

Pratique. — Éléments d'ajustage et de forge. Essais de trempe. Confection d'un organe de balance : couteau, chape, levier, fléau, étrier, poids, etc...

BIJOUTIERS ET ORFÈVRES

(RHONE)

Théorie — *Arithmétique :* calcul des proportions; règle des mélanges; unités de poids ; le carat.

Chimie : notions sur les alliages.

Notions sur l'*histoire de l'art* et les principaux styles.

Technique élémentaire du diamant et des pierres fines. — Technologie de la profession.

Pratique. — Composition d'un dessin ; broche, pendant, bracelet, etc.

Exécution d'un article spécial à la profession.

BOUCHERS

(ISÈRE)

Théorie. — Hygiène des animaux de boucherie : installation, alimentation, soins à leur donner.

Etude de la viande sur pied. -- État de santé et de maladie des animaux de boucherie. Principales maladies rendant les viandes insalubres: tuberculose, charbon, fièvre aphteuse, clavelée, morve, rouget ; moyens de les reconnaître.

Influence du sexe, de l'âge et de la race sur la qualité de la viande. Appréciation de l'âge d'un animal de boucherie. Conformation, état de graisse (maniement), rendement d'un animal de boucherie.

Étude de la viande abattue. —Méthodes diverses d'abatage et préparation des animaux. Coupes diverses des viandes.

Caractères différents des viandes au point de vue : *a*) du sexe (bœuf, vache, taureau, etc...) ; *b*) des qualités (1re, 2e, 3e qualités).

Hygiène et conservation des viandes : altérations putrides, viandes frigorifiées et congelées ; salaisons.

Pratique. —Abatage et habillage d'un bœuf, d'un veau ou d'un mouton. Coupe d'un animal de boucherie.

BOULANGERS

(LOIRE)

Technologie. — Le grain. — Froment, seigle, riz, etc. Constitution et qualités des grains. — Pays de production. — Prix.

La farine. — Diverses qualités. — Aspect et saveur. — Caractères d'une bonne farine. — Epreuve de la blancheur; appareil Pékar.

Composition de la farine: amidon, gluten, humidité, cendres. — Séparation de l'amidon et du gluten. — Poids du gluten. — Gluten humide, gluten sec.

Matières ajoutées frauduleusement à la farine. — Moyens pratiques de les reconnaître.

Préparation de la pâte. — Mélange des farines. — Tamisage avant la mise au pétrin. — Appareils spéciaux. — Quantités d'eau et de sel à ajouter.

Confection des levains. — Quantité de levain à introduire dans la pâte.

Emploi des levures: levure du grain, levure de la bière.

Pétrissage. — Pétrissage à bras, pétrissage mécanique. — Divers systèmes de pétrins.

Idée de la fermentation.

Consistance de la pâte; pâte forte, pâte coulante.

Pesage et mise en place de la pâte.

Cuisson. — Diverses sortes de fours. — Chauffage du four. — Combustibles employés. — Température convenable.

Degré de chaleur nécessaire à la cuisson. — Durée de la cuisson.

Développement de la pâte au four. — Mauvais développement. — Rendement en poids.

La croûte du pain; son aspect.

Différentes sortes de pains: pain blanc, pain de ménage, pain de fantaisie; pâtisserie de ménage.

Travail de pain de seigle.

Ce qui se fait à l'étranger. — Boulangeries viennoises.

Utilisation des sous-produits.

Boulangerie. — Disposition rationnelle d'une boulangerie. — Tenue du fournil. — Costume de travail.

Arithmétique. — Pratique des quatre opérations sur les nombres entiers et décimaux.

Notions de système métrique. — Principales grandeurs à mesurer. — Unités.

Pratique des quatre opérations sur les fractions ordinaires.

Règles de trois et de mélange.

Épreuve pratique. — Essais pratiques sur les farines.

Confection d'un levain.

Préparation d'une fournée.

Chauffage du four et enfournement. — Défournement et brossage du pain.

Épreuves de l'examen. — 1° Une interrogation de 20 minutes sur la technologie. Coefficient 1;

2° Un problème simple d'arithmétique. Durée : 1 heure. Coefficient 1;

3° Une épreuve pratique. Durée : de 2 à 4 heures. Coefficient 3.

BOURRELIERS-SELLIERS

(ISÈRE)

Théorie. — Qualités et classification des cuirs; leur utilisation en bourrellerie et sellerie. Étoffes et tissus divers employés en sellerie. Cuirs employés en sellerie. Notions d'anatomie chevaline. Description et tracé des principaux harnachements employés.

Pratique. — Travail du cuir, découpage et estampage, coloration, vernissage, assemblage par collage, couture, etc... Confection d'une portion de harnachement.

BRODEUSES
(LOIRE)

Technologie. — Broderie blanche. — Tracé et rembourrage. — Point de feston. — Manière de décalquer, de piquer et de poncer un dessin.

Différentes sortes de festons : dents rondes, dents pointues, dents de roses.

Étude des divers points de broderie : plumetis, cordonnet, point de sable, point d'armes.

Œillets et pois. — Broderie anglaise. — Broderie Richelieu et madère.

Exercices de chiffres et monogrammes.

Broderie d'ameublement. — Façon de piquer et de poncer le dessin. — Pose sur le métier. — Étude des différents points. — Passé non bourré et broderie moldave.

Application sur drap et soie : point de Boulogne, point natté, point de nœuds; passé nuancé.

Arithmétique. — Pratique des quatre opérations sur les nombres entiers et décimaux.

Notions de système métrique. — Principales grandeurs à mesurer. — Unités.

Pratique des opérations sur les fractions ordinaires.

Règle de trois simple.

Tracé géométrique et dessin. — Lignes, angles, circonférence.

Tracé de perpendiculaire et de parallèles.

Division en parties égales d'une droite, d'un angle, d'une circonférence.

Construction de rosaces.

Triangle, carré, rectangle, parallélogramme, trapèze, cercle. — Construction de ces figures.

Construction d'un hexagone, d'un octogone.

Grecques, entrelacs, rinceaux.

Quelques motifs de décoration empruntés au règne végétal et au règne animal : tige, feuilles, fleurs, fruits. — Stylisation et applications. — Papillons.

Méthode des carreaux pour la reproduction d'un dessin de broderie.

Épreuves de l'examen. — 1° Une interrogation de 20 minutes sur la technologie. Coefficient 1 ;

2° Un problème simple d'arithmétique. Durée : 1 heure. Coefficient 1 ;

3° Un dessin d'ornement d'exécution facile. Durée : 2 heures. Coefficient 2 ;

4° Une épreuve manuelle. Durée : 8 heures. Coefficient 3.

CARROSSIERS ET MENUISIERS EN VOITURE

(ISÈRE)

Théorie. — Les bois employés en carrosserie. Les fers employés en carrosserie. Description avec croquis des diverses voitures à deux et à quatre roues. La carrosserie automobile. Les peintures et vernis utilisés en carrosserie. Les divers modes de suspension des voitures.

Pratique. — Éléments de forge. Éléments d'ajustage. Le travail du bois pour la carrosserie. Emploi des couleurs et des vernis. Tracé et confection d'une portion simple de carrosserie d'après la spécialité de l'apprenti (carrosserie ou menuiserie).

CARTONNIERS

(ISÈRE)

Théorie. — Les matières employées en cartonnerie : les cartons et les papiers (nature, espèces, format) ; les toiles et les fournitures accessoires diverses ; les colles. Les divers travaux de cartonnage : les boîtes, polyédriques, cylindriques, diverses. Calcul de leurs dimensions d'après le volume et réciproquement : développement des surfaces. Les appareils et les machines employés en cartonnerie : description et usages.

Pratique. — Exécution d'un travail de cartonnerie comportant prise de mesure ou détermination de dimensions.

CHAPELIERS EN FEUTRE

(GARD)

Théorie. — Notions sur les matières premières employées et sur les accessoires : cuirs, doublures, bourdaloux.

Notions sur l'outillage.

Feutrage, bâtissage, foulage.

Humectation, mise en forme, repassage.

Finissage.

Pratique. — Epreuve manuelle suivant la spécialité de l'ouvrier : fouleurs (feutrage, bâtissage, foulage) ; appropricurs (humectation, mise en forme, repassage) ; garnisseuses (placer le cuir, la doublure, le bourdalou).

CHAPELIERS EN PAILLE

(ISÈRE)

Théorie. — Les matières premières employées en chapellerie (pailles, fibres, cuirs, etc). Le tressage et le montage ; l'apprêtage et la mise en forme. Le blanchiment et la teinture, le finissage. Les nettoyages. Croquis de formes de chapeaux.

Pratique. — Exécution d'une ou de plusieurs des opérations que comporte la confection d'un chapeau de forme donnée.

CHAPELIERS EN SOIE

(GARD)

Théorie. — Matières premières et matières préparées entrant dans la composition du chapeau de soie : mousselines de coton et molletons pour la confection de la carcasse et du bord ; gomme laque, pluche ; soieries pour les coiffes ; tissus divers pour les dessous de bords ; cuirs ; rubans ; accessoires de la garniture ; fils de soie. Fournitures spéciales : toiles apprêtées, bords, coiffes mobiles, coiffes anglaises, coiffes adhérentes.

Outils et matériel. — Usage du conformateur.

Pratique. — *Ouvriers :* Galetiers (confection de galette sur toile, de galette adhérente, adaptation du bord à la tête) ; monteurs (montage de la coiffe de peluche sur la galette et collage du tissu sous le bord) ; tournuriers (mise en tournure des bords) ; bichonneurs (bichonnage du chapeau).

Ouvrières : Couseuses (confection de la coiffe de peluche) ; garnisseuses (confection et pose de la coiffe, pose du cuir, pose du ruban).

CHARCUTIERS

(ISÈRE)

Théorie. — Caractères des animaux sains. Principales maladies rendant les animaux insalubres : moyens de les reconnaître. Abatage et dépeçage ; diverses catégories de viandes ; issues. Préparation des boudins, des saucisses, des pâtés, des graisses, etc. Altération et conservation des viandes ; glacières et frigorifiques ; salaisons. Technologie de l'outillage. Hygiène des abattoirs. Premiers soins à donner en cas d'accident.

Pratique. — Abatage et dépeçage d'un porc. Fabrication des produits de charcuterie.

CHARPENTIERS EN BOIS

(MEURTHE-ET-MOSELLE)

Théorie. — Les bois employés en charpente ; leurs dimensions usuelles ; leurs divers modes d'assemblage. Les diverses espèces de charpente : fermes diverses, arêtiers, etc. Les échafaudages, les pans. Les escaliers : droit, circulaire. Volée, paliers, divers. Eléments de trait. Lecture des plans. Mise au point. Echafaudages.

Pratique. — Usage des outils du charpentier. Tracé d'une portion de charpente ou d'escalier, d'après un programme donné. Exécution (en grandeur ou en réduction) d'une pièce de charpente ou d'escalier.

CHARPENTIERS EN FER

(LOIRE)

Technologie. — Fers et aciers. — Propriétés, qualités et usages. — Diverses formes des fers et aciers du commerce. Défauts qu'ils peuvent présenter.

Forgeage. — Principes.

Outils à main. — Burins, bédanes, marteaux ; règles, pointeaux, équerres.

Machines-outils. — Perceuses, poinçonneuses, cisailles. — Scie à métaux. — Machine à cintrer les profilés. — Accessoires divers : poinçons, matrices, mèches. — Confection et trempe de ces outils.

Procédés de travail. — Perçage et poinçonnage. — Taraudage. Rivetage mécanique. — Description sommaire d'une installation de rivetage mécanique à air comprimé, à l'eau sous pression. — Marteaux et burins pneumatiques. — Proportions à donner aux burins et aux tas. — Ployage.

Assemblages et travaux de charpente métallique. — Assemblage dans le même plan à 90°, sous un certain angle.

Assemblage dans deux plans parallèles à 90°, sous un certain angle.

Détails d'un couvre-joint de poutre.

Poutre à âme pleine, à treillis, à caisson.

Pièces d'une charpente métallique : fermes, pannes, chevrons, lattis, chanlattes.

Pièces d'une ferme : arbalétriers, entraits, poinçon, montants, fiches, contre-fiches, etc. — Assemblage d'un nœud de ferme.

Pièces d'un pont métallique : Poutres maîtresses, longerons, poutres de rive, entretoises, sabots d'ancrage, sabots et rouleaux de dilatation.

Plancher métallique. — Colonne en fer ou en fonte, pleines ou creuses. — Sommiers, solives, chevêtres, étrésillons.

Plancher en béton, en hourdis ; plancher lambourdé.

Données pratiques sur la résistance des matériaux.

Calcul arithmétique et tracé géométrique. — Programme des ajusteurs.

Dessin. — Croquis à main levée d'un assemblage. — Lecture d'un dessin.

Épreuve manuelle. — Exécution d'après dessin d'un assemblage entièrement rivé à la main.

Exécution d'une bride en cornière.

Ployage à chaud d'une cornière, d'une pièce en T, en I, en ⊏.

Épreuves de l'examen. — 1° Une interrogation de 20 minutes sur la technologie. Coefficient 1 ;

2° Un problème simple d'arithmétique et un tracé géométrique. Durée : 1 heure 1/2. Coefficient 1 ;

3° Un croquis ou un tracé d'une pièce de charpente. Durée : 3 heures. Coefficient 2 ;

4° Une épreuve manuelle. Durée : 10 heures. Coefficient 3.

CHARRONS-FORGERONS

(ISÈRE)

Théorie. — Les bois employés en charronnage ; leurs qualités respectives. Les fers employés en charronnage. Les voitures agricoles à deux et à quatre roues. Les principaux instruments aratoires. Tracé d'une roue de voiture, ferrage.

Pratique. — Éléments de forge. Éléments d'ajustage. Le travail des bois en charronnage. Exécution, après tracé préalable, d'un organe de voiture agricole, ou d'instrument aratoire.

CHAUDRONNIERS-MÉCANICIENS ET TOLIERS

(LOIRE)

Technologie. — Fers et aciers. — Propriétés, qualités et usages.

Aciers doux, durs, soudables. — Profils courants et dimensions des aciers du commerce. — Poids par mètre linéaire.

Centre de gravité du profil. — Fibre neutre.

Aciers fondus pour outils à main et outils pour machines.

Outils à main. — Compas à pointes, d'épaisseur, à verge ; règles, cordeaux ; niveaux, fil à plomb. — Marteaux à boule, à river. — Bouterolles ; burins, bédanes ; tarauds ; alésoirs ; limes diverses ; gouges ; matoirs.

Marbres à tracer, à forger, à dresser. — Scies à métaux.

Machines-outils. — Machines à percer, à poinçonner, à cintrer les tôles, les profilés. — Accessoires de ces machines. — Poinçons, matrices, mèches ; trempe. — Cisailles. — Meules à émeri.

Procédés de travail. — Perçage et taraudage des fers et de la fonte. — Perçage au cliquet.

Rivetage ; rivets. — Matière employée. — Rivetage à main ;

rivetage mécanique. — Description d'une installation de rivetage mécanique. — Marteau pneumatique. — Écartement et diamètre des rivets avec pression, sans pression.

Soudure autogène.

Calcul arithmétique et tracé géométrique. — Programme des ajusteurs. En outre : Tracé de l'ellipse. — Tracé d'un arc dont on ne connait pas le centre. — Développement d'un prisme, d'un cylindre, d'une pyramide droite et oblique, d'un cône, d'un tronc de cône.

Développement d'un cylindre coupé par un plan oblique, d'un cône également coupé par un plan oblique. Intersection et développement de deux surfaces cylindriques, d'une surface cylindrique et d'un cône, de deux surfaces coniques.

Équerrage d'une cornière d'angle. — Équerrage d'un cercle en cornière placé obliquement dans un cylindre.

Dessin. — Chaudronniers-mécaniciens : croquis d'une pièce et tracés s'y rapportant ; lecture d'un dessin. — Tôliers : épure de chaudronnerie.

Épreuve manuelle. — Dressage d'une tôle mince. — Emboutissage d'une tôle suivant un gabarit. — Exécution d'un récipient à base rectangulaire. — Forgeage d'un cadre en cornière à angles arrondis. — Forgeage d'un cercle en cornière. — Tomber le bord d'une virole cylindrique s'adaptant sur un plan, sur un cylindre, sur un cône. — Confection d'un pavillon d'aspiration pour bouche de ventilateur. — Chanfreinage, matage et rivetage. — Découpage d'un trou au bédane dans une tôle forte. — Brasage d'une bride sur un tuyau.

Épreuves de l'examen. — 1° Interrogation sur la technologie. Durée : 20 minutes. Coefficient 1 ;

2° Un problème très simple d'arithmétique. Durée : 1 heure. Coefficient 1 ;

3° Croquis coté. Durée : 3 heures. Coefficient 2. — Les

tôliers ont en outre à faire une épure de chaudronnière. Durée : 4 heures;

4° Épreuve manuelle. Durée : 10 heures. Coefficient 3.

CHAUFFEURS-MÉCANICIENS

(LOIRE)

Principes de chauffage et conduite de la chaudière. — Simples notions sur l'air et l'eau. — Composition de l'air; propriétés principales des gaz qui le constituent. — Pression atmosphérique; quelques mots sur le baromètre.

Composition de l'eau; air et sels contenus en dissolution dans l'eau. — Choix des eaux d'alimentation des chaudières.

Notions sommaires sur la chaleur. — Température; thermomètre. — Quantité de chaleur; calorie.

Vaporisation; vapeur. — Ébullition de l'eau; température d'ébullition sous diverses pressions. — Quantité de chaleur nécessaire à la production d'un kilogramme de vapeur à une pression donnée.

Combustion. — Corps combustibles. — Quelques mots sur les principaux combustibles; ce que deviennent les combustibles en brûlant. — Composition et combustion de la houille, de l'anthracite, du coke; chaleur dégagée.

Combustion complète du charbon; combustion incomplète, formation d'oxyde de carbone. — Production de gaz d'éclairage par la houille dans une combustion incomplète. — Nécessité d'une quantité suffisante, mais non exagérée d'air.

Description d'une chaudière simple. — Chambre de combustion, grille, cendrier, surface de chauffe, carneaux, cheminée.

Appareils de sûreté, tubes et robinets de jauge, flotteur et sifflet d'alarme, manomètre, soupape de sûreté.

Appareils d'alimentation : pompe, injecteur.

Allumage et conduite du feu. — Usage du registre. — Caractères qui permettent de reconnaître une bonne combustion.

Conduite de l'alimentation.

Causes d'altération des chaudières. — Fuites par les rivures. — Corrosions extérieures, corrosions intérieures. — Dépôts dans les chaudières ; tartre. — Moyens préconisés pour empêcher le tartre de se former. — Nettoyage des chaudières.

Coups de feu résultant d'un manque d'eau, du dépôt de tartre. — Ce qu'il y a à faire lorsque l'eau ne paraît plus dans les tubes.

Conduite d'une chaudière. — Recommandations générales sur la tenue des chaudières et prescriptions réglementaires.

Description de quelques types de chaudières. — Chaudières à foyer extérieur et à bouilleurs.

Chaudières à foyer intérieur, verticales horizontales.

Chaudières tubulaires à flamme directe, à retour de flamme.

Chaudières de locomotives, de locomobiles.

Chaudières tubulaires modernes à flamme extérieure. Chaudières Belleville, de Noeyer, de Babcock et Wilcox. — Réchauffeurs.

Description sommaire d'une machine à vapeur. — Conduite et entretien d'une machine à vapeur.

Épreuves de l'examen. — 1° Une interrogation de 20 minutes sur le programme précédent. Coefficient 1 ;

2° Épreuve pratique : conduite d'une chaudière. Durée : 10 heures. Coefficient 3.

CHEMISIERS

(GIRONDE)

Théorie. — Notions de calcul élémentaire.

Notions de dessin linéaire.

Étoffes employées pour la confection des chemises; fournitures diverses. — Nomenclature des pièces composant une chemise. — Manière de prendre les mesures. — Tracé des patrons; coupes; phases de la confection. — Machines. — Différents points : leur importance au point de vue de la solidité et du coup d'œil.

Pratique. — Exécution d'un patron suivant mesures prises par l'apprenti; coupe d'une chemise, d'un caleçon, d'un gilet de flanelle.

CIMENTIERS (applicateurs et mouleurs)

(ISÈRE)

Théorie. — Notions succinctes sur la fabrication et la composition des diverses espèces de ciments. Propriétés et emplois divers. Notions technologiques sur l'application des ciments en surface: Enduits, dallages, etc. Les bétons de ciment, les ciments armés. Le moulage des ciments: confection des moules. Notions sur les essais des ciments: dureté, compression, traction.

Pratique. — Exécution d'un travail simple en ciment: enduit ou dallage, ciment armé, moulage, suivant la spécialité de l'apprenti.

COCHERS. — CHARRETIERS

(HAUTE-SAVOIE)

Théorie. — Connaissance des principales races de chevaux:

a) Pur sang (type pur sang anglais);

b) Demi-sang (carrosserie, voiture, cavalerie lourde);

c) Trait léger (type artillerie, cheval breton);

d) Gros trait (ardennais, boulonnais).

Anatomie, organes internes: digestion, circulation, respiration. Du cerveau et des nerfs.

Extérieur. — Appréciation de l'âge (dents et caractères extérieurs). Appréciation et appellation des diverses régions du corps (extérieur). Membres et aplombs (bons, défectueux). Tares dures: osselets, couches, suros, éparvins, formes, etc. Tares molles: hygromos, éponges, vessigons, molettes. Boiteries: par plaies, efforts de tendons, biscaïen du sabot, etc. Vices rédhibitoires.

Soins à donner en cas de maladie ou d'accident:

a) Plaies (antiseptiques);

b) Maladies avec fièvre;

c) Maux de ventre (par congestion ou indigestion);

d) Fractures diverses;

e) Biscaïen du sabot et clous de roue.

Ferrure. — Soins à donner au sabot; ferrure d'été, ferrure d'hiver, etc.

Ecurie. — Mobilier; hygiène et désinfection.

Alimentation. — Divers régimes (vert et ordinaire). Des rations : leur composition. Barbotages.

Pansage et bains.

Harnais. — Divers types suivant attelages. Énumération des harnais qui conviennent à chaque attelage. Leur entretien. Réparations urgentes.

Véhicules. — Différents types; entretien; réparations urgentes.

Pratique. — Apprécier un cheval. Connaître son type.

Apprécier l'âge d'un cheval (d'après les dents et les caractères extérieurs).

Apprécier un cheval au point de vue aplombs ou tares.

Préparer et appliquer, s'il y a lieu, un pansement pour plaies suivant les règles de l'antisepsie.

Pansage d'un cheval et soins.

Composer une ration pour un cheval donné.

Atteler et conduire un ou plusieurs chevaux : à la voiture, à un véhicule de transport.

COIFFEURS

(ISÈRE)

Théorie. — Le système capillaire : les cheveux et la barbe, soins à donner. Les huiles, les parfums, les cosmétiques, les teintures. Les divers modes de coiffure : hommes et dames. Aperçu historique. Les travaux de l'atelier de coiffure : crêpés, nattes, postiches, perruques, etc. ; description des procédés employés.

Pratique. — Les barbes : les rasoirs, diverses espèces, précautions antiseptiques. Les coiffures d'hommes. Les coiffures de dames. Construction d'un postiche de forme donnée.

CORDONNIERS — BOTTIERS

(MEURTHE-ET-MOSELLE)

Théorie. — Travail de la tige : Coupe et matières premières. — Coupe et patronage. — Assemblage des tiges.

Travail de préparation et découpe des gros cuirs : Broche de semelles et accessoires. — Préparation des fournitures nécessaires au montage. — Gravurage des semelles et parage de toutes les fournitures de la broche en général.

Travail du pied : Assemblage de la tige de la semelle. — Montage main et machine. — Couture Blacke. — Couture trépointe, machine et main. — Couture petits points.

Finition : Remplissage. — Affichage. — Brochage des formes.

Travail du talonnage : Pose de talons. — Bonboutage de talons. — Fraise de talons. — Verrage des talons.

Travail des lisses : Fraise de lisses. — Déforme de lisses.

Finition de la chaussure : Verrage des semelles. — Ponçage des semelles. — Mise en couleur. — Déforme des semelles.

Bichonnage : A la main. — A la machine.

Pratique. — Confection sur mesure d'une chaussure d'espèce donnée.

CORSETIÈRES

(ISÈRE)

Théorie. — Étoffes employées : coutils, soies, batistes, cotons, tricots. Buses et baleines. Jarretelles. Variétés : corsets et ceintures (maternité, déviations). Corsets d'enfants. Coupe : mesures à prendre ; patrons. Exécution : faufilage, essayage, corrections, piquage, finition (garnitures). Machines à coudre.

Pratique. — Exécution complète d'une partie de corset comportant prise de mesures et coupe.

COUTURIÈRES

(LOIRE)

Technologie. — Étude des boutonnières, liserés, poches, boutons recouverts. Différentes sortes de bordages.

Surfilage. — Bordage des coutures.

Pose des baleines, du ruban de taille. — Portes et agrafes.

Terminaison des bords du devant et du bord inférieur.

Pratique de la machine à coudre.

Col et manches. — Revers et col tailleur.

Tracé et coupe des patrons. — Moulage sur mannequin.

Pose des patrons sur l'étoffe.

Préparation et couture. — Essayage et rectification.

Arithmétique et tracé géométrique. — Pratique des quatre opérations sur les nombres entiers et décimaux.

Notions de système métrique. — Principales grandeurs à mesurer. — Unités.

Pratique des opérations sur les fractions ordinaires.

Règle de trois simple.

Quelques définitions géométriques et tracés. — Lignes, angles, conférence.

Tracé de perpendiculaires et de parallèles.

Division en parties égales d'une droite, d'un angle, d'une circonférence.

Construction de rosaces.

Triangle, carré, rectangle, parallélogramme, trapèze, cercle.

Construction de ces figures.

Construction d'un hexagone, d'un octogone.

Application de ces éléments géométriques à la confection et à la lingerie : patrons, garnitures de robes, soutaches.

Épreuves de l'examen. — 1° Une interrogation sur la technologie. Durée 20 minutes. Coefficient 1 ;

2° Un problème simple d'arithmétique ou une facture détaillée d'une pièce exécutée. Durée : 1 heure 1/2. Coefficient 1 ;

3° Une construction géométrique. Durée : 1 heure 1/2. Coefficient 1 ;

4° Une épreuve pratique. Durée : 10 heures. Coefficient 3.

Cette épreuve peut être, par exemple, la coupe d'un corsage, d'une jupe, ou l'assemblage et l'exécution d'une partie de ce vêtement.

COUVREURS

(GIRONDE)

Théorie. — Métaux et matières employés. — Essais ou épreuves des matériaux.

Méthodes d'assemblage et pose.

Économie des matières et de la façon.

Échafaudages. — Outillage.

Notions de dessin d'ornement et de dessin linéaire.

Pratique. — Couverture en ardoises d'Angers; couverture modèle anglais ; couverture en tuiles creuses, en petites tuiles plates à crochets, en tuiles plates mécaniques. — Construction d'un trapèze en ardoises.

CUISINIERS

(HAUTE-SAVOIE)

Industrie hôtelière. — Étude au point de vue alimentaire et préparation des mets dans la cuisine pratique et moderne.

Étude approfondie de la cuisine dite de régimes (son rôle dans les stations balnéaires et hivernales).

Régime A (aliments sans sel).

Régime B (viande blanche, sans beurre, sans sel, suivant indication du docteur-médecin).

Régime C (viande rouge, légumes sans sel ni beurre).

Installation complète d'une cuisine d'hôtel (1er ordre).

Installation complète d'une cuisine d'hôtel (2e ordre).

Nomenclature de la batterie de cuisine nécessaire.

Étude de chaque ustensile ; son emploi.

Tenue de la cuisine, de la pâtisserie et du garde-manger (hygiène).

Composition des menus gras. Composition des menus maigres.

Prix de revient de chaque marchandise. Prix de revient d'un menu.

Composition d'une brigade de cuisine (personnel au complet). Travail de chacun.

Personnel d'hôtel : classement (réception, cuisine, office, restauration, cave, économat, chaufferie, lingerie, contrôle).

Discipline dans le service de cuisine et restauration, règlement. Manière d'engager le personnel. Tenue du personnel, discrétion entre employés. Du respect envers les clients.

Marchandises et comptabilité. — Manière de reconnaître et de recevoir les marchandises. Manière de faire les commandes aux fournisseurs. Façon d'acheter et de débattre les prix sur les marchés. Marchandises de première qualité, de deuxième qualité.

Vins en général, leurs particularités, soins à leur donner. Tenue d'une cave.

Mouvement des denrées et marchandises : magasin de la veille, magasin à la fin de la journée. Dépense journalière. Recette journalière. Bénéfice ou perte.

Notions générales sur la volaille, le gibier à plume, à poil, le poisson d'eau douce et le poisson de mer. Différents modes de préparation et manière de servir.

Légumes. — Notions générales au point de vue culinaire. Différents modes d'emploi. Valeur nutritive de chacun.

Fruits. — Fruits frais et fruits conservés. Emploi.

Pâtisserie. — Ustensiles de pâtisserie, leur emploi.

Différentes sortes de pâtisserie pour le service de l'hôtellerie. Fabrication ; différentes sortes de pâtes. Gâteaux et entremets. Confitures diverses et à la glace.

Service de restauration. — Service à la carte. Service à prix fixe. Service à table d'hôte par tables séparées. Pension au mois. Service des étages. Service pour le thé.

Cuisine proprement dite. — *Théorie.* — Fonds de cuisine en général, extraits et essences qui en découlent, quantités à employer.

Choix des viandes, qualités des divers morceaux de boucherie, préparation à leur faire subir.

Jambons et saucisses, pièces froides de charcuterie.

Issues en général et leur préparation.

Poissons d'eau douce et d'eau salée. — Diverses préparations selon nature, assaisonnement, marinades, condiments divers, ragoûts et garnitures.

Légumes verts et secs, préparation préliminaire, cuisson, potages, purées, crèmes.

Gratins, fritures, soins et qualités que comportent ces préparations.

Fruits secs et frais, desserts.

Entremets divers.

Pratique. — Confection et exécution de divers menus gras t maigres.

DESSINATEURS D'ART

(ISÈRE)

Théorie. — Éléments d'anatomie végétale et animale en vue de la décoration. Éléments de perspective. Principales règles de la composition décorative. Stylisation : caractères des principaux styles. Application de la décoration à un métier déterminé : conventions en usage (mise en carte, etc.). Technologie de la profession de l'apprenti.

Pratique. — Exécution d'une esquisse d'après un programme donné ; d'un rendu d'après une esquisse sommaire. Exécution d'un dessin de métier d'après la spécialité de 'apprenti (mise en carte, etc.).

DESSINATEURS INDUSTRIELS (constructions civiles et mécaniques)

(ISÈRE)

Théorie. — Notions de géométrie appliquée au dessin. Notions de géométrie descriptive. Les conventions employées en dessin, parties vues, cachées; nature des matériaux, etc. Usage des formulaires. Technologie de la profession. Procédés industriels pour la reproduction des dessins (bleus, etc.).

Pratique. — Croquis coté d'un modèle donné. Exécution d'un calque. Exécution d'une mise au net d'après un croquis sommaire. Exercices de lavis.

Nota. — Les exercices seront choisis dans la spécialité de l'apprenti, constructions civiles ou constructions mécaniques.

DRAPIERS

(ISÈRE)

Théorie. — Matières premières employées en draperie ; moyens de les reconnaître. Conditionnement et numérotage. Technologie du métier : cardage, filature, tissage, foulage, etc. Les principales armures employées en draperie. Notions de mise en carte.

Pratique. — Analyse d'un échantillon de tissu donné. Exécution d'un échantillon d'après une mise en carte. Montage et réglage d'une machine de draperie.

ÉBÉNISTES

(MEURTHE-ET-MOSELLE)

Théorie. — Les bois employés en ébénisterie : caractères, dimensions, débitage, séchage, mise en œuvre.

Éléments de dessin linéaire avec application aux travaux d'ébénisterie.

Éléments de dessin d'ornement. — Caractères des principaux styles.

Les teintures, les encaustiques, les vernis employés en menuiserie et en ébénisterie. — Les placages.

Description, avec croquis, des principales machines-outils de l'atelier de menuiserie-ébénisterie.

Pratique. — Exécution d'un dessin de menuiserie d'après modèle ou d'après programme donnés.

Exécution d'un travail de menuiserie ou d'ébénisterie se rapportant à la spécialité de l'apprenti.

ÉLECTRICIENS

(LOIRE)

Trois groupes d'ouvriers électriciens sont ici considérés :

1° *Constructeurs-électriciens* se subdivisant en constructeurs de dynamos et en constructeurs d'appareils électriques ;

2° *Électriciens-conducteurs de machines*, chargés en outre de la réparation des dynamos, alternateurs, moteurs et appareils électriques divers ;

3° *Électriciens-monteurs* s'occupant des installations intérieures ou extérieures (transports de force, éclairage, sonneries, téléphonerie).

1° Constructeurs-électriciens.

Partie électrique. — Notions très élémentaires d'électricité industrielle. — Courant et circuit électrique.

Force électromotrice et différence de potentiel ; volt.

Débit d'un courant ; ampère.

Résistance d'un conducteur ; ohm. — Perte de charge dans un conducteur.

Loi d'Ohm.

Emploi de l'ampèremètre et du voltmètre.

Solénoïde et électro-aimant.

Idée des courants induits.

Constitution d'une dynamo. — Inducteur. — Induit. — Excitation de l'inducteur.

Dynamo-shunt. — Dynamo-série. — Schémas des connexions.

Schémas d'enroulement de l'induit.

Électromoteur.

Idée des courants alternatifs. — Constitution d'un alternateur et d'un moteur à courant alternatif. — Constitution et effet des transformateurs.

Partie mécanique. — Parties principales des programmes des ajusteurs et des tourneurs-mécaniciens (voir ces programmes). En outre : Travail des tôles ; leur réunion en paquets. — Conducteurs électriques. — Soudure. — Produits décapants et soudants. — Fer et lampe à souder. — Brasage.

Isolants employés. — Ebonite, fibre. — Travail de ces matières. — Micanite, carton, etc.

Étude du collecteur : lames, mica ; montages sur l'arbre. — Nécessité d'un bon isolement. — Fixation des extrémités des conducteurs de l'induit aux lames du collecteur. — Matière des balais. — Porte-balais. — Mise en place.

Calcul arithmétique et tracé géométrique. — Programme des ajusteurs mécaniciens.

Notions de mécanique. — Programme des ajusteurs mécaniciens.

Dessin. — Programme des ajusteurs mécaniciens.

Épreuve manuelle. — Exécution d'un assemblage ou d'une pièce de dynamo.

Épreuves de l'examen. — 1° Une composition de technologie, correspondant au programme ci-dessus. Durée : 2 heures. Coefficient 1 ;

2° Un problème très simple d'arithmétique et un tracé géométrique. Durée : 2 heures. Coefficient 1 ;

3° Un croquis coté d'une pièce. Durée : 3 heures. Coefficient 2 ;

4° Une interrogation (mécanique pratique, exécution de la pièce dont le candidat a fait le croquis, lecture d'un dessin). Durée : une demi-heure. Coefficient 1 ;

5° Une épreuve pratique. Durée : 10 heures. Coefficient 3.

2° Conducteurs de machines et chargés des réparations.

Partie électrique. — Même programme que pour les constructeurs, mais avec plus de détail sur les dynamos, les alternateurs et les moteurs à courant continu et à courant alternatif. — Schémas des enroulements et des connexions.

Ajouter : Déterminer une résistance à l'aide de l'ampèremètre et du voltmètre. — Recherche d'un court-circuit, de pertes à la terre. — Causes du mauvais fonctionnement d'une machine.

Notions sur les accumulateurs. — Recherche des fuites. — Survolteur.

Description des types de lampes à arc le plus souvent employés.

Pose des lampes à arc et des lampes à incandescence.

Installation et conduite des machines génératrices. — Couplage des dynamos, des alternateurs.

Tableaux de distribution. — Appareils de mesure. — Appareils divers ; leur rôle. — Schéma d'un tableau de distribution. — Signes conventionnels. — Marche du courant.

Conduite et entretien d'une machine à vapeur.

Partie mécanique. — Matières employées dans la construction des machines électriques : fers, acier, fonte, cuivre, bronze, laiton. — Propriétés et usages.

Conducteurs. — Matières isolantes.

Principaux outils à main de l'ajusteur et du tourneur.

Confection des burins et des outils du tourneur. — Trempe et affûtage.

Soudure. — Produits décapants et soudants. — Fer et lampe à souder. — Brasage.

Perçage au vilebrequin, à l'arçon, au fût à rochet. — Mèches, trempe et affûtage.

Perçage à la machine. — Description et emploi de la machine à percer.

Description sommaire et emploi du tour à crochet et du tour à charioter.

Emploi de l'étau-limeur.

Calcul arithmétique et tracé géométrique. — Programme des ajusteurs-mécaniciens.

Dessin. — Schéma d'un tableau de distribution très simple ou croquis d'un appareil de ce tableau.

Épreuve pratique. — Réparation d'un appareil de tableau, par exemple, d'un interrupteur, d'un disjoncteur d'un rhéostat.

Réparation d'une pièce simple de machine, comme ajustage de balais, confection d'une cage, d'un clavetage ; soudures défectueuses à revoir et à refaire.

Recherche d'un défaut de fonctionnement d'une machine et réparations.

Épreuves de l'examen. — 1° Une interrogation de 30 minutes sur la technologie (partie électrique et partie mécanique). Coefficient 1 ;

2° Un problème très simple d'arithmétique. Durée : 1 heure. Coefficient 1 ;

3° Un croquis coté d'un appareil de tableau ou un schéma de tableau. Durée : 3 heures. Coefficient 2 ;

4° Une épreuve pratique. Durée : de 6 à 10 heures. Coefficient 3.

3° Monteurs-électriciens.

Notions d'électricité industrielle. — Courant et circuit électrique. — Débit électrique; coulomb. — Intensité d'un courant ; ampère.

Force électromotrice et différence de potentiel ; volt.

Conducteurs électriques. — Résistance des conducteurs; ohm.

Loi d'Ohm.

Perte de charge dans les conducteurs parcourus par un courant.

Courants dérivés.

Définition et valeur des unités pratiques, mécaniques et électriques.

Puissance d'un courant.

Transformation de l'énergie électrique en énergie thermique. — Loi de Joule.

Piles électriques. — Constitution d'une pile. — Causes de l'affaiblissement du courant dans une pile simple. — Piles à dépolarisant liquide ou solide. — Piles le plus fréquemment employées, notamment en télégraphie et en téléphonie.

Couplage des éléments de pile. — Choix du couplage à adopter, suivant le cas.

Montage et entretien des piles.

Action chimique des courants électriques. — Décomposition de l'eau et des sels à l'état liquide.

Notions de galvanoplastie, de nickelage, de cuivrage, d'argenture.

Accumulateurs électriques. — Principe. — Matière active. — Charge et décharge. — Capacité. — Rendement.

Montage et entretien d'une batterie d'accumulateurs.

Du magnétisme. — Aimants artificiels. — Action d'un aimant sur un aimant.

Champ magnétique produit par les courants. — Solénoïde. — Électro-aimant. — Circuit et induction magnétique. — Noyau plongeur.

Importance de l'électro-aimant ; ses principales applications.

Appareils de mesure. — Ampèremètres, voltmètres et wattmètres; leur disposition sur les conducteurs.

Notions sur l'induction électro-magnétique. — Sens de la force électromotrice induite. — Loi de Lenz. — Courants de Foucault.

Bobine de Ruhmkorff.

Constitution d'un dynamo. — Inducteur ; induit. — Excitation de l'inducteur. — Excitation en dérivation, en série; excitation compound.

Induit en anneau ; induit en tambour. — Schémas d'enroulement de ces induits.

Production et captage du courant. — Collecteur et balais. Électromoteurs.

Mise en marche et conduite d'une dynamo.

Principe des alternateurs. — Inducteur, induit ; enroulement de l'induit. — Courant monophasé. — Courants triphasés.

Idée des moteurs à courant alternatif.

Couplage de dynamos, d'alternateurs.

Éclairage. — Lampes à arc et lampes à incandescence. — Montage. — Appareillage. — Interrupteurs, coupe-circuits, commutateurs.

Installation en vue de l'éclairage par courant continu. — Dynamo, batterie d'accumulateurs. — Survolteur. — Tableau.

Applications diverses des courants. — Sonneries électriques. — Installation de sonneries.

Principes de télégraphie. — Description d'appareils. — Installation d'un poste télégraphique.

Principes de la téléphonie. — Description d'appareils. — Installation d'un poste téléphonique.

Transport de l'énergie électrique, par courant continu, par courant alternatif. — Transformateurs. — Calcul et disposition des conducteurs. — Canalisations.

Montage des récepteurs. — Lecture d'un plan d'installation. — Précautions à prendre dans l'installation des fils et des récepteurs dans les appartements ou dans des usines ou ateliers.

Recherche des causes de mauvais fonctionnement d'une machine.

Courts-circuits. — Pertes à la terre. — Essais d'une ligne. — Procédés et appareils à employer.

Précautions à prendre pour éviter les accidents dus à l'électricité.

Secours à donner en cas d'accidents.

Outillage du monteur-électricien. — Étau, marteau, limes diverses.

Forge portative. — Bigorne, tas.

Pinces plates, pinces rondes, pinces coupantes.

Nécessaire pour la soudure et le brasage.

Outils de perçage et de taraudage.

Petit tour à crochet.

Calcul arithmétique et tracé géométrique. — Programme des ajusteurs-mécaniciens.

Dessin. — Schéma d'un tableau de distribution (cas simple) ou schéma d'un appareil de ce tableau.

Schéma d'une génératrice ou d'un moteur;

Schéma d'un transformateur;

Schéma d'une installation de sonnerie;

Schéma d'une installation téléphonique;

Schéma d'une installation très simple d'éclairage.

Épreuve manuelle. — Exécution d'épissures et soudures.

Installation simple d'appareils d'éclairage.

Réglage d'un arc.

Installation de sonneries.

Installation d'appareils téléphoniques.

Épreuves de l'examen. — 1° Une composition de technologie. Durée : 2 heures. Coefficient 1 ;

2° Un problème d'arithmétique et un tracé géométrique. Durée : 1 heure et demie. Coefficient 1 ;

3° Un croquis ou un schéma. Durée : 3 heures. Coefficient 2.

4° Une épreuve manuelle. Durée : de 6 à 10 heures. Coefficient 3.

EMPLOYÉS DE COMMERCE

(RÉSUMÉ DE PROGRAMMES DIVERS)

Arithmétique commerciale. — Pratique des quatre opérations sur les nombres entiers et décimaux, sur les fractions ordinaires.

Système métrique. — Grandeurs à mesurer. — Unités.

Opérations sur les nombres complexes.

Notions sur les rapports. — Règles de trois, de partages proportionnels, de société.

Règle d'intérêts. — Taux usuels. — Méthodes abréviatives de calcul.

Escompte. — Bordereau d'escompte.

Procédé de calcul mental et de calcul rapide.

Comptabilité. — Du commerce et des commerçants ; commerce de gros, de demi-gros, de détail ; commerce intérieur et extérieur ; importation, exportation, transit ; différentes sortes de commerçants.

Échanges et règlement des échanges : Achats et ventes ; monnaies ; effets de commerce ; opérations de banque.

Transports et entrepôts ; expéditions par terre, par eau, par chemin de fer. Postes et télégraphes.

Tenue des livres : Du compte ; différents comptes ; classification des comptes ; livres de commerce obligatoires, livres non obligatoires. Monographie d'une maison de commerce.

Géographie. — Étude physique et politique très sommaire des principaux pays du monde.

Étude générale des moyens de communication : chemins de fer, canaux et voies navigables ; grandes lignes maritimes ; ports importants.

Principaux produits : produits du sol et du sous-sol ; produits manufacturés. Centres industriels.

Exercices de détermination de lieux géographiques importants sur des cartes muettes.

Étude d'itinéraires d'après des indicateurs de chemin de fer.

Marchandises. — Étude des marchandises suivant la spécialité des candidats : origine, production, transformation, commerce, conditions d'expédition, de transport, d'échange ; causes d'altération ; les falsifications, moyens courants de les reconnaître ; débouchés principaux.

Avantages à faire ressortir pour faciliter la vente. — Présentation. — Étalage. — Soins à donner aux marchandises. — Tenue, attitude, correction et qualités du vendeur.

Sténographie, dactylographie. — Connaissance de la machine à écrire. Multiplicateurs divers. Taxes postales des lettres, imprimés, échantillons, etc. — Rédaction de lettres : termes, tournures et formules courantes. — Sténographie : Exercices d'entraînement.

Épreuves de l'examen. — 1° Épreuve d'écriture (ronde, bâtarde, cursive). Deux lignes de ronde, deux lignes de bâtarde à main posée. — Dix lignes environ de cursive (épreuve dictée afin d'obliger tous les candidats à la même vitesse). Durée : environ 20 minutes ;

2° Épreuve de correspondance commerciale : lettre ou sujet ayant trait au commerce. Cette épreuve est jugée au point de vue de la rédaction et de l'orthographe. Durée : 1 heure 1/2 ;

3° Épreuve d'arithmétique commerciale : Deux problèmes d'arithmétique. Durée : 2 heures ;

4° Épreuve de comptabilité (commerce et tenue des livres). Durée : 2 heures. Cette épreuve, obligatoire pour les comptables, est facultative pour les vendeurs, vendeuses, sténo-dactylographes ;

5° Interrogation sur le calcul mental. Durée : 10 minutes ;

6° Interrogation sur la géographie. Durée : un quart d'heure ;

7° Interrogation sur les marchandises. Durée : un quart d'heure ;

8° Épreuve facultative de langue étrangère (courte lecture et conversation). Durée : un quart d'heure ;

9° Épreuve de sténographie (sténographie d'un texte dicté, vitesse commerciale de 80 à 100 mots à la minute). Durée : 5 minutes (Épreuve obligatoire pour les sténo-dactylographes, facultative pour les autres catégories d'employés) ;

10° Épreuve de dactylographie (reproduction du texte sténographié à la machine à écrire). (Épreuve obligatoire pour les sténo-dactylographes, facultative pour les autres catégories d'employés.)

FERBLANTIERS. — PLOMBIERS. — ZINGUEURS

(ISÈRE)

Théorie. — Les matières premières employées en plomberie, ferblanterie, zinguerie ; leurs propriétés physiques ; leur résistance aux agents naturels ou artificiels. Éléments de géométrie et de géométrie descriptive appliqués. Développements et intersections. Technologie du métier : traçage, découpage, cintrage, emboutissage, agrafage, soudure.

Pratique. — Exercices de brasage, soudure, étamage, rivetage, emboutissage. Traçage et confection d'un objet de ferblanterie, plomberie, zinguerie, suivant la spécialité de l'élève, d'après croquis ou dimensions données.

EMPLOYÉS DE SOIERIE

(RHÔNE)

Théorie. — Notions élémentaires sur l'élevage des vers à soie. — Filature, ouvraison, conditionnement de la soie. — Calcul des matières nécessaires pour le tissage d'un mètre d'étoffe. Schappe, coton, laine. Origine de chaque matière, caractères, numérotage, formules.

Dévidage : de la grège, de la trame, de l'organsin, réglage ordinaire, réglage Grant.

Ourdissage à bras; ourdissage mécanique.

Cannelage : différents systèmes.

Lisses en coton, lisses métalliques.

Remettage : différents genres.

Armures fondamentales : dérivés, transposition des armures construction des armures pour métiers à droite et à gauche.

Analyse des tissus. Recherche des titres ou numéros des matières employées.

Description des mécaniques Jacquard, Vincenzi, Verdol.

Éléments de dessin d'ornement. Principaux styles.

Mise en carte. Lisage. Piquage des cartons. Rapport existant entre la carte, le lisage, la mécanique et le tissu. Montage d'un métier à tisser les étoffes façonnées. — Prix de revient des tissus. — Notions de teinture; teinture en flotte, teinture en pièces. Apprêts.

Pratique. — Mise en marche d'un métier à bras et de divers appareils annexes de tissage.

FONDEURS

(LOIRE)

Technologie. — Des fontes. — Composition et provenance. — Fontes les plus employées; qualités de chacune. — Mélange des fontes en vue d'un résultat à obtenir.

Sables. — Sables de diverses provenances; leurs qualités. — Mélange et préparation des sables; machines employées.

Noirs de fonderie et terres pour noyaux troussés.

Outillage du mouleur. — Châssis en fer, en fonte, en plaques. — Outils divers.

Moulage. — Moulage sur modèle en sable vert, en sable séché.

Modèles non démontables. — Modèles démontables. — Précautions à prendre pour sortir le modèle du moule. — Pièces battues.

Idée du moulage sans modèle.

Moulage au trousseau. — Explications suivant dessin ou croquis.

Noyaux. — Matières employées suivant la grosseur des pièces. — Confection et mise en place des noyaux.

Séchage des moules. — Étuve. — Température de séchage.

Fusion de la fonte. — Description sommaire d'un cubilot.

Allumage et conduite d'un cubilot. — Pression du vent. — Fondants, laitiers.

Coulées. — Evaluation à l'œil de la température de la fonte.

Poches de coulées. — Disposition des moules. — Trous d'air, évents; leur rôle. — Masselotte.

Précautions à prendre pendant la coulée.

Défauts que peuvent présenter les pièces coulées : soufflures, piqûres, dartres, reprises, gouttes froides. — Causes de ces défauts et précautions à prendre pour les éviter.

Défauts occasionnés par le retrait de la fonte : rupture, gauchissement, tassement et retirures. — Précautions à prendre pour les éviter.

Ébarbage des pièces de fonderie. — Essablage.

Moulage en fosse, en coquille; précautions à prendre dans les deux cas.

Pression exercée par la fonte à l'intérieur du moule.

Transport de la fonte liquide. — Grue, pont roulant à main et électrique.

Fonte malléable. — Propriétés et fabrication. — Four à recuire.

Acier. — Idée d'une fonderie d'acier.

Moulage. — Différence entre le moulage de la fonte et de l'acier.

Retrait. — Criques; comment les éviter.

Disposition des moules pour la coulée. — Masselotte; forme et dimensions.

Moulage du bronze, de l'aluminium et de l'antifriction.

Différences entre le moulage de la fonte et le moulage du bronze, de l'aluminium et des antifrictions. — Sables employés.

Fusibilité de ces métaux et alliages. — Oxydation. — Préparation d'une coulée.

Description sommaire des fours à bronze. — Fours à creusets à tirage naturel, à tirage artificiel. — Fours spéciaux au coke, au charbon, à l'huile lourde. — Avantages et inconvénients.

Température de coulée du bronze et de l'aluminium. — Moyens pratiques pour la reconnaître.

Sables verts et d'étuve. — Noirs à bronze. — Installation sommaire d'une fonderie.

Préparation des charges. — Conduite des différents fours. Brasage. — Désoxydants.

Pièces coulées en série.

Calcul arithmétique et tracé géométrique. — Pratique des quatre opérations sur les nombres entiers et décimaux. — Notions de système métrique.

Pratique des opérations sur les fractions ordinaires.

Quelques définitions géométriques et tracés. — Lignes, angle, circonférence.

Tracé de perpendiculaires et de parallèles.

Division, en parties égales et graphiquement, d'une ligne, d'un angle, d'une circonférence.

Triangle, carré, rectangle, parallélogramme, trapèze, cercle. Construction de ces figures et calcul des aires.

Principaux solides géométriques. — Définition et calcul des volumes.

Volume d'une pièce de forme très simple et calcul de son poids, connaissant la densité de la matière qui la compose.

Épreuves de l'examen. — 1° Une interrogation de 20 minutes sur la technologie. Coefficient 1;

2° Un problème d'arithmétique. Durée : 1 heure. Coefficient 1;

3° Un croquis coté d'une pièce de fonderie. Durée : 3 heures. Coefficient 2;

4° Une épreuve manuelle : moulage d'un modèle et coulée du moule obtenu. Durée : 10 heures. Coefficient 3.

FONDEURS DE CARACTÈRES

(MEURTHE-ET-MOSELLE)

Théorie. — Mesures typographiques et leur rapport avec le système métrique.

Poinçons et matrices.

Justification de matrices.

Description des principaux organes d'une machine à fondre. — Terminologie des différents organes des machines et des divers appareils employés dans la fonte des caractères.

Justification des lettres, leur hauteur, préparation des crans.

Alliages utilisés en fonderie. — Qualités ou défauts qu'apportent dans un alliage le plomb, l'antimoine, l'étain, le zinc.

Préparation des filets, des accolades, interlignes et des blancs entourant les pages.

Dangers des coliques de plomb, hygiène préventive, précautions à prendre contre les brûlures, premiers soins à donner.

Pratique. — Frapper et justifier une matrice. — Préparer des accolades sur une longueur donnée.

Monter une machine à fondre sur un corps donné.

Démontage de la machine à fondre.

FORGERONS

(LOIRE)

Technologie. — Notions sur les fers et les aciers : Propriétés ; qualités et défauts; usages. — Formes des fers et aciers du commerce. — Trempe de l'acier. — Aciers spéciaux pour outils.

Outillage d'une forge. — Description d'une forge, de l'enclume et des différents outils à main : marteaux à main, marteaux à devant, marteaux divers, tenailles, tranches à chaud et à froid, poinçons, chasses, dégorgeoirs, étampes.

Allumage et conduite du feu ; choix des charbons, qualités et provenances ; tuyères, ventilateurs; pression du vent.

Instructions diverses sur le chauffage et le forgeage du fer et de l'acier.

Gros outillage; étau à chaud, cisailles, machine à percer.

Travail à la main. — Poids maximum du métal qu'on peut travailler à la main. — Travail de l'acier et précautions à prendre pour en empêcher la dénaturation. — Nombre de chaudes suivant la pièce à forger. — Perçage à chaud et mandrinage.

Recuit des pièces finies.

Soudure. — Divers procédés de soudage : 1° à chaude portée en bout; 2° par amorce, refoulement et amorçage; 3° à gueule de loup; 4° par encollage à 90°.

Appréciation à l'œil de la température approximative du métal chaud.

Soudage de deux morceaux de fer, de deux morceaux d'acier.

Soudage du fer et de l'acier.

Acérage du fer pour outils.

Rôle des décapants.

Brasage. — Explication du brasage.

Trempe de l'acier. — Objet de la trempe. — Chauffage de la pièce à tremper.

Divers procédés de trempe. — Trempe à l'eau, à l'huile, au plomb fondu.

Recuit après trempe.

Forgeage, trempe et recuit des outils.

Essais pratique du fer et de l'acier. — Caractères auxquels on reconnaît les qualités du fer et de l'acier.

Cassure, grain, éclat.

Essais à froid, essais à chaud.

Gros outillage. — Marteau-pilon. — Marteau à courroie ou à planche. Description et usage.

Marteau-pilon à vapeur à simple ou double effet.

Marteau mécanique à frappe rapide.

Grue desservant une forge.

Outillage à main d'un marteau-pilon : tranches, gouges, dégorgeoirs, tasseaux, chevalets, tourne-à-gauche, clefs.

Presse à forger. — Avantages et inconvénients sur le marteau-pilon.

Four à réchauffer à tirage naturel, à vent forcé.

Calcul arithmétique et tracé géométrique. — Programme des fondeurs.

Dessin. — Croquis coté d'une pièce de forge simple et courante mise à la disposition des candidats (plan, élévation et coupes).

Épreuve manuelle. — Exécution d'un outil de forge ou d'une pièce mécanique telle que : étau à main, filière, levier coudé, manivelle, bielle, chape, etc.

Épreuves de l'examen. — 1° Interrogation sur la technologie. Durée : 20 minutes. Coefficient 1 ;

2° Un problème très simple d'arithmétique. Durée : 1 heure ;

3° Croquis coté. Durée : 3 heures. Coefficient 2 ;

4° Épreuve manuelle. Durée : 10 heures. Coefficient 3.

FOUDRIERS

(GIRONDE)

Théorie. — Notions de géométrie : tracé des courbes : cercles, ellipses, oves, ovales ; calcul des volumes : prismes, pyramides, cônes, troncs de cônes, corps ronds en général. Volume d'un foudre.

Essences de bois employés en foudrerie : qualités et défauts ; divers genres de vaisseaux ; détermination du bois nécessaire à la construction d'un vaisseau de type déterminé et d'un usage donné.

Cercles : métaux employés, qualités, défauts ; construction.

Calibres : clés, traçage, établissement de douelles, de fonds.

Outillage : jabloirs, rabots ronds, herminettes, chiens; emploi et entretien.

Pratique. — Établissement d'un foudre de capacité et de hauteur données. — Tracé des clés et calibres. — Construction d'un douil. — Établissement et fabrication d'une maie de pressoir.

FROMAGERS

(HAUTE-SAVOIE)

I. **Connaissances générales.** — Composition du lait de vache. — Les éléments du lait : matières grasses, caséine, lactose, cendres; propriétés de ces éléments, leurs proportions relatives (composition centésimale).

Lait de chèvre. Lait de brebis.

Propriétés du lait. — Action de la chaleur. Densité. Réaction (acidité).

Le colostrum. — Sa composition. Son rôle.

Influence de divers éléments sur la production du lait. — Individualité. Race. Période de lactation. Age. Régime. Alimentation. Espacement des traites. Travail.

Les microbes du lait. — Importance d'une rigoureuse propreté en laiterie. Ferments du lactose, de la caséine.

Altérations du lait. — Lait fraudé, malpropre. Lait bleu. Lait filant. Lait amer.

Analyse du lait. — Prise de l'échantillon. Détermination de la densité (lactodensimètre, correction de température). Dosage de la matière grasse (crémomètre, pratique de l'appareil Gerber). Détermination de l'acidité. Pratique de l'acidimètre. Degré d'acidité que présentent le lait sain, le colostrum, le petit-lait, la présure, l'aisy, la crème.

II. **Fabrication du gruyère.** — La fruitière moderne, emplacement, locaux. — Salle de réception. Chambre à lait. Salle de fabrication. Caves.

Matériel. — Pèse-lait, appareils de chauffage, chaudières, presses tranche-caillé, brassoirs, écrémeuses centrifuges, etc.

Fabrication, examen du lait, degré d'écrémage.

Caillette. — Choix, conversation, mode d'emploi.

Recuite. — Comment on l'obtient.

Aisy. — Caractères d'un bon aisy, mode de préparation, soins à lui donner.

Préparation de la présure. — Son essai.

Empresurage. — Température, durée. Modifications avec les laits gras, acides.

Décaillage. — Durée.

Brassage avant le feu. — Durée.

Brassage sur le feu. — Température.

Brassage après le feu. — Essai du grain.

Sortie du fromage. — Recherchon.

Moulage et pression. — Retournements.

Maturation. — Mise au séchoir, salage. Transport à la cave chaude. Lecture de l'hygromètre.

Défauts du fromage et moyens de les éviter. — Mille-trous, multiplié, gonflé, cuiteux, lainés unis et ouverts, éraillure, faux grains, gerçures, chancre, croûte rouge.

Travail du lait acide, du lait gras (fabrication d'Emmenthal).

Rendement du lait en fromage, beurre et sous-produits.

III. **Fabrication du beurre.** — Écrémage. — *a*) Écrémage naturel, conditions favorables (température, forme des vases).

b) Écrémage centrifuge. Différents types d'écrémeuses. Conditions de fonctionnement des écrémeuses : vitesse de rotation, influence du débit, température du lait. Comment on règle une écrémeuse.

Crème. — Crème douce et crème acide. Maturation de la crème, son ensemencement par les ferments lactiques.

Barattage. — Différents types de barattes. Conditions d'un bon barattage (température, durée).

Malaxage. — Salage du beurre, mise en moule, emballage.

IV. **Notions sur la comptabilité des fromageries.** — Carnet individuel. Journal de réception du lait. Livre de fabrication.

Contrats de vente du lait, des fromages.

V. **La porcherie.** — Engraissement du porc, rations diverses. Soins d'hygiène. Maladies.

GALVANOPLASTES

(MEURTHE-ET-MOSELLE)

Théorie. — Prise des empreintes. — Composition des flans. — Préparation de la gutta-percha, de la cire ou de l'ozokérite. — Plombaginage, mise au bain.

Doublage des coquilles. — Clichés ou galvanos cylindriques.

Machines-outils utilisées en clicherie et en galvanoplastie : fraiseuse, raboteuse, scie, biseauteuse.

Notions de chimie : Bains de cuivre, de nickel, d'acier. Les sels métalliques utilisés en galvanoplastie. Clichés de stéréotypie. Doublage des galvanos.

Précautions à prendre pour le maniement des acides, des produits inflammables et des produits toxiques. Brûlures, symptômes d'empoisonnement : soins à donner.

Pratique. — Préparation d'un flan. Prise d'une empreinte, cire. Doublage d'une coquille de cuivre. Montage d'un cliché sur bois.

GANTIERS

(ISÈRE)

Théorie. — Notions sommaires de mégisserie et de teinture. Classement des peaux. Règles à suivre dans le dolage, le dépeçage, l'étavillonnage. Les machines employées en ganterie : calibres, balanciers, machines à coudre, etc. Les fournitures accessoires : fils, soies, boutons, agrafes, etc.

Pratique. — Exercices de dolage. Exercices de dépeçage. Confection d'un gant suivant des indications données.

GANTIÈRES

(ISÈRE)

Théorie. — Types de couture appliqués à la fabrication du gant de peau. Machines employées pour chacune de ces coutures. Machines à double usage. Broderie et finitions diverses.

Pratique. — Couture à la machine d'une paire de gants. Exécution de nervures à 1, 2 et 3 aiguilles. Exécution de broderies au métier ou à la machine. Pose de bord. Boutonnières. Rivetage des boutons. Démontage et remontage d'une machine à coudre dite « surjeteuse ».

GILETIÈRES ET CULOTTIÈRES

(ISÈRE)

Théorie. — 1° Giletières. Pièces nécessaires pour confectionner un gilet. Tendages, rentrages, montage. Piquage. Essayage à bon. Repassage. Délustrage. Boutons et boutonnières ;

2° Culottières. Pièces nécessaires pour confectionner un pantalon. Cambrage, montage. Droits fils. Finition : repassage, délustrage. Boutons et boutonnières. Talonnettes. Notions de stoppage.

Pratique. — Exécution d'une partie de gilet ou d'une partie de pantalon, suivant la spécialité de l'apprentie.

GRAVEURS

(ISÈRE)

Théorie. — Calligraphie. Éléments de dessin linéaire. Dessin artistique et éléments de composition décorative. Les matières premières employées en gravures : pierres, métaux, bois. Les diverses espèces de gravures.

Pratique. — Exercice de gravure d'après un programme dicté ou d'après un modèle donné se rapportant à la spécialité du candidat (pierres, métaux ou bois).

HORLOGERS

(HAUTE-SAVOIE)

Fabricants de pignons. — *Théorie.* — Technologie des machines simples, semi-automatiques ou automatiques servant à la fabrication des pignons.

Vitesse de travail de ces machines.

Formes pouvant être données aux dentures des mobiles d'une montre.

Démontrer qu'un pignon dont le diamètre apparent est trop grand peut être en réalité trop petit.

Pignons sur acier cannelé et pignons sur acier plein (avantages et inconvénients de ces deux sortes de pignons).

Différents modes de fixage des roues sur leurs axes.

Lanternages. — Compas aux engrenages.

Compas de proportion (son inconvénient).

Détermination des grosseurs des mobiles d'engrenages.

Les machines à arrondir. — Défaut qu'une machine à arrondir ne peut corriger.

Avantages et inconvénients du taillage direct des roues.

Diverses sortes de fraises. Avantages des fraises à profil constant. Avantages des fraises Ingold (inconvénients).

Pratique. — Exécution complète d'une petite série de pignons rendus piqués et pivotés, et avec les roues rivées et arrondies.

Outilleurs et étampeurs. — *Théorie.* — Technologie des machines employées dans la fabrication de l'horlogerie.

Angles et vitesses de coupe des outils de perçage, taraudage, fraisage, etc...

Capacité de travail d'un balancier ou d'une presse à découper.

Pressions en kilogrammes nécessaires pour découper des pièces dont les dimensions sont données, ainsi que la nature du métal.

Diverses sortes de découpages.

Pratique. — Trempe et recuit.

Affûtages d'outils.

Exécution de matrices.

Exécution de plaques à pointer et de diverses autres pièces telle que jauge, calibre, etc...

Équipement et mise en état de marche d'une ou plusieurs machines simples, semi-automatiques ou automatiques.

Pivoteurs. — *Théorie.* — Outillage des pivoteurs. — Tours à lever les pivots, broches, burins, tours à pivoter, brunissoirs, dispositifs pour affûter les brunissoirs, molettes à polir les faces, dispositifs mécaniques permettant d'obtenir des pivotages réguliers.

Relation entre la longueur d'un pivot et son diamètre.

Poudres à polir.

Etant donné le diamètre d'un pivot terminé, à quel diamètre convient-il de le lever?

Pratique. — Exécution d'une série de pivots à portée plate faite au brunissoir.

Exécution d'une série de pivots à portée plate faite à la molette.

Exécution d'une série de pivots à portée rabattue, c'est-à-dire des pivotages de cylindres.

Exécution d'une série de pivots coniques pour pignons et axes d'échappements à ancre.

Exécution de pivots pour chronomètres de marine polis entièrement au rouge.

Horlogers. — Mécaniciens. — Techniciens. — *Théorie.* — Matériaux employés dans les appareils horaires et dans les outils et machines servant à la fabrication de l'horlogerie.

Machines employées dans la fabrication de montres.

Découpages. — Diverses sortes de découpages.

Capacité de travail d'un balancier ou d'une presse à découper.

Énumération des moyens propres à assurer l'interchangeabilité des pièces fabriquées en série.

Divers systèmes de remontoirs et de mise à l'heure.

Tracés de calibres et de partagements de rouages.

Croquis coté d'un modèle donné.

Procédés industriels pour la reproduction des dessins.

Calcul de rouages. — Engrenages d'horlogerie.

Détermination des diamètres des mobiles et des dimensions des diverses pièces d'une montre. — Principaux échappements.

Plan schématique de l'installation d'un atelier fabricant *n* ébauches de montres par mois.

Pratique. — Perçage, taraudage, creusage, fraisage, contournage, décolletage, trempe et recuit. — Exécution d'un bloc. — Exécution d'un bloc de matrices; plaques à pointer, plaques de travail, etc... Mise en état de marche d'une machine simple, semi-automatique ou automatique.

Repasseurs. — Remonteurs. — *Théorie.* — Diverses sortes de barillets.

Diverses sortes d'arrêtages.

Engrenages forts et engrenages faibles. Moyens de correction.

Technologie des échappements usuels.

Technologie des divers systèmes de remontoirs.

Formes des trous en rubis pour le rouage.

Formes des trous en rubis pour l'échappement.

Inconvénients des rubis trop épais sur le réglage.

Inconvénients des pivots trop gros sur le réglage.

Lubrifiants à employer pour les diverses pièces d'une montre.

Inconvénients d'une roue de centre mal plantée.

Inconvénients d'une roue de seconde mal plantée.

Pratique. — Repassage de barillets à poussette et à tirage.

Plantages de barillets et de pignons de centre.

Posages de remontoirs à poussette et à tirage.

Repassages et remontages de mouvements à cylindre.

Repassages et remontages de mouvements à ancre.

Horlogers. — Rhabilleurs. — *Théorie.* — Notions sur l'histoire de la mesure du temps.

Composition d'un appareil horaire, moderne, portatif et fixe. — Notions sur les engrenages.

Détermination des diamètres des mobiles.

Calcul de rouages. — Principaux échappements pour montres et horloges. — Notions sur le réglage de précision.

Lubrifiants pour pièces d'horlogerie. — Influence des huiles sur le réglage. — Pièces compliquées.

Mécanismes de sonnerie. Défauts le plus souvent relevés au cours des rhabillages des pièces ci-après : montres à cylindre; montres à ancre; pendules, horloges d'appartement; horloges de clocher, réveils, remontoirs et pièces compliquées.

Notions sur les applications de l'électricité à l'horlogerie.

Pratique. — Exécution de vis, pignons et axes pour montres de toutes grandeurs.

Reports de pivots.

Pose de spiraux plats et coudés.

Sertissages.

Exercices de limes.

Adoucissages et polissages d'acier.

Soudures d'argent et d'or.

Nettoyages de bijoux.

Rhabillages de pièces d'horlogerie dont les défauts ont été préalablement relevés par les membres de la Commission d'examen.

LINGÈRES

(LOIRE)

Technologie. — Étude de divers points de lingerie : points de côté, point glissé, point arrière, surjet, marque, point de fantaisie, point de boutonnière.

Pièces d'études : couture rabattue, ourlet, couture anglaise, montage de fronces, pose des boutons et attache de rubans, plis, jours, rouleautés et liserés.

Pratique de la machine à coudre.

Tracé, coupe et assemblage d'objets de layette : brassière, bavoir, couche-culotte, robe d'enfant.

Trousseau : chemise de jour, chemise de nuit, pantalon, cache-corset, jupon.

Arithmétique et tracé géométrique. — Programme des couturières.

Épreuves de l'examen. — Même examen que pour les couturières. L'épreuve pratique comporte un tracé de patron d'une pièce de lingerie et l'exécution partielle ou totale de cette pièce.

LITHOGRAPHES ET TYPOGRAPHES

(LOIRE)

1° Compositeurs-Typographes.

Technologie. — Caractères d'imprimerie. Principales familles de caractères.

Idée de la fonte des caractères. Alliage employé.

Outillage du compositeur.

Principales règles typographiques concernant la levée des caractères, l'espacement, la justification, les divisions, l'emploi des capitales, des italiques, la correction, etc.

Distribution ou désossage. Importance de l'ordre dans la distribution.

Point typographique.

Applications. — Composition de tableaux et de travaux de ville. Emploi des vignettes et des filets. Arrangement et distribution de ces travaux.

Composition du grec et de l'algèbre.

Composition et disposition des titres d'après manuscrit.

Dispositions de la composition en placards. Corrections des épreuves en placards.

Mise en pages. Imposition de tous les formats. Disposition des clichés dans la composition d'ouvrages scientifiques.

Travaux en plusieurs couleurs. Dédoublage des formes.

Lignes de labeur de luxe. Tableaux divers.

Calcul arithmétique et tracé géométrique. — Pratique des quatre opérations sur les nombres entiers et décimaux.

Notions de système métrique. Grandeurs à mesurer. Unités.

Anciennes mesures encore employées en typographie ; leurs valeurs en mesures métriques.

Pratique des opérations sur les fractions ordinaires.

Règle de trois.

Quelques définitions géométriques et tracés. — Lignes, angles, circonférence.

Tracé de perpendiculaires et de parallèles.

Division en parties égales d'une droite, d'un angle, d'une circonférence. — Construction de rosaces.

Raccordement d'une droite et d'un arc de cercle, de deux arcs.

Tracé de l'ellipse, de l'anse de panier, de l'arc rampant.

Triangle, carré, rectangle, parallélogramme, trapèze, cercle. — Construction de ces figures et calcul des aires.

Tracé de cadres.

Dessin. — Principes de dessin linéaire. — Application aux constructions géométriques se rapportant tout spécialement aux travaux qui se présentent en typographie.

Notions de dessin d'ornement. — Motifs employés en typographie, par exemple, dans la décoration d'un cadre.

Épreuve pratique. — Principaux genres de travaux typographiques : Composition d'un texte courant. — Correction, mise en pages et imposition. — Circulaires de sociétés, circulaires commerciales, in-8° ou in-4°. — Cartes d'adresse, têtes de lettre, factures in-8° ou in-4°, avec gris et tablature. — Emploi des vignettes. — Bordereaux de prix, affiches. — Couverture fantaisie ou simple d'une brochure.

Épreuves de l'examen. — 1° Une composition de technologie. Durée : 2 heures. Coefficient 2 ;

Cette épreuve de technologie sert aussi d'épreuve d'orthographe ; elle comporte donc deux notes : une note pour la technologie et une note pour l'orthographe. Le coefficient de chacune est 1 ;

2° Un problème d'arithmétique. Durée : 1 heure. Coefficient 1.

3° Une construction géométrique. Durée : 2 heures. Coefficient 1 ;

4° Une épreuve pratique. Durée : de 3 à 6 heures, suivant le sujet choisi. Coefficient 3.

2° Imprimeurs-typographes ou conducteurs de machines.

Technologie. — Machines d'imprimerie. — Description d'une pédale (Minerve, Victoria, etc.). — Nomenclature des pièces principales ; leur fonction. — Habillage de la platine ; marge, mise en train.

Description sommaire d'une presse mécanique. — Organes principaux ; leur fonction. — Habillage du cylindre. — Réglage et mise au point de cette machine.

Composition et usage des rouleaux. Encrage.

Composition et préparation des encres d'imprimerie.

Outillage individuel.

De l'imposition. — Calage des formes et des clichés.

Applications. — Travaux d'impression de registres. — Mise en train.

Tirage des clichés et galvanos.

Tirage en couleurs. — Précautions à prendre.

Tirage de photochromies (procédé des trois couleurs).

Tirage sur gravures.

Réglage du foulage et de l'encrage.

Calcul arithmétique et tracé géométrique. — Même programme que pour les compositeurs.

Notions très élémentaires de mécanique pratique. — Généralités. — Ce qu'on entend par force. — Mesure d'une force au moyen du peson à ressort.

Travail d'une force dans des cas simples; kilogrammètre.

Mouvement rectiligne uniforme et mouvement circulaire. — Vitesse en nombre de tours par minute dans le mouvement de rotation uniforme.

Mouvement accéléré et mouvement retardé.

Machines simples et mécanismes. — Des leviers. — Puissance et résistance — Conditions d'équilibre. — Trois genres de leviers — Quelques applications des leviers.

Poulie fixe et poulie mobile. — Conditions d'équilibre.

Poulies et courroies. — Calcul des vitesses et des diamètres.

Roues de friction et cônes de friction.

Engrenages cylindriques et engrenages coniques. — Calcul des vitesses et des diamètres.

Roue et vis sans fin. — Vis et écrou. — Crémaillère et pignon denté. — Rapport des chemins parcourus par la puissance et la résistance.

Bielle et manivelle. — Manivelle à coulisse.

Excentrique circulaire à collier.

Application de ces mécanismes dans la presse mécanique.

Cames. — Cames diverses et tracé. — Leur fonction.

Dessin. — Notions de dessin linéaire. — Construction de figures géométriques et tracés. — Croquis.

Épreuves de l'examen. — 1° Une interrogation de 20 minutes sur la technologie. Coefficient 1 ;

2° Un problème très simple d'arithmétique. Durée : 1 heure. Coefficient 1 ;

3° Une interrogation en mécanique pratique. Durée : 20 minutes. Coefficient 1 ;

4° Un croquis d'une pièce de machine. Durée : 3 heures. Coefficient 2 ;

5° Une épreuve pratique consistant dans la mise en marche et le réglage d'une machine pour un travail déterminé. Coefficient 3.

3° Clicheurs.

Technologie. — Programme se rapprochant sensiblement du programme de Nancy (voir plus haut).

Calcul arithmétique et tracé géométrique. — Programme des conducteurs de machines.

Dessin. — Programme des compositeurs-typographes.

Épreuves de l'examen. — 1° Une interrogation de 20 minutes sur le programme de technologie. Coefficient 1 ;

2° Un problème simple d'arithmétique. Durée : 1 heure. Coefficient 1 ;

3° Un croquis de pièce de machine. Durée : 2 heures. Coefficient 1 ;

4° Une épreuve pratique consistant en la confection d'un ou plusieurs clichés. Durée : de 4 à 6 heures. Coefficient 3.

4° Graveurs-lithographes.

Technologie. — Pierres lithographiques. — Provenance. — Qualités et défauts des pierres lithographiques. — Caractères d'une bonne pierre.

Préparation de la pierre. — Grainage, dressage et ponçage.

Crayons lithographiques. — Manière de tailler un crayon. — Préparation de la plume.

Exercices divers sur la pierre, au crayon et à la plume. — Emploi du grattoir.

Étude du calque. — Différentes façons de le transporter sur la pierre.

Notions de dessin. — Principes de dessin linéaire. — Constructions diverses se rapportant aux choses de la lithographie.

Règles pratiques de la perspective linéaire. — Mise en perspective de figures à deux dimensions, de solides géométriques, d'objets usuels simples.

Dessin industriel. — Plan, élévation, coupes.

Dessin à main levée à vue et à la plume. — Ombres et modelés par l'emploi des hachures.

Dessin des principaux genres de lettres. — Tracé de ces lettres.

Dessin de cartes géographiques. — Emploi des hachures, des courbes de niveau.

Dessin d'ornement à la plume et au crayon.

Motifs ornementaux géométriques; motifs ornementaux empruntés au règne végétal, au règne animal. — Étude de la plante. — Stylisation.

Notions sur les styles les plus employés.

Arrangements ou compositions en vue des applications à la décoration par la lithographie.

Anatomie artistique. — Proportions du corps humain.

Calcul arithmétique et tracé géométrique. — Programme des compositeurs-typographes.

Épreuves de l'examen. — 1° Une composition de technologie. Durée : 2 heures. Coefficient 1;

2° Un problème simple d'arithmétique et un tracé géométrique. Durée : 2 heures. Coefficient 1;

3° Un dessin d'ornement à la plume ou au crayon d'après une esquisse ou un sujet dicté. Durée : 3 heures. Coefficient 2;

4° Une épreuve pratique. — Exécution sur pierre d'un dessin donné. Durée : 6 heures. Coefficient 3.

4° Reporteurs-lithographes.

Technologie. — Outils à main du reporteur-lithographe. — Leur usage. — Nécessité de les tenir dans un état de grande propreté.

Presse à bras. — Description. — Préparation, disposition et calage de la pierre matrice. — Choix de la pierre.

Composition de l'encre à report. — Qualités d'une bonne encre.

Tirage d'épreuves. — Tracé. — Importance d'un bon tracé.

Choix du papier. — Papier « hydrochine », papier pelure, chine, etc.

Décalque et report. — Préparation de la pierre destinée à recevoir le décalque. — Causes des imperfections du report. — Nécessité d'une pierre bien poncée et parfaitement propre.

Opérations successives du décalque. — Décalque parfait.

Façon de traiter la pierre après le décalque.

Précautions à prendre pour l'encrage. — Nettoyage et retouches du report.

Léger décapage à faire subir à la pierre portant le report. — Comment on l'obtient. — Emploi de la résine et d'un mélange acide. — But de ce décapage.

Mise au point du report.

Emploi du zinc et de l'aluminium. — Préparation de ces plaques métalliques. — Difficultés que présente le report sur métal. — Procédés spéciaux à employer.

Calcul arithmétique. — Programme des compositeurs-typographes.

Notions très élémentaires de mécanique. — Étude des principaux mouvements qui se produisent dans la presse à bras.

Du levier. — Puissance, résistance. — Trois sortes de leviers.

Équilibre d'un levier.

Mécanismes divers qui se trouvent dans une presse à bras.

Dessin. — Notions de dessin linéaire. — Construction de figures géométriques. — Division en parties égales d'une ligne, d'un angle, d'une circonférence.

Croquis à main levée de pièces de la presse à bras.

Épreuves de l'examen. — 1° Une interrogation de 20 minutes sur la technologie. Coefficient 1;

2° Un problème simple d'arithmétique. Durée : 1 heure. Coefficient 1 ;

3° Une construction géométrique. Durée : 2 heures. Coefficient 1 ;

4° Une épreuve pratique. Durée : de 4 à 6 heures. Coefficient 3.

L'épreuve pratique peut comprendre, par exemple, la préparation d'une pierre; un tirage d'épreuves en gravure sur pierre ou en taille-douce ; une réduction ou agrandissement d'un dessin ; un report, une ou plusieurs couleurs, avec épreuve.

5° Conducteurs-lithographes.

Technologie. — Machines les plus fréquemment employées. — Description.

Nomenclature des pièces principales ; leur fonction.

Mise en place de la pierre. — Façon de la caler.

Habillage du cylindre.

Instructions sur la préparation et l'entretien des pierres.

Composition, préparation et emploi des encres, des vernis, bronzes et acides.

Rouleaux encreurs et rouleaux mouilleurs ; leur entretien. — Réglage de l'encrier.

Mise en train et réglage de la machine. — Précautions à prendre pendant le tirage.

Travaux de chromolithographie. — Préparation et mélange des couleurs suivant les tons qu'on désire obtenir.

Filage de la pierre.

Emploi des plaques de zinc et d'aluminium ; leur préparation.

Notions très élémentaires de mécanique pratique. — Programme des imprimeurs-typographes.

Calcul arithmétique et tracé géométrique. — Programme des compositeurs-typographes.

Dessin. — Notions de dessin linéaire. — Construction de figures géométriques et tracés. — Croquis.

Épreuves de l'examen. — 1° Une interrogation de 20 minutes sur la technologie. Coefficient 1;

2° Un problème simple d'arithmétique. Durée : 1 heure. Coefficient 1;

3° Un croquis d'une pièce de machine. Durée : 3 heures. Coefficient 2;

4° Une épreuve pratique. Durée : de 3 à 6 heures. Coefficient 3.

Cette épreuve consiste dans l'exécution d'un travail courant de conducteur : montage et préparation de la pierre, calage et mise en train, épreuves soit en noir, soit en une ou plusieurs couleurs, etc.

MAÇONS

(ISÈRE)

Théorie. — Matériaux employés en maçonnerie : les pierres dures, demi-dures et tendres; les sables; les chaux; les ciments. Technologie de l'outillage; les appareils à passer le sable, à brasser les mortiers, etc. Établissement des échafaudages. Notions très élémentaires de dessin linéaire et de géométrie : calcul des volumes. Lecture des plans. Étude et application pratique des cotes de nivellement.

Pratique. — Préparation d'un mortier. Édification d'un pan de mur ordinaire ou à parement; pose d'une pierre de taille. Construction d'une cloison de briques de couleurs diverses formant un ensemble géométral.

MARÉCHAUX FERRANTS

(ISÈRE)

Théorie. — Notions d'anatomie chevaline et bovine : la jambe et le pied; accidents et soins à donner. Les diverses espèces de fers et ferrages. Avantages et inconvénients. Les clous. Technologie du métier : les outils et appareils qui servent au ferrage; préparation du pied; précautions à prendre.

Pratique. — Notions de forge et d'ajustage. Confection et mise en place d'un fer, suivant des indications données.

MÉGISSIERS

(ISÈRE)

Théorie. — Différence entre la mégisserie et les autres procédés de tannage. Examen et classement des peaux pour les mégissiers. Manipulations des peaux : rôle et but de chacune des opérations. Comment reconnaître si un lot de peaux est suffisamment « habillé ». Matières employées en mégisserie.

Pratique. — Épilage d'une peau sur le chevalet de rivière. Écharnage d'une peau sur le chevalet de rivière. Palissonnage d'une peau sur une lame ardente.

MENUISIERS

(LOIRE)

Technologie. — Bois employés. — Propriétés. — Hygrométricité, dessiccation, retrait, gauchissement, gerçures.

Examen de la coupe d'un tronc d'arbre.

Débit des bois; dimensions habituelles des bois du commerce. — Conservation des bois en magasin.

Principales essences de bois; bois résineux, bois blancs.

Bois durs : Chênes de diverses provenances, châtaignier, hêtre, charme, platane, noyer, cerisier, poirier, etc.

Outillage du menuisier. — Établi, valet, presse.

Outils à main. — Outils à débiter; scies diverses.

Outils à corroyer; riflard, varlope, rabot.

Outils à creuser; ciseau, bédane.

Instruments de mesure et de traçage.

Outils d'assemblage.

Outils à moulurer.

Outils divers : vrilles, tarières, mèches, fraises; filières et tarauds.

Mise en état et entretien de l'outillage.

Préparation du bois à travailler. — Collage.

Principaux assemblages employés en menuiserie.

Description et tracé de divers objets de menuiserie : table ordinaire, table à rallonges, escabeau, marchepied, armoire, bibliothèque, vitrine.

Notions d'architecture applicables à la composition et à l'ornementation des meubles.

Outillage mécanique. — Scie à découper, scie à ruban, scie circulaire. — Affûtage des scies.

Machine à raboter, machine à mortaiser, machine à faire les tenons.

Machine à moulurer ou toupie.

Dangers des machines à bois. — Appareils protecteurs.

Menuiserie en bâtiment. — Portes, croisées, volets et persiennes.

Planchers, parquets et boiseries diverses.

Fronton, corniche.

Escalier. — Différentes parties d'un escalier. Principaux genres d'escaliers. Tracé.

Plafonds divers. Tracé.

Métrage des travaux de menuiserie. Établissement d'un devis.

Procédés de travail.

Calcul arithmétique et tracé géométrique. — Même programme que pour les ajusteurs.

Dessin. — Dessin à l'échelle d'un objet de menuiserie; ensemble et détail des assemblages.

Épreuve manuelle. — Exécution d'un assemblage ou d'une partie d'objet de menuiserie, d'après un dessin que les candidats reproduiront grandeur sur règle.

Épreuves de l'examen. — 1° Une interrogation de 20 minutes sur la technologie. Coefficient 1 ;

2° Un problème simple d'arithmétique et un tracé géométrique. Durée : 1 heure 1/2. Coefficient 1 ;

3° Dessin ou épure. Durée : 3 heures. Coefficient 2;

4° Épreuve pratique. Durée : 10 heures. Coefficient 3.

MEUNIERS

(LOIRE)

Technologie. — Notions générales sur les céréales. — Froment, seigle, avoine, maïs, riz, sarrasin. — Conservation et maladies.

Emmagasinage des grains. — Préservation contre les insectes.

Impuretés des grains : Ivraie, nielle, mélampyre, ergot, etc.

Mode de mesurage des grains.

Étude de la farine. — Composition : amidon, gluten, eau d'hydratation.

Séparation du gluten de l'amidon. — Poids du gluten.

Diverses sortes de farines. — Moyens de les reconnaître. — Épreuve de la blancheur des farines; appareil Pékar.

Mouture. — Mélange des grains et nettoyage.

Broyage. — Emploi des meules. — Rhabillage des meules.

Emploi des cylindres. — Cannelage des cylindres suivant passage.

Broyage rond. mi-rond, plat ou rapide.

Débit des meules et des cylindres.

Blutage. — Appareils employés. — Force et numéros des soies.

Sassage. — Différents modèles de sasseurs.

Convertissage. — Réduction des gruaux en farine.

Différentes sortes de mouture et mélange des produits. — Tirage et emballage. — Balances automatiques.

Description sommaire des machines ou appareils de mouture. Mise au point et entretien.

Issues des moutures : sons, recoupes et fleurages.

Idée des machines motrices.

Notions d'arithmétique. — Programme des boulangers.

Épreuve pratique. — Reconnaître les diverses moutures de blé, leur poids spécifique.

Extraction du gluten d'une farine.

Essai de farines avec l'appareil Pékar.

Rhabillage d'un rayon de meule.

Réglage de cylindres broyeurs et de convertisseurs pour mouture ronde ou mouture plate.

Réglage de ventilation d'un sasseur.

Épreuves de l'examen. — 1° Une interrogation de 20 minutes sur la technologie. Coefficient 1;

2° Un problème simple d'arithmétique. Durée : 1 heure. Coefficient 1 ;

3° Une épreuve pratique. Durée : 3 ou 4 heures. Coefficient 3.

MINEURS

(LOIRE)

Technologie. — Définition d'un combustible. — Houille. — Sa composition. — Densité. — Ses produits de distillation.

Idée de la formation de la Terre. — Terrain houiller. — Formation de la houille. — Formation marine, formation lacustre. — Fossiles.

Emplacement des gisements importants, en France, à l'étranger.

Accidents affectant les dépôts. — Failles, plissements.

Murs, toits; grès, grattes, argiles, schistes.

Charge des terrains. — Affaissements.

Gaz, grisou. — Eaux souterraines.

Recherches des gisements. — Affleurement (Loire). — Recouvrement par les morts-terrains (Nord). — Sondages.

Anticlinaux et synclinaux.

Puits. — Fonçage en terrain aquifère. — Congélation. — Cimentation. — Travers-bancs.

Exploitation. — Extraction. — Puits d'extraction. — Leur installation. — Idée des machines et des compresseurs.

Puits de service. — Leur installation. — Ventilateur, pompes. — Galeries d'accès, sondages.

Ferrage. — Galerie de traçage. — Plans inclinés. — Règlements. — Pose des voies. — Garages. — Embranchements.

Roulage. — Pose des poulies. — Roulage des berlines. — Graissage. — Treuils. — Balances. — Roulage mécanique.

Aérage. — Répartition du courant d'air. — Portes d'aérage. — Conduites d'aérage. — Toiles d'aérage; leur pose.

Éclairage. — Lampes de sûreté; leur principe. — Modèles en usage; leur entretien. — Recherche du grisou au moyen des lampes.

Explosifs. — Explosifs de sûreté. — Prescriptions concernant leur distribution et leur emploi.

Forage des trous. — Leur emplacement au rocher, au charbon.

Moyens de forage à la main.

Forage mécanique. — Perforatrices à air comprimé. — Marteaux perforateurs. — Marteaux piqueurs.

Abatage du charbon. — Abatage au chantier. — Production du grélage. — Moyens d'éviter les poussières. — Moyens de produire du charbon propre et classé. — Rejetage du charbon jusqu'à la benne.

Couloirs fixes, couloirs mobiles.

Méthodes d'exploitation. — Différents genres de tailles. — Tailles inclinées, chassantes, montantes. — Tailles horizontales. — Méthodes en couches minces, moyennes, puissantes.

Boisage. — Boisage des niveaux. — Boisage des chantiers. — Bois employés. — Coupe des bois. — Pose des bois suivant le sens de la charge des terrains. — Garnissage. — Boisages de secours.

Remblayage. — Nature des remblais. — Précautions contre les incendies. — Amenée des remblais en place. — Remblayage à la main. — Remblayage hydraulique.

Outillage du mineur. — Hache, pics, piquante, burin, massette.

Fer boiseur, pointerolle, coins ou carrots.

Spécification des ouvriers et des surveillants dans la mine. — Rôle des divers ouvriers. — Gouverneurs, sous-gouverneurs, boute-feu, cantonniers, rejeteurs, chargeurs, rouleurs, embrancheurs, freinteurs, enchaîneurs, encageurs, receveurs, boiseurs, mineurs, piqueurs.

Répartition des postes.

Répartition des équipes.

Salaires. — Mode d'établissement des salaires pour les diverses catégories. — Conventions, primes. — Travail à prix fait, en régie, à la tâche, entreprises. — Recrutement. — Embauche.

Idée des règlements concernant le travail dans les mines. — Dangers de la mine. — Éboulement. — Incendie. — Grisou. — Inondation.

Moyens de les éviter et prescriptions réglementaires.

Mesures de sécurité.

Moyens de combattre les feux.

Premiers secours aux blessés.

Médicaments usuels.

Maladies, enkylostomiase.

Épreuves de l'examen. — 1° Une interrogation de 20 minutes sur le programme précédent. Coefficient 1 ;

2° Lecture d'un plan de mine. Durée : 20 minutes. Coefficient 1;

3° Épreuve pratique. Durée : de 5 à 10 heures. Coefficient 3.

Cette épreuve peut porter sur :

L'entaille d'un bois pour un type de boisage déterminé;

La pose d'un embranchement de voie suivant un croquis coté;

Le travail à l'avancement d'une galerie;

Le forage d'un trou de mine, chargement, bourrage et tir.

MODELEURS

(LOIRE)

Technologie. — Bois employés.

Outillage du modeleur. — Établi, valet, presse.

Outils à main. — Outils à débiter, scies diverses.

Outils à corroyer : riflard, varlope, rabot.

Outils à creuser : ciseau, bédane, gouge.

Instruments de mesure et de traçage.

Outils d'assemblage.

Outils divers : vrilles, tarières, mèches, fraises; filières et tarauds.

Mise en état et entretien de l'outillage.

Préparation des bois à travailler. — Collage.

Outillage mécanique. — Scie à découper, scie à ruban, scie circulaire. — Affûtage des scies.

Machine à raboter.

Défonceuse.

Tour ordinaire. — Chariot.

Tour en l'air.

Affûtage et coupe des outils. — Vitesse à leur donner.

Dangers des machines-outils à bois. — Appareil de protection.

Du modèle. — Ce qu'est un mod[illegible] le fonderie.

Moulage d'un modèle. — Dépouille. — Retrait de la fonte et des autres métaux et alliages qu'on peut avoir à couler, tels que : acier, bronze, aluminium.

Matière à conserver pour l'usinage du métal.

Exécution des modèles. — Choix des bois suivant le cas.

Assemblages employés en modèlerie : tenon et mortaise, enfourchement, entailles à mi-bois, à tiers-bois.

Disposition à donner au bois en vue de mieux conserver les cotes principales.

Bossages. — Nervures.

Congés. — Congé indiqué au pinceau sur le modèle ou exécuté en bois dans le massif ou rapporté. — Congé en cuir.

Modèles sans boîte à noyau. — Modèle pris dans la masse.

Modèles démontables. — Montage des pièces qui les constituent. — Emploi des goujons et des vis.

Modèles en caisse, en douelles, en courbes (entretoises, tourteaux, traverses).

Modèles en carcasse.

Modèles à noyaux. — Portées. — Boîte à noyaux, boîte à galette. — Boîte montée en caisse, en douelles, en courbes.

Boîtes goujonnées en deux parties.

Précautions à prendre pour empêcher le déplacement des pièces du modèle et disposition à leur donner en vue de faciliter le travail du mouleur.

Planche à trousser ou trousseau. — Exécution de planches à trousser. — Montage du trousseau sur tourillons ou sur arbre.

Vernissage des modèles.

Calcul arithmétique et tracé géométrique. — Programme des ajusteurs. En outre : tracé de l'ellipse, et de l'ovale.

Développement d'un cylindre, d'un cône, d'un tronc de cône.

Cylindre et cône coupés par un plan oblique. — Développement des surfaces.

Intersection et développement de deux surfaces cylindriques, d'une surface cylindrique et d'une surface conique, de deux surfaces coniques.

Dessin. — Croquis coté d'une pièce de mécanique, ou dessin d'une pièce de fonderie extraite d'un dessin d'ensemble, ou encore épure d'intersection.

Épreuve manuelle. — Exécution d'un modèle d'après un dessin donné.

Épreuve de l'examen. — 1° Une interrogation de 20 minutes sur la technologie. Coefficient 1 ;

2° Un problème simple d'arithmétique et un tracé géométrique. Durée : 1 heure 1/2. Coefficient 1 ;

3° Croquis, dessin d'un modèle ou épure. Durée : 3 heures. Coefficient 2;

4° Épreuve pratique. Durée : 10 heures. Coefficient 3.

MODISTES

(ISÈRE)

Théorie. — Harmonie des teintes. Coiffure selon l'âge et l'esthétique. Formes en laiton et en sparterie. Coulissés en tulle ou en mousseline. Tendus de velours ou autres tissus. Reproduction de modèles. Rôle des apprêteuses, des garnisseuses. Tissus employés : velours, soies, dentelles; fleurs et fruits; plumes; fantaisies. Pailles, feutres, crins, crèpe, grenadine.

Pratique. — Exécution d'une forme en laiton, d'un coulissé et d'un tendu. Finition d'un chapeau d'après modèle. Création d'un chapeau.

OUVRIÈRES EN SOIERIES

(ISÈRE)

Théorie. — Les matières premières employées en soieries : soies, cotons (diverses espèces, moyens de les reconnaître) ; grosseurs employées. Les diverses opérations : dévidage, bobinage, ourdissage, tordage, empoutage, montage, tissage ; description des appareils employés ; précautions à prendre au cours de ces opérations. Les défauts de fabrication : moyens de les réparer.

Pratique. — Exécution d'une ou de plusieurs des opérations de la fabrication des tissus, suivant la spécialité de l'ouvrière.

OUVRIERS DES INDUSTRIES TEXTILES

(LOIRE)

1° Tisseurs (rubanerie).

Généralités. — Étude sommaire des principaux textiles.

La soie et le coton; leur ouvraison. — Titrage de la soie. Numérotage du coton. Schappe.

La laine. — Notions de filature. — Numéros des fils.

La soie artificielle. — Idée de sa fabrication. — Ses avantages, ses inconvénients.

Propriétés de ces principaux textiles. — Moyens de les distinguer.

Armures fondamentales. — Taffetas, sergé, satin et leurs dérivés simples.

Armures tubulaires à base taffetas. — Armures velours double pièce à poil de 2 et 4 planches. — Enfilages et cartes de ces armures.

Manière d'encroiser les chaînes, notamment dans les armures du premier genre. — Bon encroisage.

Moyen de déterminer le nombre de planches nécessaires à l'exécution des armures du premier genre.

Du rapport de l'enfilage avec le passage en peigne. — Règles générales concernant les enfilages.

Caractère général des rubans façonnés et des rubans brochés.

Historique : origine du tissage, son développement dans la région.

Description et fonctionnement des métiers à tisser le ruban. — Métier tambour. — Description sommaire de ce métier.

Transmission du mouvement à l'arbre principal et au battant.

Divers mouvements donnés à la chaîne, au battant et à la navette pendant un tour complet de l'arbre.

Transmission du mouvement aux planches. — Différentes cames employées dans le métier tambour. — Moyen de déterminer la hauteur des cames de commande des planches.

Transmission du mouvement de l'arbre principal au jeu de plateaux et au tambour.

Moyen de déterminer le nombre de dents de la roue d'un tambour et du pignon qui la commande.

Piquage d'un tambour.

Description sommaire du battant Preynat.

Différents modes d'enroulement : enroulement direct, enroulement par moufles, pressions, manchons piqués, etc.

Description et fonctionnement du régulateur et de la barre à manchons.

Description de la couronne et du ratelier.

Métier raquette. — Différence entre le métier raquette et le métier tambour.

Description sommaire de la raquette; son fonctionnement.

Transmission du mouvement à la raquette.

Transmission du mouvement de la raquette aux planches.

Évolution de la marchure, sa différence avec celle du métier tambour.

Description sommaire du battant Boivin, avec commande par marionnettes.

Avantages et inconvénients des battants Preynat et Boivin.

Métier velours double pièce. — Description des organes spéciaux au métier velours : banquine, battant, barre de soie, couronne, échelle, enfilage, manchons, régulateur.

Marchures.

Transmission du mouvement des plateaux aux planches pour le velours et pour le satin.

Métier Jacquard et battant brocheur. — Description générale du métier Jacquard. — Nomenclature de ses différents organes.

Description, avec schémas, des mécaniques Jacquard, Verdol et Vincenzi.

Transmission du mouvement de la mécanique à la chaîne. — Disposition de l'empoutage.

Description du battant brocheur 2 navettes. — Mouvement ascensionnel du battant. — Montages simples avec ou sans barre d'ascension.

Petite mécanique et sa commande.

Description du battant brocheur 6 à 8 navettes. — Marionnettes. — Ascensions diverses.

Métier épingle. — Description général du métier épinglé et de ses organes principaux. — Divers systèmes de banquines.

Mouvement ascensionnel du battant.

Partie pratique. — Étude des différents nœuds. — Épissures.

Exercices d'enfilage, à la passette sur tambour, Jacquard et velours. — Enfilage à l'aiguille.

Mise en train. — Disposition des chaînes sur le métier. — Encroisage, tordage.

Réglage des organes des différents systèmes de métiers.

Difficultés qu'on rencontre dans le tissage de certains articles : bordage, similinage, grippage, etc. — Moyens d'y remédier.

Exécution du tour anglais, par lisses tournantes, par culottes, par perles.

Croquis d'une pièce quelconque du métier.

Calcul arithmétique et tracé géométrique. — Pratique des quatre opérations sur les nombres entiers, décimaux et les fractions ordinaires.

Notions sur le système métrique. — Grandeurs à mesurer, unités. — Instruments de mesure. — Unités anciennes encore employées dans la fabrique. — Conversion de ces unités en unités métriques et réciproquement.

Règle de trois.

Quelques définitions géométriques. — Lignes, angles, circonférence.

Tracé de perpendiculaires et de parallèles.

Division en parties égales d'une droite, d'un angle, d'une circonférence.

Triangle, carré, rectangle, parallélogramme, trapèze, cercle. — Construction de ces figures et calcul des aires.

Construction d'un hexagone, d'un octogone.

Définition des principaux solides géométriques.

Notions très élémentaires de mécanique. — Généralités. Mouvement rectiligne uniforme ; vitesse. — Mouvement de rotation uniforme. — Vitesse en nombre de tours par minute. — Mouvement varié.

Ce qu'on entend par force. — Mesure d'une force au moyen du peson à ressort.

Travail d'une force dans des cas simples ; kilogrammètre.

Du levier. — Bras de levier. — Puissance et résistance. — Trois genres de leviers. — Équilibre d'un levier.

Idée des résistances de frottement et de roulement.

Etude de quelques machines simples et mécanismes : poulie fixe, poulie mobile.

Poulies et courroies. — Rapport des vitesses de la poulie menante et de la poulie menée.

Roues de friction et roues dentées. — Calcul des vitesses et des diamètres.

Bielle et manivelle. — Excentriques.

Cames diverses et tracé.

Dessin. — Notions de dessin linéaire. — Tracé des cames.

Dessin à main levée. — Croquis.

Épreuves de l'examen. — 1° Une interrogation de 20 minutes sur la technologie. Coefficient 1 ;

2° Une interrogation de 20 minutes environ sur la mécanique pratique. Coefficient 1 ;

3° Un problème simple d'arithmétique et un tracé géométrique. Durée : 1 heure 1/2. Coefficient 1 ;

4° Un croquis coté d'un organe de métier ou un tracé de came. Durée : 3 heures. Coefficient 2.

2° Dessinateurs de fabrique et metteurs en carte (rubanerie).

Partie relative à la mise en fabrique. — Matières textiles. — Principales matières textiles employées dans les tissus ; leur origine.

Titrage de la soie et du coton. — Organsin, trame. — Coton filé, retors.

Manière de distinguer la soie et le coton.

Généralités. — Description sommaire des principaux organes qu'on retrouve dans tous les métiers à tisser ; leur rôle. — Principe de la levée des fils en basse-lisse, en tambour, en Jacquard.

Rôle du peigne ; ses différentes portées et leur emploi judicieux.

Rendue. — Embuvage.

Rôle et mécanisme de l'encroisage. — Graphique de différents encroisages sur : une chaîne, deux chaînes par un ou deux fils ; trois chaînes par un ou deux fils ; quatre chaînes pour armures double face.

Emploi des uns ou des autres. — Reconnaître un bon encroisage.

Formation des ensouples, ordre des chaînes sur le métier.

Règles concernant les enfilages. — Nombre et ordre des planches.

Enfilage suivi, sauté, combiné, entrelacé.

Règles d'entrelacement des armures.

Emploi des crins et des défilés.

Définition du roquetin.

Définition du tour anglais.

Principales armures employées. — Armures simples : taffetas, luisant, côtelé, royale ; sergés simples et composés ; satins réguliers, irréguliers, merveilleux, satinette.

Armures diverses : armures tubulaires : taffetas, luisant, sergé, satin ; leur construction et leur emploi comme lisières. — Règles de bordage.

Armures entrelacées : ottomans, satin faille, satin toile ; disposition réciproque des chaînes.

Armures double face et bicolores : taffetas, satins.

Velours et peluches découpés à la main.

Épinglés une et deux chaînes. — Velours épinglé : carte et schéma.

Velours envers toile (4 planches), carte et schéma.

Velours envers satin (2 planches) ; enfilage, carte et schéma.

Passementeries. — Boucles et franges par trame. — Piquage par crins et par défilés.

Luisant tissé par un roquetin, entrées par 2 ou par 4 coups.

Boucles et franges par roquetins. — Piquage par crins et par défilés.

Ame lisière formant boucles.

Engrêlures simples et alternées. — Frange panier.

Roquetins pincés ; principes de pomponnette. — Grilles par coups perdus. — Fausses perles, chaîne et trame.

Tour anglais par lisses tournantes, par perles, par lisses à culotte.

Mise en carte. — Principes. — Règles. — Choix du papier de mise en carte.

Mise en carte de façonnés.

Mise en carte de brochés, 4 ou 5 navettes, avec indication des points de fabrique.

Ordre des navettes.

Enlaçage.

Allonges, demi-coups, arrêts, liages.

Principe du lisage.

Calcul arithmétique et tracé géométrique. — Programme des tisseurs.

Dessin. — Construction de figures géométriques employées dans la décoration. — Application de la spirale dans les enroulements.

Quelques courbes empruntées au règne végétal. — Applications ornementales.

Étude, d'après plâtres, de motifs de décoration : feuilles, fleurs, fruits, culots, rosaces, palmettes, rinceaux, chutes...

Étude de la plante d'après nature. — Stylisation. — Application à la composition décorative.

Quelques motifs de décoration empruntés au règne animal : oiseaux, papillons.

Emploi et harmonie des couleurs.

Notions très élémentaires sur les styles français.

Épreuves de l'examen. — 1° Une composition de technologie. Durée : 2 heures. Coefficient 1 ;

2° Un ou deux problèmes d'arithmétique. Durée : 1 heure 1/2. Coefficient 1 ;

3° Une composition ornementale. Durée : 3 heures. Coefficient 1 ;

4° Une analyse d'échantillons avec passage, note d'ourdissage et indication des matières employées. Durée : 3 heures. Coefficient 2 ;

5° Une mise en carte. Durée : 10 heures. Coefficient 3.

3°. Tisseurs (cotonnade).

Généralités sur les textiles et le tissage. — Le coton. — Conditions publiques des matières textiles. — Titrage du coton filé et retors.

Formules pour trouver le poids de coton en chaîne et en trame pour 1 mètre de tissu.

Nombre de flottes, cordes, mateaux pour un poids déterminé de coton suivant les numéros.

Remettages. — Définition des remettages. — Différents genres : suivi, à retour, en plusieurs corps, interrompu, amalgamé, combiné.

Armures fondamentales. — Taffetas, sergés, satins.

Description et fonctionnement des métiers à tisser la cotonnade. — Description du métier ordinaire. — Bâti. —

Arbre. — Transmission du mouvement. — Lancement de la navette. — Chasse horizontale. — Chasse verticale.

Battant, peigne fixe, peigne mobile.

Casse-trame. — Embrayage, frein.

Régulateurs, systèmes Honnegger et Diéderichs. — Déroulement de l'ensouple par friction et par mécanisme de compensation.

Métiers à plusieurs navettes et à boîte montante, système Honnegger et Diéderichs, à boîte rotative (revolver).

Navettes. — Templets.

Foulée. — Différents pas : pas ouvert, pas mixte, pas fermé.

Excentrique taffetas (tracé) et excentrique de quelques sergés (tracé). — Mécanisme pour fil doublé (4 et 1).

Armures. — Mécanique ratière Nuyts. — Mécanique Scheling et Staübli.

Jacquard. — Étude de la mécanique type.

Mécanique Vincenzi.

Mécanique Honnegger à grande vitesse, 1 cylindre et à 2 pas.

Mécanique Perrin et Perrault grande vitesse, 2 cylindres et à 2 pas.

Mécanique Verdol.

Montage d'un corps. — Différents empoutages, colletage, pendage, appareillage.

Métiers spéciaux. — Pic à pic. — Northrop et automatique 4 navettes.

Description sommaire des différentes machines préparatoires. — Pelotonnoir, canetière systèmes Ryo et Diéderichs, moulineuse, ourdissoir ordinaire et sectionnel.

Pareuse, encolleuse.

Partie pratique. — Nœud du tisserand. — Tors.

Ourdissage d'une chaîne de l'ourdissoir sectionnel, e des rouleaux de parage à l'ourdissoir ordinaire.

Piquage des lisses et du peigne pour tissus taffetas, sergé, satin et armures jusqu'à 16 lames.

Montage et réglage du métier de démonstration.

Montage des chaînes. — Principaux défauts qui peuvent se produire. — Correction de ces défauts.

Croquis coté d'une pièce de métier.

Calcul arithmétique et tracé géométrique. — Pratique des quatre opérations sur les nombres entiers, décimaux et les fractions ordinaires.

Notions de système métrique. — Instruments de mesure. — Unités anciennes encore employées dans la fabrique. — Conversion de ces unités en unités métriques et réciproquement.

Règle de trois.

Quelques définitions géométriques. — Lignes, angles, circonférence.

Division en parties égales d'une droite, d'un angle, d'une circonférence.

Construction d'un triangle, carré, rectangle, parallélogramme, trapèze, cercle. — Calcul des aires. — Construction d'un hexagone, d'un octogone.

Notions très élémentaires de mécanique. — Du mouvement. — Mouvements rectiligne et de rotation uniformes. — Vitesse en nombre de tours par minute dans un mouvement de rotation.

Quelques machines simples et mécanismes. — Leviers ; puissance, résistance ; trois genres de leviers.

Poulies et courroies. — Rapport de vitesse entre la poulie menante et la poulie menée.

Roues de friction.

Roues dentées. — Calcul des vitesses et des diamètres.

Vis sans fin.

Courroies ; calcul de leur largeur.

Épreuves de l'examen. — 1° Une interrogation de 20 minutes sur la technologie. Coefficient 1 ;

2° Un problème simple d'arithmétique et un tracé géométrique. Durée : 1 heure et demie. Coefficient 1 ;

3° Un croquis coté d'un organe de métier ou un tracé de came. Durée : 3 heures. Coefficient 2 ;

4° Une interrogation de 20 minutes sur la mécanique pratique. Coefficient 1 ;

5° Une épreuve pratique. Durée : 3 heures. Coefficient 3.

4° Dessinateurs de fabrique et metteurs en carte (cotonnade).

Partie relative à la mise en fabrique. — Principales matières textiles employées dans les tissus ; leur origine. — Soie, coton, laine, lin, chanvre, ramie, etc.

Manière de les distinguer.

Coton. — Titrage du coton. — Coton filé, coton retors ; titre.

Formule pour trouver le poids de trame ou de chaîne employé dans un mètre de tissu.

Nombre de flottes, cordes, mateaux pour un poids déterminé de coton suivant les numéros.

Quantité de coton à mettre en teinture pour l'exécution d'une commission.

Opérations diverses. — Dévidage, canettage, ourdissage, parage.

Note d'ourdissage, de passage à la lisse et au peigne, tramage, cartons de boîte.

Recherche du nombre de fils et de duites, du numéro de la matière ; son poids.

Prix de revient.

Remettages. — Notions sur les remettages.

Principales armures employées. — Armures fondamentales. — Taffetas, sergés, satins.

Armures dérivées. — Reps. — Cannelés, nattés. — Chevrons chaîne et chevrons trame. — Losanges. — Règle de formation des satins carrés, losanges et diagonaux. — Satins irréguliers.

Armures secondaires. — Casse-tête, fondus, armure dentelle, armures par juxtaposition et superposition.

Armures sans envers. — Armures à plusieurs chaînes et plusieurs trames.

Accrochages chaîne et trame; visibles et invisibles.

Notions sommaires sur les velours et les gazes.

Mise en carte. — Choix et calcul du papier de mise en carte.

Définition de la mise en carte. — Principe. — Règles.

Arrêtage libre et arrêtage taffetas.

Recherche du nombre de crochets à employer pour un dessin projeté.

Différents genres de mise en carte. — Mise en carte tout pointé, plaquée, par analyse, par translatage.

Décomposition et composition de tissus dans le genre de la fabrication roannaise.

Partie pratique. — Même programme que pour les tisseurs.

Dessin. — Construction de figures géométriques appliquées à la décoration.

Dessin d'ornement. — Quelques courbes empruntées au règne végétal; leur application.

Dessin d'après plâtres (fleurs, feuilles, rosaces, rinceaux, etc.).

Étude de la plante d'après nature, stylisation, son application dans le dessin de tissage.

Harmonie des couleurs.

Épreuves de l'examen. — 1° Une composition de technologie. Durée : 2 heures. Coefficient 1;

2° Un ou deux problèmes d'arithmétique. Durée : 1 heure et demie. Coefficient 1 ;

3° Exécution d'une mise en carte d'après données. Durée : 5 heures. Coefficient 2 ;

4° Une analyse de deux échantillons de difficulté différente. Soit : le premier un échantillon d'armure, et le deuxième un échantillon de Jacquard. Pour les deux, on donnera toutes les indications nécessaires à leur exécution. Durée : 4 heures. Coefficient 3.

5° Teinturiers (soie et coton).

Notions élémentaires sur les matières employées. — Eau ordinaire. — Eau oxygénée. — Chlore et acide chlorhydrique. — Acide azotique. — Gaz sulfureux. — Acide sulfurique. — Ammoniaque. — Acide acétique.

Emétique. — Tartre. — Bichromate de potasse. — Tannins.

Bichlorure d'étain. — Phosphate et silicate de soude. — Soude caustique. — Carbonate. — Sulfate et nitrite de soude. — Savon.

Peroxyde de sodium. — Sulfure de sodium. — Permanganate de potasse. — Bisulfite de soude.

Principes servant de base aux procédés de teinture suivants : Couleurs d'alizarine sur soie, laine et coton.

Teinture de la laine en bain acide.

Teinture du coton par les couleurs diamines et les couleurs sulfines.

Teinture du coton par les couleurs basiques, par diazotage.

Différents procédés de teinture de la soie naturelle et des soies artificielles.

Charge des soies. — Similinage du coton.

Application de ces procédés aux substances suivantes : Soie, coton, laine, tussah, schappe, soies artificielles, crin, rubans, lin, chanvre, ramie, jute.

Tresses de paille et de bois.

Feutre. — Plumes. — Cuir.

Fleurs artificielles. — Fourrures.

Teinture en indigo et en noir d'aniline.

Épreuves de l'examen. — 1° Une interrogation de 20 minutes environ sur les matières du programme. Coefficient 1 ;
2° Une épreuve pratique consistant en un ou deux essais de teinture sur soies ordinaires, soies chargées, coton, laine, rubans, soies artificielles. Durée : 6 heures. Coefficient 3.

6° Monteurs de métiers et chefs de fabrication (fabrication des lacets).

Textiles. — Matières premières employées dans la confection des tresses.

Coton. — Idée des opérations de la filature du coton. — Numérotage du coton. — Prix moyen.

Laine. — Quelques variétés importantes pour le lacet. — Mohairs, alpagas.

Soies naturelles. — Principes de filature. — Propriétés essentielles des soies. — Conditionnement.

Soies européennes et soies asiatiques.

Titrage légal. — Titrage en deniers. — Valeurs de la soie.

Soies artificielles. — Principe de la fabrication.

Défauts et qualités. — Emplois. — Prix moyen.

Apprêts. — Différentes sortes d'apprêts qu'on peut faire subir aux textiles après filature.

Idée de la teinture.

Montage et fabrication. — Établissement du plan d'un métier. — Construction du bâti. — Tournage des arbres. — Confection des pattes. — Mise en place et montage.

Machines préparatoires de la fabrication des tresses. — Dévidage et doublage. — Bobines ou cannettes. — Fuseaux du métier en bois et du métier en fer. — Pompes. — Rôle du fuseau. — Accessoires. — Outillage secondaire.

Classification des tresses : lacets, tubes, dentelles. — Principales mailles employées.

Différentes sortes de métiers. — Métiers en bois, en fer. — Organes principaux. — Vitesse habituelle des fuseaux. — Ames.

Description d'un métier à lacet ordinaire de 49 fuseaux. — Nombre de poupées. — Formules d'établissement. — Décomposition du lacet pour la fabrication. — Serrage. — Côtes. — Numéros des métiers. — Battant. — Vitesse de la pilette. — Arbre. — Volume des poupées. — Pattes.

Modifications à faire subir à un métier ordinaire pour le transformer en un métier damier ou en un métier milanais.

Retours. — Transformations à faire subir au métier ordinaire pour obtenir le métier à retour. — Exemples de quelques combinaisons sur un 65 fuseaux.

Variétés de métiers ordinaires : métiers Rafer, métiers Sarron. — Avantages de ces métiers. — Vitesse du fuseau.

Métiers cordons. — Métiers carrés. — Marche des fuseaux. — Métiers à taquets. — Articles obtenus.

Soutache. — Décomposition et analyse de la fabrication. — Vitesse du fuseau et de la pilette. — Torsion des fils et des âmes. — Bec. — Emploi des soutaches.

Serpentine. — Différents genres. — Pompe. — Bec. — Exemples sur un 33 fuseaux.

Opérations complémentaires. — Remontage des métiers. — Références. — Gazage. — Repassage. — Articles spéciaux. — Balayeuses.

Principe du métier balayeuse.

Métier Radium. — Principe du Jacquard. — Mise en carte. — Perçage des cartons. — Mise en place sur le Jacquard.

Dentelles. — Principe du métier à dentelles. — Bandes et fils. — Organes principaux d'un métier dentelles 16 bandes 2 fils. — Mise en carte. — Fabrication.

Calcul arithmétique et tracé géométrique. — Pratique des quatre opérations sur les nombres entiers et décimaux.

Notions de système métrique.

Pratique des opérations sur les fractions ordinaires.

Règle de trois.

Quelques définitions géométriques : lignes, angles, circonférence.

Tracé de perpendiculaires, de parallèles.

Division en parties égales d'une droite, d'un angle, d'une circonférence.

Triangle, carré, rectangle, parallélogramme, losange, trapèze. — Construction de ces figures et calcul des aires. — Construction d'un hexagone, d'un octogone, de rosaces.

Notions très élémentaires de mécanique. — Organes de transformation de mouvements les plus employés. — Courroies. — Calcul des vitesses. — Montage d'une courroie. — Agrafes, collage, lanières, etc. — De l'avantage à donner aux courroies une grande vitesse linéaire.

Engrenages cylindriques. — Rapport des vitesses. — Définitions et usage. — Exercices. — Avantages résultant de la taille des engrenages.

Engrenages coniques.

Roue et vis sans fin. Rapport des vitesses.

Cames. — Importance des cames dans les métiers à lacets. — Emploi des rainures. — Application aux dévidages.

Installation d'une transmission. — Précautions à prendre. — Exemple de commande d'un menard par courroie demi-croisée. — Emplacement des poulies.

Dessin. — Croquis cotés de pièces de machines.

Épreuves de l'examen. — 1° Une composition de technologie. Durée : 2 heures. Coefficient 1 ;

2° Un problème simple d'arithmétique et un tracé géométrique d'exécution facile. Durée : 2 heures. Coefficient 1 ;

3° Une interrogation d'une durée de 20 minutes sur les principes de mécanique. Coefficient 1 ;

4° Un croquis coté d'une pièce de métier. Durée : 3 heures. Coefficient 2 ;

5° Une épreuve pratique. Durée : 10 heures. Coefficient 3.

Cette épreuve consiste : pour les monteurs et aides-monteurs, en l'exécution d'une pièce du métier, d'après un bleu; pour les chefs de fabrication, en l'exécution de deux articles de lacets, soit : 1° un échantillon sur métier en bois, d'après les données habituelles ; 2° un article conforme à un échantillon donné sur métier Radium ou métier de dentelles avec mise en carte.

PAPETIERS

(ISÈRE)

Théorie. — Les matières employées en papeterie : chiffons, pâtes de bois diverses et succédanés. Les substances servant à la fabrication : potasses et soudes ; chlorures décolorants; les résines et les colles diverses; les produits colorants. Technologie de la fabrication : description des appareils employés : lessiveurs, piles, machines à papier, calandres, etc. Les diverses espèces de papier, moyens de les reconnaître ; les formats usuels.

Pratique. — Préparation d'une lessive, d'un encollage, d'une coloration. Classement par catégories d'une collection de papiers d'espèces différentes. Conduite d'une opération de papeterie.

PATISSIERS

(LOIRE)

Matières premières. — Blés et farines. — Diverses qualités. — Moyens pratiques de les reconnaître. — Pays de production.

Sucres. — Sucre de betterave et sucre de canne. — Propriétés. — Différentes sortes de sucres.

Valeur marchande du sucre.

Cuisson du sucre : filé, morve, petit cassé, gros cassé, caramel.

Beurre et ses succédanés. — Oléo-margarine, graisse végétale et animale.

Lait, œufs, fruits frais. — Principales fraudes dont le lait est l'objet.

Fruits secs. — Amandes, noisettes, pistaches. — Différentes espèces et prix.

Matières exotiques. — Vanille, cacao, café, thé. — Pays de production. Droits divers qui grèvent le prix de ces produits.

Divers. — Champignons frais et de conserve, cèpes, morilles : provenance et traitement.

Glace. — Glace fabriquée et glace naturelle. — Quelques mots sur l'industrie frigorifique; ses bienfaits. — Application à la chocolaterie.

Pâtes ordinaires. — Pâte feuilletée ou feuilletage. — Caractère de cette pâte.

Pâtes diverses. — Pâte brisée ou pâte à pâte. — Pâte sucrée — Pâte sèche.

Composition et confection des pâtes. — Tenue des pâtes au four.

Pâtes dites à biscuits. — Pâtes montées. — Pâtes montées à froid ou sur le feu.

Blancs d'œufs montés. — Comment on les traite suivant qu'on agit sur des œufs frais ou des œufs de conserve.

Pâtes d'amandes. — Massepains, petits fours. — Effet du sucre dans ces pâtes. — Cuisson.

Petits fours. — Petits fours secs, petits fours glacés et caramelés.

Glaces et sorbets. — Fabrication.

Appareils en usage. — Fours à chaleur continue et à bois.

Broyeuses. — Force motrice.

Notions sur la fabrication du chocolat.

Fondants. — Pâtes d'amandes au sucre cuit.

Notions de confiserie.

Couverture chocolat. — Emploi. — Principaux bonbons trempés.

Propreté. — Nécessité d'une grande propreté dans le travail.

Prix de revient d'un gâteau.

Arithmétique. — Programme des boulangers.

Dessin d'ornement. — Principales figures géométriques qui peuvent être employées dans la décoration d'un gâteau. — Lignes, triangle, carré, rectangle, parallélogramme, trapèze, cercle. — Construction de ces figures.

Division en parties égales et à vue d'une droite, d'un angle et d'une circonférence. — Construction de l'hexagone, de l'octogone, de polygones étoilés, de rosaces diverses; de grecques, entrelacs, rinceaux. — Application de ces figures géométriques à la décoration.

Quelques motifs de décoration empruntés au règne végétal : tige, feuilles, fruits. — Stylisation et applications.

Quelques motifs de décoration empruntés au règne animal : papillon, libellules... Silhouettes d'animaux et de la figure humaine.

Épreuve pratique. — Confection et décoration d'un gâteau.

Préparation d'une pâte et confection de toute autre pièce de pâtisserie.

Épreuves de l'examen. — 1° Une interrogation de 20 minutes sur la technologie. Coefficient 1 ;

2° Un problème d'arithmétique qui pourra être un calcul de prix de revient. Durée : 1 heure et demie. Coefficient 1 ;

3° Un dessin d'ornement à main levée en vue de la décoration d'une pièce de pâtisserie. Durée : 2 heures. Coefficient 2;

4° Une épreuve pratique. Durée : 4 heures. Coefficient 3.

PEINTRES EN BATIMENTS ET DÉCORATEURS

(ISÈRE)

Théorie. — Éléments de dessin linéaire. Dessin d'ornement et éléments de composition décorative. Notions sur les styles principaux; caractères distinctifs. Les matières employées en peinture : propriétés, dangers, précautions à prendre. Technologie du métier : tracés, préparation des teintes, leur emploi; filets, lettres, faux-bois, dorures, glacés, vernis, etc.

Pratique. — Exécution, sur papier, d'un projet de décoration d'après programme donné, suivant la spécialité de l'apprenti. Exécution réelle sur panneau ou sur mur d'une partie du projet précédent.

PEINTRES EN VOITURES

(GIRONDE)

Théorie. — Caractéristiques des divers types de véhicules : coupés, landaus, milords, omnibus, breaks, voitures de chemins de fer de diverses classes, autos, etc.

Diverses parties de véhicules : caisse, train.

Couleurs : leur désignation, solidité relative, valeur relative ; usage ; essence de térébenthine, essence minérale ; emploi, décapage ; huile de lin, huile cuite.

Préparation : détrempe à l'huile, au vernis, à la colle d'or ; peinture maigre, demi-grasse, grasse, emploi.

Impression : sur fer, sur bois, sur cuir, ponçage au papier.

Apprêts : français, anglais ; préparation ; emploi ; avantages et inconvénients de chacun d'eux ; précautions à prendre pour coupés garnis de cuir.

Enduits : préparation ; emploi ; précautions à prendre.

Masticage : préparation et opération sur des trains de couleurs diverses ; polissage ; précautions à prendre.

Raccords. — Réchampissage. — Lettres : différents types.

Peintures diverses : peinture à l'huile, vernissée, laque ; avantages et inconvénients. — Vernis : choix, application, coupage.

Pratique. — Train brut : opérations nécessaires à sa préparation. — Train en cours d'exécution : opérations de finissage. — Panneau de tôle noire : le nettoyer, l'apprêter, le mettre à point pour recevoir une couche de laque. — Panneau avec encadrement (bois de nature différente) : lui faire subir toutes les opérations de préparation et vernissage jusqu'au lustrage.

PHOTOGRAVEURS ET SIMILIGRAVEURS

(Photographes, retoucheurs, graveurs à l'acide).

Théorie. — *Pour les trois catégories :* Notions sur les métaux employés en gravure : le zinc, le cuivre. — Notions sur les mesures typographiques et les formats usuels de papiers. — Dessin linéaire et dessin d'ornement.

Pour les photographes : Notions sur les propriétés et sur les dangers des principaux produits chimiques utilisés en photographie. — Soins hygiéniques nécessaires, usages des contrepoisons.

Notions sur les phénomènes optiques utilisés en photographie.

Objectifs. — Foyers. — Prismes. — Écrans colorés.

Usages et effets des « trames ».

Usages du bitume, de l'émail, de l'albumine.

Notions sur la photographie des couleurs. — Écrans. — Trichromie.

Pour les retoucheurs et les graveurs à l'acide : Notions sur les propriétés des métaux utilisés en gravure et sur celles des pierres lithographiques.

Gillotage. — Trichromie.

Retouche de similigravure, son but et sa nécessité.

Pratique. — *Pour les photographes :* Exécution d'une reproduction photographique avec et sans trame. — Exécution d'une mise sur métal.

Pour les retoucheurs : Retouche d'une planche de similigravure ;

Exécution d'une gamme de différentes demi-teintes.

Pour les graveurs à l'acide : Morsure d'un zinc de photogravure et d'une similigravure sur cuivre.

PLATRIERS

(ISÈRE)

Théorie. — Les matériaux utilisés en plâtrerie : plâtre, stuc, briques, liteaux, etc. Technologie du métier : montage de cloisons, enduits, plafonnages, moulurages. Éléments de décoration. Précautions à prendre pour la confection des échafaudages. Croquis à main levée. Dessin linéaire et géométrique. Tracé d'un plafond à compartiments. Esquisses de profils de mouluration.

Pratique. — Exécution d'un travail simple de plâtrerie comportant enduits et mouluration.

POÊLIERS-FUMISTES

(ISÈRE)

Théorie. — Les matières premières employées en fumisterie; fers profilés, tôles, fontes, cuivre, céramique, matériaux réfractaires; calorifuges. Les combustibles et la combustion; surface de grille, surface de chauffe, cheminées, tirages. Éléments de dessin linéaire et de géométrie. Développements, pénétrations.

Pratique. — Notions de forge, d'ajustage, d'emboutissage, de cintrage, de perçage, de soudure. Travail des tôles et des fers : traçage, découpage, poinçonnage, rivetage. Joints étanches, brasage. Exécution d'une pièce de fumisterie, d'après programme donné ou croquis coté. Établissement d'un schéma pour montage.

RELIEURS

(MEURTHE-ET-MOSELLE)

Théorie. — Les matières premières employées en reliure : papiers, cartons, toiles, peaux, cuirs, etc.

Les diverses espèces de reliures. — Les formats. — Piquage, brochage, cartonnage, reliure de luxe et de fantaisie. Tranches jaspées, tranches en couleur, tranches or.

Dorure au balancier et dorure au petit fer.

Différentes sortes de registres. Fabrication des registres.

Machines à rogner, à plier, à coudre, à numéroter, à dorer, etc.

Notions de mécanique.

Entretien et nettoyage des machines.

Pratique. — Exécution complète d'un travail de reliure simple.

REPASSEUSES

(ISÈRE)

Théorie. — Conduite d'un feu. Entretien des fers à repasser. Machines à repasser. Amidon : variétés diverses. Préparation du linge : mouillage, gommage (substances employées), repassage, glaçage.

Pratique. — Repassages de linges fins, de chemises, de dentelles. Plissage.

SCULPTEURS

(ISÈRE)

Théorie. — Dessin d'ornement et dessin linéaire. Éléments de composition décorative et de stylisation. Éléments de modelage en terre ou en cire et de moulage au plâtre. Les matériaux employés en sculpture : bois, pierres, etc. Technologie du métier : outillage, mise au point, finissage.

Pratique. — Croquis d'un projet simple de sculpture d'après un programme donné. Exécution, dans la spécialité de l'apprenti, d'un travail simple de sculpture, d'après un projet dessiné ou d'après un modèle donné.

SELLIERS-GARNISSEURS

(GIRONDE)

Théorie. — Caractéristiques des divers types de véhicules. — Outillage employé pour la fabrication. — Matières employées dans le garnissage : clous, semences, fil, cordé, sanglé, etc. Qualité, choix, valeur de ces matières ; leurs formes commerciales. — Cuirs : cuir ordinaire, cuir de luxe, chèvre, maroquin. Imitation de cuir, pandasote, loréide, moleskine, lincrusta. — Drap, toile, tissu, coton, galon coudre, galon rabattu, galon large. Préparation des galons. — Crins : crin blanc, noir, teinté, crin végétal, crin mélangé. — Ressorts de sommiers à lames. Choix d'un type de ressort. — Thilbaude, feutre, moquette, linoléum, tapis. — Stores et rideaux : monture, genres; montage de divers types de stores et de rideaux. — Volets ordinaires et capitonnés.

Notions de dessin à main levée.

Patrons : leur tracé, leur établissement, coupe. Établir, d'après le dessin coté d'un intérieur de voiture, les quantités de chacune des fournitures nécessaires à l'exécution.

Pratique. — Établir et finir, d'après un dessin coté : un accoudoir mobile, un coussin capitonné, un strapontin. — Établir un sommier de siège, poser les ressorts, guinder et capitonner. — Établir un dossier, poser les ressorts et capitonner.

SERRURIERS

(LOIRE)

Technologie. — Notions sur les fers et aciers. — Propriétés, qualités et usages. — Divers formes des fers et aciers employés en serrurerie. — Défauts qu'ils peuvent présenter.

Principes de forge. — Description d'une forge. — Allumage et conduite du feu. — Ventilateur et pression du vent. — Précautions à prendre pour forger l'acier.

Outils de forge du serrurier.

Soudures diverses et brasage.

Essais pratiques du fer et de l'acier.

Procédé de travail du serrurier. — Perçage, poinçonnage et rivetage. Ployage à chaud ; enroulement. — Soudage et assemblage par rivets.

Assemblage et travaux de serrurerie. — Assemblage dans le même plan à 90°, sous un certain angle.

Assemblage dans deux plans parallèles à 90°, sous un certain angle.

Détail d'un couvre-joint de poutre.

Poutre à âme pleine, à treillis, à caissons.

Colonnes en fer, en fonte, pleines ou creuses.

Chaînage d'un bâtiment.

Ferrement d'un plancher en bois.

Pièces entrant dans la composition d'un plancher métallique. (Colonnes en fer ou en fonte, sommier, solives, chevêtre.)

Description sommaire des planchers en béton, en hourdis ; des planchers lambourdés. — Planchers en fer non assemblés avec entretoises et feutons.

Linteaux ; poitrails.

Ferrements d'une porte de cave, d'une porte à deux vantaux, d'une porte à guichet, d'une porte de vestibule, de portes d'appartement.

Ferrements de fenêtres et de volets.

Description des portes en fer les plus courantes.

Description des principaux types de serrures.

Portails roulants et ouvrants. — Monture à galets.

Volets en fer.

Châssis vitrés fixes, ouvrants, basculants, pivotants.

Grilles et garde-corps en fer forgé.

Escaliers divers droits et tournants. — Parties d'un escalier. — Tracé.

Marche en fer et maçonnerie. — Marches en tôle striée, en tôle perforée.

Balcon. — Marquise. — Vérandah.

Données pratiques sur la résistance des matériaux.

Calcul arithmétique et tracé géométrique. — Programme des forgerons.

Dessin. — Croquis à main levée d'un assemblage. — Lecture d'un dessin. — Dessin d'ornement se rapportant à la serrurerie.

Épreuve manuelle. — Exécution, d'après dessin, d'un assemblage entièrement rivé à la main.

Forgeage de serrures de portes.

Motif ornemental en fer forgé d'une porte, d'une grille, d'un balcon.

Épreuves de l'examen. — 1° Une interrogation de 20 minutes sur la technologie. Coefficient 1 ;

2° Un problème simple d'arithmétique et un tracé géométrique. Durée : 1 heure 1/2. Coefficient 1 ;

4° Une épreuve manuelle. Durée : 10 heures. Coefficient 3.

TAILLANDIERS

(ISÈRE)

Théorie. — Notions de dessin à vue. Croquis coté. Les métaux employés en taillanderie, fers et aciers divers. Essais de ces métaux. Description du matériel employé : les forges et les fours ; les marteaux et les enclumes, les martinets, les marteaux-pilons, les machines à forger, les machines à meuler et à aiguiser. Technologie du métier : étirage, soudure, estampage, etc. ; trempe, soudure, recuit, etc. ; aiguisage.

Pratique. — Croquis d'un travail de taillanderie aux diverses phases de la fabrication. Exécution complète d'un travail de taillanderie comportant de la trempe et du meulage.

TAILLEURS D'HABITS

(MEURTHE-ET-MOSELLE)

Théorie. — Notions de dessin. Application de ces notions au dessin des divers passepoils, des différentes poches, des doublures, des devants, de l'ensemble d'une pièce avec les revers, etc.

Étoffes employées dans la confection des vêtements : drap pure laine, laine cardée, laine peignée, drap vigogne et mohair. — Drap laine et coton. — Drap bourre de laine. — Décatissage des draps. — Alpaga, toile fil, toile coton.

Moyens pratiques de distinguer les étoffes.

Les doublures : soie, serge de soie, soies trames laine et coton, satins de Chine, alpagas, tissus coton imprimés pour manches et pour intérieurs de gilet, croisés noirs et couleurs poitaises pour pantalon.

Le vêtement : habit, redingote croisée, redingote droite, jaquette, dorsay, smoking, veston, pardessus à taille, racing-coat, macfarlane, pardessus droit et croisé ; gilet droit et croisé; pantalon et culotte cheval, Saumur et collante ; culotte cycle.

La mode et ses transformations (historique très sommaire). — L'habit à la française (soie et broderie) ; jaquette avec cassure roulante, pantalon collant, à pont (costume 1830) ; pantalon à patte d'éléphant ; vêtements collants, larges, courts, longs ; grands et petits revers. La mode du veston.

Prise de mesures et indications très générales sur le tracé de patrons et le métier de coupeur.

Outils de tailleur : machine à coudre, fer à repasser.

La couture. Précautions à prendre avant de commencer une pièce. Couper les toiles. Le passement. Genres de bras. Ligne d'aplomb. Le bombé de la poitrine.

Le montage : précautions à prendre. Couper les pince-toiles,

les parementures et doublures. — Le col. — Le doublage en général.

Pratique. — Pièces de couture présentant les différents points que comporte le métier. — Bord avec passements préparés. — Poche à passepoil. — Devant de veston, de jaquette ou d'habit.

TAILLEURS DE PIERRES. — APPAREILLEURS

(ISÈRE)

Théorie. — Dessin linéaire. Croquis. Étude de profils. Joints d'appareillage. Éléments de géométrie et de géométrie descriptive : développements. Les diverses espèces de pierres employées dans la construction : dureté, résistance à l'écrasement. Technologie du métier : les outils employés, tracés des gabarits. Les principaux travaux d'appareillage, portes, fenêtres, colonnes, escaliers, etc.

Pratique. — Tracé d'une portion de construction en pierres taillées, d'après programme donné. Détermination des surfaces de joint et tracé des gabarits d'une pierre donnée par ses projections. Exécution en grandeur, ou en réduction, d'un travail simple d'appareillage.

TANNEURS

(ISÈRE)

Théorie. — Origine des peaux employées en tannerie. Examen et classement des peaux à tanner; manipulations qu'elles doivent subir; rôle de chacune d'elles. Différents procédés d'épilage. Matières tannantes.

Pratique. — Épilage d'une peau à la main et à la machine. Écharnage d'une peau à la main et à la machine. Préparation d'un bain de tannage.

TAPISSIERS

(ISÈRE)

Théorie. — Éléments de dessin à vue et de stylisation. Caractères des principaux styles. Étoffes employées : assortiment des couleurs pour tentures, rideaux, draperies. Choix des meubles et des sièges pour un appartement de style déterminé.

Pratique. — Coupe des étoffes de tenture pour rideaux, draperies, etc. Garnitures des bois de sièges : fauteuils, chaises, tabourets, canapés, bergères, etc. Pose de tentures : rideaux, tapis, etc.

TEINTURIERS EN PEAUX

(ISÈRE)

Théorie. — Teinture des cuirs tannés, des cuirs chamoisés des cuirs mégissés. Précautions à prendre suivant les tannages spéciaux auxquels les cuirs ont été soumis. Matières colorantes employées.

Pratique. — Purge d'une peau. Préparation d'un colorant naturel. Adjonction à la matière colorante naturelle de couleurs basiques et de couleurs d'aniline. Teinture d'une peau : système plongé. Teinture d'une peau à la brosse.

TERRASSIERS. — CARRIERS

(HAUTE-SAVOIE)

Théorie. — Matières premières : poudres, leur emploi, dynamite, cheddite, précautions.

Notions de géologie sur les terrains, les roches, les carrières ; nature et propriétés des pierres.

Outils et machines-outils.

Notions de tranchage. Minage : genres de mines. Étayage.

Pratique. — Exercice d'étayage.
Tranchage et appareillage de pierres.
Utilisation d'un bloc de pierre.

TISSEURS-GAREURS

(RHÔNE)

Théorie. — Notions élémentaires de mécanique : temps, sa mesure ; mouvement, repos ; mouvement uniforme, varié ; vitesse linéaire, angulaire ; inertie, forces ; mesure des forces, dynamomètres ; centre de gravité, travail des forces.

Transformation des mouvements : transformation d'un mouvement rectiligne continu en un autre mouvement rectiligne continu, plan incliné, poulie fixe, poulie mobile, moufles ; transformation d'un mouvement circulaire continu en un mouvement rectiligne continu, treuil, crémaillère, vis ; transformation d'un mouvement circulaire continu en un mouvement rectiligne alternatif, manivelle, excentriques, cames ; transformation d'un mouvement circulaire continu en un autre mouvement circulaire continu, poulies, tambours, courroies, câbles, engrenages.

Les leviers : différents genres, équilibre, formules.

Notions élementaires d'électricité : éclairage, force motrice.

Notions théoriques de tissage : matières premières, grège, trame, organsin, poil, grenadine, crêpe, schappe, coton, laine.

Dévidage, réglage ordinaire, réglage Grant, détrencannage.

Ourdissage à bras, ourdissage mécanique.

Cannetage, cannetage à un bout, cannetières à plusieurs bouts.

Lisses en coton, lisses métalliques.

Remettage : différents genres.

Armures fondamentales ; transposition des armures, construction d'armures pour métier à droite ou à gauche ; description de la mécanique Jacquard, Vincenzi, Verdol ; mise en carte, rapports entre la carte, la mécanique et le tissu.

Notions de dessin de machines : plan, élévation, coupe ; description d'une machine de tissage sur un dessin donné.

Pratique. — Montage d'un métier mécanique, réglage des organes pour la marche à blanc du métier.

Montage d'une mécanique à touches ou à chaînes, d'une ratière, d'une mécanique Jacquard, d'un métier mécanique à plusieurs navettes, du harnais ; appareillage des lisses pour le tissage des taffetas ou des armures ; réglage de la foulée, du pas mixte ouvert ou enclos ; réglage de la hauteur du porte-fil.

Empoutage, tracé d'un empoutage, empoutage sur 16-24-32 de haut à une corde, deux cordes, quatre cordes croisées ou non croisées ; réparation au choix des tringles.

Colletage, pendage, appareillage, envergeure, remettage, réglage de la foulée et du pas.

Tirelle ; examen et connectures des fautes, caractères définitifs de ces fautes.

Garnissage de la mécanique Jacquard, Vincenzi, Verdol ; garage et tissage sur métier mécanique de différents systèmes ; garage des ourdissoirs.

TONNELIERS

(ISÈRE)

Théorie. — Notions de géométrie. Tracé des courbes : cercle, ellipse, ove, etc. Calcul des volumes : prismes, pyramides, corps ronds, etc. Les bois employés en tonnellerie. Les cercles en bois et en métal. Technologie du métier. Tracé de l'ouvrage : baquet, cuve, tonneau, etc. Préparation des douelles, des cercles, des fonds. Assemblage et mise en place. Les outils et les machines employés en tonnellerie.

Pratique. — Calcul et tracé d'un réservoir en bois de capacité donnée : détermination de la forme des douelles. Exécution complète d'un petit travail de tonnellerie.

TOURNEURS-MÉCANICIENS
(LOIRE)

Technologie. — Notions générales sur les principaux métaux employés dans la construction des machines.

Fers. — Propriétés, qualités et défauts ; usages. — Fers du commerce.

Aciers. — Propriétés, qualités et défauts; usages. — Aciers ordinaires et aciers spéciaux pour outils. — Trempe de l'acier.

Fontes. — Propriétés et usages. — Fonte blanche, fonte grise.

Autres métaux. — Cuivre, bronze, laiton. — Propriétés et usages. — Métal antifriction.

Choix de la matière à employer pour la construction des différentes pièces d'une machine.

Quelques essais pratiques sur les métaux.

Outils à main du tourneur. — Crochet, grain d'orge, plane, etc. Confection et affûtage de ces outils. — Angle de coupe.

Machines-outils. — Description d'un tour à crochet. — Centrage des pièces à tourner.

Description d'un tour à crochet. — Centrage des pièces à tourner.

Description d'un tour à charioter et à fileter. — Banc droit ou coudé. — Poupée. — Assise et guidage du chariot porte-outil. — Crémaillère de chariotage. — Vis-mère et tête de cheval.

Montage de la pièce entre pointes sur le tour.

Montage de la pièce sur le plateau.

Principaux travaux susceptibles d'être effectués sur le tour. — Tournage cône. — Perçage et alésage.

Instruments de vérification : bagues, tampons, jauges.

Théorie et pratique du filetage. — Filetage à deux, quatre et six roues.

Divers types de tours à charioter et à fileter. — Boîte à changement de vitesse. — Plateau universel et plateau diviseur. — Dispositif à surfacer.

Tour en l'air à plateau vertical, à plateau horizontal.

Description sommaire d'une machine à aléser, d'une machine à rectifier après la trempe. — Travail à la meule. — Finissage à la meule d'une pièce ébauchée sur le tour.

Notions sur les tours à décolleter, sur les machines à fraiser. — Importance de ces machines. — Taille, rectification et affûtage des fraises.

Quelques mots sur les appareils et autres machines dont le tourneur peut avoir à se servir.

Montage des pièces à travailler sur les diverses machines à métaux d'un atelier de construction mécanique. — Mise en marche et réglage de ces machines. — Vitesse de l'outil ou de la pièce à façonner.

Installation et modes de commande des machines-outils.

Préparation et entretien des outils. — Importance d'un bon outillage.

Calcul arithmétique et tracé géométrique. — Programme des ajusteurs.

Notions très élémentaires de mécanique. — Programme des ajusteurs.

Dessin. — Programme des ajusteurs.

Épreuve manuelle. — Exécution d'une pièce de tour d'après un dessin donné.

Épreuves de l'examen. — Voir : ajusteurs.

TOURNEURS SUR BOIS

(ISÈRE)

Théorie. — Éléments de dessin linéaire. Notions de dessin d'ornement. Les bois et les matériaux employés en tournerie : les teintures, les encaustiques et les vernis. Le tour et les machines employés en tournerie; tours à ovales. Notions sur les machines à reproduire.

Pratique. — Exécution d'un dessin de travail de tour d'après modèle ou d'après programme donné. Tracé d'un gabarit. Exécution d'un ensemble de pièces de tournerie, comportant creusure, emboîtage et assemblage, d'après croquis donné.

TRICOTEUSES

(ISÈRE)

Théorie. — Les matières employées : laine, coton, fils; moyens de les distinguer. Grosseurs habituellement employées. Le tricotage à la main. Le tricotage mécanique : les machines à tricoter, description. Les diverses espèces de tricot : uni, à côtes, en torsades, etc. Les divers travaux de tricotage, bas (confection, à la main), brassières, maillots, gants, mitaines, etc. Montage du métier en vue de ces travaux.

Pratique. — Confection complète d'un ouvrage au métier à tricoter suivant dimensions données.

COMMENT ONT ÉTÉ APPLIQUÉS LES DÉCRETS COUYBA

Les décrets du 24 octobre 1911 ont déterminé en faveur de l'enseignement professionnel, dans le pays tout entier, un mouvement qui s'étend et se développe avec une rapidité que beaucoup, parmi les plus optimistes, n'avaient pas osé espérer. Sous l'active impulsion des inspecteurs départementaux de l'enseignement technique et des industriels, les Comités nommés par les préfets ont organisé des cours et institué des examens en vue de la délivrance du certificat de capacité professionnelle; et les dispositions réglementaires qui ont provoqué cet essor ont déjà pris, dans le monde des ateliers, une sorte d'assise familière et naturelle; on les appelle : *les décrets Couyba.*

Ces comités sont actuellement constitués dans 87 départements; plusieurs conseils généraux leur ont voté des crédits. La moitié environ ont élaboré des programmes susceptibles de guider les apprentis dans leur préparation. Les examens ont déjà produit des résultats fort appréciables dans les centres où l'école pratique, toute prête à donner son appui à la nouvelle organisation, a facilité la création des cours et aplani les premières difficultés d'installation et de fonctionnement.

Examens du certificat de capacité professionnelle à Saint-Étienne, Firminy, Saint-Chamond.

Parmi ces initiatives, il convient de citer celle du département de la Loire où, grâce à l'intelligente activité d'un homme qui a consacré sa vie entière, on peut le dire, à la cause de l'enseignement technique, le terrain était particulièrement bien préparé. Comme il a été, au cours de sa carrière officielle, l'un des premiers, des plus énergiques et des plus compétents instigateurs du mouvement qui s'est traduit par l'éclosion de tant d'écoles pratiques aujourd'hui si prospères, M. Lebois, inspecteur général de l'enseignement technique, est encore, dans sa retraite, l'âme d'une organisation de cours et d'examens professionnels qui ont un plein succès. Ce qu'il fit autrefois servit d'exemples à beaucoup; ce qu'il fait actuellement est utile à connaître. Voilà pourquoi nous pensons rendre service aux comités en formation en exposant, avec quelque détail, l'application des décrets Couyba dans le rayon de Saint-Étienne.

Lorsque parurent, en 1911, les décrets qui nous occupent, de très sérieux efforts avaient déjà été faits dans la Loire pour procurer aux usines et aux manufactures du département un noyau d'excellents artisans et de contremaîtres instruits : les écoles pratiques de Saint-Chamond, de Saint-Étienne (école de garçons et école de filles), de Roanne, de Rive-de-Gier, de Firminy (école de garçons et école de filles) s'étaient successivement ouvertes. Ces sept établissements, qui comptent près de 1.700 élèves, fournissaient annuellement un nombre important d'employés, d'ouvriers et d'ouvrières immédiatement utilisés dans le commerce et surtout dans l'industrie.

De plus, dans ces écoles, — nous l'avons dit plus haut, — des cours de dessin industriel, de mécanique pratique, de chauffage, d'électricité, de teinture, de technologie, de lingerie, de coupe et confection, etc., avaient été organisés; ils rendaient des services dont on aura une idée quand on saura que, depuis longtemps déjà, plus d'un millier d'apprentis les fréquentent chaque année. Un diplôme de capacité professionnelle était délivré à ceux de ces élèves qui, ayant suivi les cours avec assiduité, avaient d'autre part subi avec succès les épreuves d'un examen théorique et pratique, devant des commissions spéciales composées de directeurs d'usines, de chefs d'ateliers, de contremaîtres et d'ouvriers. Bien que ce diplôme fût déjà un puissant stimulant des études, on y ajoutait encore des primes en espèces, s'élevant quelquefois jusqu'à une centaine de francs, primes dues à la libéralité des villes, des chambres de commerce et des syndicats patronaux d'industriels.

On le voit, nous avions raison de dire que les dispositions anciennes étaient favorables, dans cette région, à l'application des décrets Couyba.

Le préfet de la Loire, dont il faut louer le zèle et la clairvoyance, comprenant tout le parti que l'on pouvait tirer de la nouvelle intervention des pouvoirs publics, adressa aussitôt un chaleureux appel aux compétences et aux bonnes volontés qui l'entouraient et, quelques mois après la publication des décrets, il réussit à mettre sur pied le Comité départemental de l'enseignement technique. Celui-ci constitua, sans tarder, une commission permanente dont le rôle, rempli avec l'activité que l'on sait, eut pour effet : l'établissement d'une liste d'industriels et de commerçants susceptibles de faire partie des comités cantonaux ; l'élaboration des programmes en vue des cours et du certificat ; la réorganisation, et l'adaptation aux exigences de ces programmes, des vingt-quatre cours municipaux de Saint-Étienne, des treize cours annexés aux écoles pratiques de Saint-Chamond, de Rive-de-Gier et de Firminy; la création ou le projet de création de trois cours de typographie et lithographie, de deux cours pour les professions de l'alimentation, de deux cours pour les mines, d'un cours pour la verrerie, d'un cours pour les ouvrières tisseuses et de trois cours commerciaux à Saint-Étienne, d'un cours de chapellerie à Chazelles-sur-Lyon, d'un cours de verrerie à Rive-de-Gier, d'un cours de tissage et d'un cours de commerce à Roanne et à Charlieu.

En juillet 1913 eurent lieu les premiers examens pour la délivrance du certificat de capacité professionnelle.

Afin d'établir un plan méthodique d'organisation, le préfet provoqua la réunion des commissions quelques jours avant la date fixée pour les épreuves. Il conseilla aux jurés de se montrer bienveillants, lors de cette session, pour encourager les jeunes apprentis à prendre part, à l'avenir, à ces examens. Il fut entendu que, tout en exigeant le minimum de connaissances qu'un bon ouvrier doit posséder, les examinateurs éviteraient les écueils que renferment toujours les questions théoriques : les problèmes, notamment, ne devaient comprendre que de faciles applications directes des quatre opérations arithmétiques, relatives à la profession des candidats.

Des feuilles préparées à l'avance furent distribuées et remplies par les apprentis qui désiraient se faire inscrire. En voici un modèle :

Examen du Certificat de Capacité professionnelle

DEMANDE D'INSCRIPTION

.... le 191

Je, soussigné, (1) ....
né à (2) ...., le (2) ....
demeurant à (3) ....
ai l'honneur de prier M. le Préfet de la Loire de bien vouloir m'inscrire sur la liste des candidats au prochain examen du **Certificat de Capacité professionnelle** pour la profession d (4) ....
....

Signature du Candidat,

(1) Nom et prénoms.
(2) Lieu et date de naissance.
(3) Localité et adresse.
(4) Profession du candidat.

RENSEIGNEMENTS ET PIÈCES A FOURNIR

I. — Renseignements.

DÉSIGNATION des MAISONS DE COMMERCE, ATELIERS OU USINES où le candidat a fait son apprentissage	DATES		DURÉE de L'APPRENTISSAGE
	DE L'ENTRÉE	DE LA SORTIE	
1°			
2°			
3°			
	TOTAL..................		

Le candidat est-il pourvu du certificat d'études primaires? ....

A-t-il suivi des cours professionnels ? ....

Dans l'affirmative, indiquer ci-après la nature de ces cours et leur durée :

....

....

....

II. — Pièces à fournir(1).

1° Bulletin de naissance ;

2° Certificats du ou des patrons attestant que la durée de l'apprentissage a été d'au moins trois ans ;

3° Le cas échéant, une note de l'instituteur déclarant que le candidat est pouvu du certificat d'études primaires.

(1) Ces pièces, accompagnées de la demande d'inscription et du présent état de renseignements, doivent être adressées à la préfecture de la Loire.

Voici, en outre, un modèle de l'imprimé préparé pour le procès-verbal :

RÉPUBLIQUE FRANÇAISE

PRÉFECTURE DE LA LOIRE

EXAMEN DU CERTIFICAT DE CAPACITÉ PROFESSIONNELLE

Session de

Siège de l'examen : ....

Profession d ....

Composition de la Commission : MM. ....

....

PROCÈS-VERBAL SOMMAIRE

L'examen a eu lieu le .... juillet ....., sous la présidence de M. .... M. .... a été désigné pour remplir les fonctions de secrétaire.

.... candidats s'y sont présentés, parmi lesquels .... étaient pourvus du certificat d'études primaires et ..... avaient suivi des cours professionnels. Tous ont justifié d'au moins trois années d'apprentissage.

Sujets des épreuves écrites ou manuelles pour chaque profession :

1° Profession d ....

....

....

2° Profession d ....

....

....

....

3° Profession d ....

....

4° Profession d ....

....

Éprouves orales.

Composition des Sous-Commissions chargées des interrogations, suivant les spécialités :

1° ....

2° ....

3° ....

4° ....

Indiquer sommairement, ci-après, quelques-unes des principales questions posées aux candidats :

....

TABLEAU DES NOTES ATTRIBUÉES AUX CANDIDATS

NOMS ET PRÉNOMS des candidats PAR PROFESSION	(1) CERTIFICAT d'études primaires	(2) COURS professionnels	(3)	(4)	(5)	(6)	(7)	(8)	TOTAL des points	OBSERVATIONS
a) **Profession** *d*										
1.										
2.										
3.										
4.										
5.										
6.										
7.										
8.										
b) **Profession** *d*										
1.										
2.										
3.										
4.										
5.										
6.										
7.										
8.										

(1 et 2) Indiquer par *oui* ou par *non*, dans chacune des deux premières colonnes, si le candidat est pourvu ou non du certificat d'études primaires et s'il a suivi ou non des cours professionnels.

(3, 4, 5, 6, 7 et 8) Écrire en tête de ces colonnes la matière de l'examen, par exemple : *technologie, problèmes d'arithmétique, croquis, épreuves manuelles*, avec, au-dessous, le coefficient 1, 2 ou 3 affecté à cette matière et relever, dans les colonnes, le produit de chaque note attribuée par le coefficient correspondant. Ainsi, pour la note 14, on écrira 14 si le coefficient est 1 ; pour la note 12, on écrira 24 si le coefficient est 2, et 36, s'il est 3.

Mettre à la hauteur de chaque nom, dans la colonne « Observations », l'un des mots *admis* ou *ajourné*, suivant que le candidat aura réussi ou non à l'examen.

NOMS ET PRÉNOMS des candidats PAR PROFESSION	(1) CERTIFICAT d'études primaires	(2) COURS professionnels	(3)	(4)	(5)	(6)	(7)	(8)	TOTAL des points	OBSERVATIONS
c) Profession										
d										
1.	...	...	...	...	...	...	...	...	...	...
2.	...	...	...	...	...	...	...	...	...	...
3.	...	...	...	...	...	...	...	...	...	...
4.	...	...	...	...	...	...	...	...	...	...
5.	...	...	...	...	...	...	...	...	...	...
6.	...	...	...	...	...	...	...	...	...	...
7.	...	...	...	...	...	...	...	...	...	...
8.	...	...	...	...	...	...	...	...	...	...

De ce tableau, il résulte que les candidats : ....

....

....

ont fait preuve de connaissances suffisantes pour l'obtention du Certificat de capacité professionnelle. Les autres candidats sont ajournés pour moyenne générale insuffisante ou pour notes éliminatoires.

Observations sommaires de la Commission : ....

....

....

........, *le juillet* ....

LE PRÉSIDENT, LE SECRÉTAIRE,

N. B. — On remarquera que le total des points correspondant à la moyenne générale de 10 exigée s'obtient en multipliant 10 par le total des coefficients attribués à chacune des matières sur lesquelles l'examen porte. Si, par exemple, l'examen comprend quatre épreuves ayant respectivement pour coefficients 1, 1, 2 et 3, le total des points pour une moyenne générale de 10 sera 70 : (1 + 1 + 2 + 3) 10 = 70. Tout candidat qui n'obtiendrait pas ce nombre de points serait ajourné. Seraient encore ajournés les candidats qui, bien que réunissant 70 points, auraient une ou plusieurs notes éliminatoires.

Voici enfin quelques exemples des sujets de composition et des questions que les candidats, de quelques-unes des professions les plus courantes eurent à résoudre :

Épreuves écrites. — Calculer le poids d'une barre prismatique en fer, représentée par un croquis coté. Densité du fer : 7,8. (*Saint-Chamond : ajusteurs et tourneurs-mécaniciens.*)

Calculer le nombre de tours faits par l'arbre d'une machine-outil, connaissant les diamètres des poulies et le nombre de tours de la transmission. — Applications numériques. (*Saint-Étienne : ajusteurs, tourneurs-mécaniciens, forgerons.*)

Un maître serrurier a fait une charpente en fer du poids de 10.500 kilogrammes qui lui est payée, toute montée, 48 francs les 70 kilogrammes. Pour cette charpente, il a employé des fers divers qu'il avait payés 18 francs les 70 kilogrammes. Les déchets ont été de 4 0/0 qu'il peut revendre 65 francs la tonne. Les frais généraux et de main-d'œuvre pour l'établissement de la charpente se sont élevés à 21 francs les 70 kilogrammes. Il a en outre payé à un maître charpentier, pour la mise en place de cette charpente, 3 fr. 30 les 100 kilogrammes. Calculer le bénéfice qu'il a sur cette charpente. (*Firminy : serruriers.*)

Une installation comporte 20 lampes à incandescence de 16 bougies à filament métallique, consommant $1^w,2$ par bougie sous 110 volts. Calculer l'intensité du courant dans les conducteurs principaux, la section, le diamètre de ces conducteurs pour une densité de 3 ampères par millimètre carré. (*Saint-Étienne : électriciens.*)

Trouver le volume et le poids d'un bloc de sapin ayant la forme d'un parallélipipède rectangle de 2 mètres de long, $0^m,300$ de large et $0^m,500$ de haut, surmonté d'une partie cylindrique de $1^m,200$ de haut et de $0^m,200$ de diamètre. Quel en est le prix ? Le sapin vaut 80 francs le mètre cube. Densité : 0,6. (*Saint-Étienne : fondeurs, modeleurs.*)

Quel serait le poids d'un arbre carré en fer de 150 millimètres de côté et de 6 mètres de longueur, percé à une extrémité d'un trou central de 70 millimètres de diamètre sur 1/3 de sa longueur et tourné à l'autre extrémité à un diamètre de 100 millimètres sur 1/5 de sa longueur? Densité du fer : 7,8. (*Saint-Étienne : chaudronniers en fer et charpentiers en fer.*)

Tracé. — Tracé géométrique de lignes perpendiculaires et parallèles passant par des points donnés. (*Saint-Étienne : tourneurs-mécaniciens, forgerons.*)

Construire un triangle isocèle dont la surface est équivalente à celle d'un carré de 0^{m},060 de côté, sachant que la base du triangle a 0^{m},090 de longueur. (*Firminy : serruriers.*)

Tracé d'une came pour l'exécution d'un taffetas. (*Saint-Étienne : tisseurs.*)

Diviser un angle droit en deux parties égales, puis en quatre parties égales. Quelle est la valeur en degrés et minutes des quatre angles ainsi formés? (*Firminy : ajusteurs-mécaniciens.*)

Faire passer un arc de cercle par trois points non en ligne droite. (*Saint-Étienne : charpentiers en fer.*)

Tracé d'un col. (*Saint-Étienne : couturières.*)

Croquis. — Croquis d'une semelle de palier ordinaire. (*Saint-Étienne : ajusteurs, tourneurs-mécaniciens, forgerons.*)

Panneau de porte en fer forgé à reproduire à main levée, à l'échelle approximative de 1 1/2. (*Firminy : serruriers.*)

Pièces détaillées d'un coupe-circuit fusible. Faire un dessin d'ensemble. (*Saint-Étienne : électriciens.*)

Croquis d'un bahut à colonnes et plan sur règle. (*Saint-Étienne : ébénistes.*)

Croquis d'un corps de palier, chapeau et coussinets. (*Saint-Étienne : modeleurs.*)

Dessin géométrique d'un petit banc à pieds obliques. Épure donnant la longueur de l'arête du pied et son angle de corroyage. (*Firminy : menuisiers.*)

Épure et développement d'un couloir de broyeur. (*Saint-Étienne : chaudronniers en fer.*)

Croquis à main levée d'une assemblée de charpente. (*Saint-Étienne : charpentiers en fer.*)

Épreuves manuelles. — Ajustage à queue d'hironde suivant dessin. (*Saint-Chamond : ajusteurs-mécaniciens.*)

Exécution d'une bague cylindrique et de son tampon, suivant dessin. (*Saint-Chamond : tourneurs-mécaniciens.*)

Exécution d'une monture de scie à métaux. (*Saint-Étienne : forgerons.*)

Forger un fronton de petite porte comprenant une fleur de lis et deux volutes. (*Firminy : serruriers.*)

Plot d'interrupteur avec paillettes et les deux vis fixant sur le marbre. (*Saint-Étienne : constructeurs-électriciens.*)

Installation d'une ligne triphasée avec scellements. (*Saint-Étienne : monteurs télégraphistes-ouvriers des lignes.*)

Moulage d'une poulie à quatre bras. (*Saint-Étienne : fondeurs.*)

Cadre assemblé par quatre assemblages différents. (*Saint-Étienne : ébénistes.*)

Exécution d'un modèle de carter suivant dessin. (*Saint-Étienne : modeleurs.*)

Tordage d'une chaîne. Réglage de divers métiers. Mise au point. (*Saint-Étienne : tisseurs.*)

Exécution d'une gamme de quatre tons nuance vieux rose sur soie ordinaire. L'échantillon foncé et l'échantillon clair sont donnés aux candidats qui ont par conséquent à teindre la flotte foncée et la flotte claire conformément aux échantillons et à y intercaler deux tons de manière à ce que l'ensemble des quatre tons représente une gamme avec des intervalles réguliers ;

Reproduction d'une nuance vieux bleu sur ruban soie et coton ;

Reproduction d'une nuance beige sur coton ordinaire en flotte. (*Saint-Étienne : teinturiers.*)

Exécution du couloir de broyeur (voir ci-dessus) en se servant, comme gabarit, pour le traçage de la tôle, du développement obtenu par l'épure ci-dessus. (*Saint-Étienne : chaudronniers en fer.*)

Exécution d'un cadre carré en cornières coupées d'onglet et assemblées par un gousset à chaque angle ; équerre en fer plat à un angle seulement. (*Saint-Étienne : chaudronniers en fer.*)

Coupe et confection d'une blouse, genre chemisier. (*Saint-Étienne : couturières.*)

Interrogations. — Méthode de fabrication d'une équerre simple ; moyens de vérification. — Emploi des instruments de mesure et de vérification : pied à coulisse, jauges, tampons. Principe du vernier. — Description sommaire d'une machine outil. — Traçage d'une pièce simple. — Trempe et recuit des outils. — Lecture de dessins choisis dans la série suivante : vé à vis de rappel, excentrique, lunette fixe de tour, palier, etc.

Confection d'une mèche. — Affûtage d'une mèche américaine, etc., etc. (*Ajusteurs-mécaniciens.*)

Description d'un tour à charioter et à fileter. — Vérification et réglage d'un tour. — Emploi de la lunette à suivre. — Tournage-cône. — Calcul des roues d'engrenage pour exécuter des vis ayant des pas donnés. — Travail aux repères. — Trempe des outils. — Forme et inclinaison à donner aux outils à fileter. — Alésage sur le tour. — Montage d'une pièce sur le tour, etc., etc. (*Tourneurs-mécaniciens.*)

Différents genres de soudure pour le fer, pour l'acier. — Températures correspondantes. — Différentes qualités de fer et d'acier. — Trempe et cémentation. — Calcul du poids de la maquette pour forger une pièce donnée. — Outils de forge. — Ferrements divers. — Construction d'une poutre, etc., etc. (*Forgerons et serruriers.*)

Calcul d'une ligne. — Pertes de charge. — Lois d'Ohm et de Joule. — Calcul d'une puissance. — Générateurs; piles; dynamos; accumulateurs. — Sonneries; moteurs : mise en marche. — Couplage des dynamos à courant continu et des alternateurs. — Wattmètre; compteurs, etc., etc. (*Électriciens.*)

Différentes essences de bois. — Machines-outils; outils à débiter, outils à corroyer et outillage divers. — Danger des machines à bois; précautions à prendre. — Affûtage des outils; angle de coupe. — Divers assemblages, leur emploi. (*Ébénistes, modeleurs, menuisiers.*)

Différents styles. — Placage. — Teinte des bois. (*Ébénistes.*)

Retrait des différents métaux. — Construction des modèles suivant le mode de moulage employé. — Le trousseau. — Établissement des planches à trousser. — Intersection. (*Modeleurs.*)

Centres de production des fontes. — Qualités des fontes. — Mélanges employés pour la fonderie. — Sables divers. — Les genres de moulage. — Manutention et outillage. — Degré de fusion des métaux; modes de fusion ; mélanges et phénomènes de liquation, etc., etc. (*Fondeurs.*)

Matières textiles, origine, préparation. — Armures fondamentales et leurs dérivés. — Les enfilages. — La disposition des chaînes. — Les métiers, etc., etc. (*Tisseurs.*)

Interrogations sur les notions de chimie appliquée aux opérations de teinture, sur les propriétés et préparations des substances intervenant dans le montage des bains de teintures : acide sulfurique, sulfure de sodium, le chlore, teinture par diazotage, peroxyde de sodium, soude caustique, carbonate de soude, l'eau oxygénée, blanchiment par l'eau oxygénée, teinture sur soie artificielle, acide chlorhydrique, silicate de soude, action de la soude caustique sur les trois fibres : soie, laine et coton ; couleurs au soufre, sulfate de soude, l'eau ordinaire, le savon, charge des soies, bichlorure d'étain, phosphate de soude, gaz sulfureux, émétique, acide azotique, blanchiment des diverses fibres, caractères microscopiques des fibres, rouge de primuline sur soie, organsin, trame, teinture des rubans en pièce, teinture du coton avec les couleurs diamines, teinture de la laine, teinture de la soie naturelle, etc. (*Teinturiers.*)

Profil des fers et aciers du commerce. — Défauts des fers. — Schéma d'une ferme anglaise : nom des différentes pièces. — Schéma d'un pont : nom des différentes pièces. — Description d'une poinçonneuse. — Machines-outils et outils à main des charpentiers en fer. — Description sommaire d'une installation de rivetage à air comprimé, etc., etc. (*Charpentiers en fer.*)

Brasage d'un tuyau. — Matage et outils à mater. — Matage à l'anglaise. — Planage d'une tôle. — Description d'une machine à cintrer les tôles. — Description d'une machine à chanfreiner. — Schéma d'une chaudière à deux bouilleurs ; nom des différentes pièces et des principaux appareils, etc., etc. (*Chaudronniers en fer.*)

Reconnaître l'endroit d'un tissu : cheviote-diagonale, drap amazone. — Trouver le droit fil ou le travers d'un tissu. — Couper un biais et en mesurer la quantité. — Nombre de mètres de tissu à plat pour obtenir 1 mètre de tissu plissé. — Monter deux lés de jupe dont un biais et un droit fil. — Repassage d'une couture faite dans le velours. — Emploi du velours ordinaire, souple, miroir, peluche, etc., etc. (*Couturières.*)

A côté des examens de la Loire, nous pourrions citer un certain nombre d'autres départements qui n'ont pas attendu pour appliquer les décrets du 24 octobre 1911. Il nous suffira, pour noter quelques nuances d'interprétation, de signaler un second exemple.

Examens du Certificat de Capacité professionnelle à Montluçon.

Épreuves.

Les épreuves ont compris :

1° L'exécution d'un croquis coté;

2° Une interrogation sur les opérations arithmétiques, le système métrique et quelques constructions géométriques simples ;

3° Une interrogation sur les principes des sciences appliquées aux métiers;

4° Une épreuve pratique.

1° Croquis coté

En ce qui concerne le croquis coté, le jury avait mis à la disposition des candidats des pièces d'ajustage ou des organes de machine, différents pour chacun d'eux, mais présentant des difficultés de croquis sensiblement égales : pignon cylindrique, galet de renvoi, roue conique, rochet, tige de suspension, piston et sa tige, porte-outil de tour, plateau à tourillon, etc.

2° Interrogations sur l'arithmétique et la géométrie

Arithmétique. — **1.** Multiplier 12,0036 par 0,0154.

Diviser 0,0216 par 12,015.

Faire la preuve par 9 de ces deux opérations.

2. A quoi reconnaît-on qu'un nombre est divisible par 2, 3, 4, 5, 6, 8, 9, 25, 100? Exemples.

Décomposer en leurs facteurs premiers les nombres 1.800 et 6.930.

3. Trouver le plus grand commun diviseur des nombres 1.890, 1.980, 12.600.

Trouver le plus petit multiple des nombre, 40, 60, 126.

4. Quelle est la plus grande des deux fractions $\frac{7}{15}$ et $\frac{4}{15}$?

Quelle est la plus grande des fractions $\frac{8}{13}$ et $\frac{2}{7}$?

Simplifier les fractions $\frac{24}{48}$, $\frac{45}{72}$, $\frac{864}{1296}$.

5. Réduire au même dénominateur les fractions $\frac{1}{3}$, $\frac{4}{5}$, $\frac{3}{7}$.

Additionner les fractions $\frac{5}{8}$ et $\frac{7}{12}$.

Soustraire $\frac{4}{5}$ de $\frac{7}{8}$.

6. Effectuer les multiplications suivantes :

$$\frac{3}{7}\times 6,\quad \frac{9}{14}\times 7,\quad 4\times\frac{5}{7},\quad \frac{3}{4}\times\frac{5}{8},\quad 1\frac{2}{3}\times 2\frac{3}{5}.$$

Effectuer les divisions suivantes :

$$\frac{6}{7} : 3,\quad \frac{3}{4} : 5,\quad \frac{3}{7} : \frac{5}{9}.$$

7. Une tôle a 3 mètres de longueur, 85 centimètres de largeur. Quelle est sa surface en décimètres carrés?

Une barre en fer plat a 4.275 millimètres de longueur, 15 centimètres de largeur et $0^{m},032$ d'épaisseur. Quel est son volume en décimètres cubes?

8. Deux ouvriers tournent ensemble, en moyenne, 7 essieux par jour. Combien en tourneront 21 ouvriers?

Pour effectuer un travail, une équipe de 5 ouvriers met 18 jours. Combien de temps mettront 2 équipes de 3 ouvriers?

Trois ouvriers ont gagné ensemble 625 francs; le premier a travaillé 70 heures, le deuxième 40 heures et le troisième 15 heures. Quelle est la somme qui revient à chacun?

9. Pour charger cinq wagons, 3 équipes de 6 ouvriers mettent 4 heures. Combien mettront de temps 2 équipes de 4 ouvriers pour faire le même chargement?

Trois ouvriers ont reçu 167 fr. 50 pour un travail fait en commun; le premier a travaillé 12 jours et 10 heures par jour; le deuxième, 15 jours et 9 heures par jour; le troisième, 10 jours et 8 heures par jour. Combien revient-il à chacun?

10. Quelle longueur de carré de 120 millimètres faudra-t-il pour forger une frette, soudée, en fer (densité 7,8), ayant les dimensions suivantes :

Diamètre extérieur....................	$0^{m},300$
— intérieur....................	$0^{m},200$
Largeur..............................	$0^{m},160$?

Un contrepoids rectangulaire en fonte (densité 7,2), ayant 800 millimètres de longueur et $0^{m},500$ de largeur, pèse 2.880 kilogrammes; quelle est sa hauteur en centimètres?

11. On veut accéder à un arbre de transmission placé à $4^{m},50$ de hauteur et à 90 centimètres d'un mur. Quelle devra être la longueur minima de l'échelle à employer si son pied se trouve appliqué à 3.500 millimètres du mur?

Un des angles aigus d'un triangle rectangle vaut 25°42′36″. Quelle est la valeur de l'autre angle aigu ?

12. Quelle est la longueur de l'arbalétrier d'une ferme dont la portée est de 16 mètres et la hauteur de 4.000 millimètres. Quelle est sa pente par mètre ?

Le poids d'une barre de fer plat est donné par la formule :

$$P = L \times l \times e \times \Delta$$

(densité $\Delta = 7,8$). Quelle est la largeur d'une barre ayant $1^m,50$ de longueur, 85 millimètres d'épaisseur et pesant 351 hectogrammes?

13. La surface latérale d'un cylindre est donnée par la formule :

$$S = 2\pi RH.$$

Quel est le diamètre d'un cylindre ayant 500 millimètres de hauteur et une surface latérale de $31^{dm^2},40$?

Dans une circonférence, un arc de 193°25′14″ et $2^m,50$ de longueur. Quelle est la longueur de la circonférence ?

14. Le volume d'un cylindre est donné par la formule :

$$V = \pi R^2 H.$$

Quel est le rayon d'un cylindre ayant un volume de $22^{dm^3},608$ et une hauteur de 500 millimètres?

Dans un triangle isocèle, l'angle du sommet vaut 53° 19′ 38″. Quelle est la valeur d'un angle de la base ?

Géométrie et constructions graphiques. — 1. Quelles positions peuvent avoir, dans un même plan, deux droites, l'une par rapport à l'autre ?

Quels sont les moyens employés pour mener les parallèles et les perpendiculaires ?

Comment divise-t-on une droite en parties égales ?

2. Quels angles peuvent faire deux droites entre elles ?

Quand dit-on que deux angles sont égaux ?

Tracer un angle égal à un angle donné.

Qu'appelle-t-on bissectrice d'un angle ? Comment la trace-t-on ?

Diviser un angle en 2, 4 et 8 parties égales.

3. Combien y a-t-il de sortes de triangles ?

Quelles sont les propriétés du triangle rectangle et du triangle équilatéral ?

Construire un triangle rectangle dont on connaît un côté et un angle aigu.

Construire un triangle équilatéral dont on connaît le côté.

4. Définitions sur la circonférence et le cercle (diamètre, rayon, corde, tangente, sécante, secteur, angle au centre, angle inscrit).

Positions relatives de deux circonférences, tangentes communes à deux circonférences, intérieures et extérieures : tracé.

Faire passer une circonférence par trois points donnés.

Une circonférence à $9^{m},42$ de longueur, trouver son rayon.

5. Tracer une circonférence tangente à une droite donnée et passant par un point donné.

Deux droites quelconques étant données, les raccorder par un rayon donné.

Inscrire dans une circonférence donnée : un carré, un octogone, un triangle équilatéral, un hexagone. Circonscrire ces figures à la même circonférence.

6. Un triangle a 2.400 millimètres de base et $3^{m2},6$ de surface ; quelle est sa hauteur en décimètres.

Un trapèze a les dimensions suivantes :

Grande base................	2.325 millimètres
Petite base.................	$167^{cm},5$
Hauteur......................	$12^{dm},5$

Quelle est sa surface en mètres carrés ?

Un cercle a $12^{m2},56$ de surface : trouver son rayon en millimètres et sa circonférence en décimètres.

7. Une caisse a les dimensions intérieures suivantes :

Longueur....................	$0^m,65$
Largeur......................	32 centimètres
Profondeur..................	150 millimètres

Quelle est sa contenance en litres?

Quel est le poids en hectogrammes d'un cylindre en fer de 50 millimètres de diamètre et 80 millimètres de hauteur?

Quel est le volume en décimètres cubes d'un tronc de cône ayant 40 centimètres de diamètre de base et 750 millimètres de hauteur ?

3° Interrogations sur les sciences appliquées aux métiers

Physique. — 1. Que se passe-t-il lorsqu'on verse un liquide dans des vases qui communiquent ? Figure.

Montrez comment ce principe est appliqué au niveau d'eau, aux jets d'eau, à la distribution de l'eau dans les villes, aux écluses de canaux.

2. A quoi est égale la pression exercée par un liquide sur le fond du vase qui le contient ?

Un vase tronconique, dont la grande base est tournée vers le haut, a les dimensions suivantes :

Diamètre de la grande base............	$0^m,40$
— de la petite base..............	$0^m,20$
Hauteur..............................	$0^m,60$

Il contient de l'eau jusqu'aux 2/3 de sa hauteur. Quelle sera la pression sur le fond ?

3. A quoi est égale la pression exercée par un liquide sur les parois latérales du vase qui le contient ?

Quelle est la pression exercée sur une porte d'écluse qui a $1^m,20$ de largeur, 2 mètres de hauteur et qui plonge dans l'eau, verticalement, de $1^m,80$?

4. Enoncez le principe d'égalité des pressions ou principe de Pascal. Montrez son application à la presse hydraulique.

Dans une presse hydraulique, le petit piston a 4 centimètres de diamètre et le grand 80 centimètres. On applique sur le premier un effort de 50 kilogrammes. Quelle sera la poussée exercée par le second ?

5. Que se passe-t-il lorsqu'on plonge un corps dans un liquide ? Conditions pour qu'un corps flotte.

Un bloc cubique de bois a 60 centimètres d'arête, le centimètre cube pèse $0^{gr},95$. Dire si le bloc s'enfoncera entièrement dans l'eau ou s'il flottera. Quel volume d'eau déplacera-t-il ?

6. Qu'est-ce que la pression atmosphérique ? A quoi est-elle égale : en colonne de mercure, en colonne d'eau ?

Que signifie l'expression : une chaudière est timbrée à 6 atmosphères ?

Décrire le baromètre à mercure. A quoi sert cet instrument?

7. Comment mesure-t-on la pression d'un liquide ou d'un gaz contenu dans un récipient ?

Quelle est l'unité de mesure employée ?

Quelle différence y a-t-il entre l'atmosphère et 1 kilogramme ?

Décrire le manomètre à mercure à air libre.

Un récipient contient de l'air comprimé à 3,5 atmosphères. A quelle hauteur s'arrêtera le mercure d'un manomètre à air libre mis en communication avec ce récipient?

Sur quel principe sont basés les manomètres métalliques?

8. Sur quel principe repose le fonctionnement des pompes aspirantes?

Décrire une pompe aspirante à levier.

De quelle hauteur maxima peut-on élever l'eau avec une pompe aspirante ?

Une pompe aspirante a 10 centimètres de diamètre de corps

et 20 centimètres de course de piston. Combien faudra-t-il de coups de levier pour vider un réservoir contenant 150 litres d'eau ?

9. Décrire une pompe foulante.

Dans une pompe foulante, le piston a une surface de 80 centimètres carrés et le tuyau de refoulement a une section de 10 centimètres carrés. On veut élever l'eau à une hauteur de 3 mètres. Quel effort faudra-t-il exercer pour abaisser le piston ?

10. Décrire une pompe aspirante et foulante.

Qu'est-ce qu'un siphon ? Description, emplois. Comment amorce-t-on un siphon?

11. Quel est l'effet de la chaleur sur les corps?

A l'aide de quels appareils mesure-t-on les températures?

Combien connaissez-vous de sortes de thermomètres?

Dans quel cas préfère-t-on le thermomètre à alcool ou le thermomètre à mercure?

Quels sont les points fixes de l'échelle d'un thermomètre?

Quelles sont les trois échelles les plus usitées et en quoi diffèrent-elles?

12. Quelles températures mesure-t-on avec les thermomètres ordinaires, à alcool ou à mercure?

Quels instruments emploie-t-on pour les températures élevées, celles des fours par exemple?

Décrire un pyromètre.

Qu'appelle-t-on coefficient de dilatation d'un corps ?

Le coefficient de dilatation linéaire du fer étant 0,0000122, de combien s'allongera un rail de 20 mètres dont la température passe de 10° à 40°?

Mécanique. — 1. Qu'est-ce qu'une force ? Comment une force est-elle définie ?

Quels instruments emploie-t-on pour mesurer les forces? Décrire le dynamomètre à ressort.

2. Comment représente-t-on une force graphiquement?

Qu'appelle-t-on résultante de plusieurs forces?

Trouver la résultante de forces ayant même direction. Exemples.

3. Trouver la résultante de deux forces parallèles dirigées dans le même sens. Exemple.

Trouver la résultante de deux ou plusieurs forces concourantes. Exemples.

4. Décomposer une force en deux autres dont les directions sont connues (forces concourantes).

Sur une poutre de 6 mètres de portée et du poids de 2.000 kilogrammes, on applique une charge de 12.000 kilogrammes à 2 mètres de l'une des extrémités. Quelle sera la pression sur chacun des appuis.

5. Q'est-ce qu'un couple et quel est son effet ?

Qu'appelle-t-on moment d'une force, travail d'une force ? Exemples.

Kilogrammètre ? Cheval-vapeur ?

6. Déterminer le centre de gravité des figures suivantes: segment de droite, circonférence, cercle, carré, rectangle, parallélogramme, hexagone, triangle, trapèze.

Où est situé le centre de gravité d'un cylindre, d'un cône, d'une pyramide triangulaire?

7. On veut équilibrer un porte-outil pesant 30 kilogrammes avec un levier du premier genre dont les bras ont respectivement $0^m,20$ et 1 mètre. Si l'on emploie un contrepoids cylindrique de 10 centimètres de diamètre, quelle devra être sa hauteur ?

8. Les bras de levier du contrepoids de la soupape de sûreté d'une chaudière ont 8 et 64 centimètres de longueur (levier du deuxième genre); la chaudière est timbrée à 12 kilogrammes et le diamètre de la soupape est de 3 centimètres. Déterminer le contrepoids.

9. Une pelle est chargée de 20 kilogrammes. La main de

gauche tient le manche à 40 centimètres de la charge et la main de droite est placée à 80 centimètres en arrière de celle de gauche. Déterminer l'effort sur chacune des mains.

10. Décrire les dispositifs de levage par poulie fixe et par poulie mobile. Relation entre la charge à lever et l'effort à exercer dans les deux cas. Exemples numériques.

Ajusteurs. — **1.** Vitesse. Espace. Temps. Vitesse linéaire. Vitesse circonférentielle. Vitesse angulaire (Définitions et relations).

Une raboteuse effectue sa course de 1m,50 en 1 minute 1/4. Quelle est sa vitesse de coupe?

Une fraise de 100 millimètres de diamètre coupe à la vitesse de 0m,200 par seconde. Quel est le nombre de tours de la fraise par minute?

2. On veut lever à trois hommes une charge de 400 kilogrammes, avec un palan à corde à quatre brins. 1° Quelle sera la charge de chaque brin de corde? 2° Quel sera l'effort exercé par chaque homme? 3° Si les hommes tirent sur la corde avec une vitesse de 0m, 80 par seconde, quelle sera la vitesse d'élévation de la charge par minute ?

3. Un treuil a un diamètre de tambour de 150 millimètres et un rayon de manivelle de 35 centimètres.

1° Quelle charge lèveront deux hommes exerçant chacun un effort de 20 kilogrammes?

2° Quelle sera la vitesse d'élévation de la charge par minute pour une vitesse circonférentielle de 0m,80 par seconde aux manivelles?

4. Une poulie A de 1m,50 de diamètre tourne à 120 tours par minute et commande par courroie une poulie B de 0m,60 de rayon ; l'écartement des arbres est de 6 mètres.

Déterminer :

1° Le nombre de tours de la poulie B;

2° La longueur de la courroie.

5. La transmission principale d'un atelier tourne à droite, à 90 tours par minute, et porte une poulie de 400 millimètres de diamètre. On veut actionner une meule en grès de 796 millimètres de diamètre, qui doit tourner à gauche à raison de 120 tours par minute.

Déterminer :

1° Le diamètre de la poulie à monter sur l'axe de la meule ;

2° La vitesse circonférentielle de la meule par seconde ;

3° La disposition à donner à la courroie.

6. Dans une transmission par chaîne Galle, la roue de commande a 64 dents et tourne à 5 tours par minute. On veut actionner un arbre qui doit tourner 4 fois plus vite.

Déterminer :

1° Le nombre de dents de la roue à monter sur l'arbre commandé ;

2° La vitesse linéaire de la chaîne Galle par seconde.

7. La transmission principale d'un atelier tourne à 105 tours par minute et porte un cône dont les diamètres des poulies sont 600, 540 et 480 millimètres. L'arbre du renvoi porte le cône correspondant dont la plus petite poulie a 150 millimètres de diamètre.

Déterminer :

1° Les diamètres des deux autres poulies ;

2° Les nombres de tours de l'arbre du renvoi.

8. Une roue d'engrenage A de 24 dents actionne, par l'intermédiaire d'une roue B de 30 dents, une roue C de 16 dents.

1° La roue A tournant à droite à 60 tours par minute, à quelle vitesse tournera la roue C ?

2° Dans quel sens et à quelle vitesse circonférentielle par seconde tournera un tambour de 1 mètre de diamètre, calé sur l'axe de la roue C ?

9. Quel effort faudra-t-il exercer à la manivelle pour lever une charge de 800 kilogrammes, avec un cric ayant les dimensions suivantes :

Diamètre du pignon engrenant avec la crémaillère....	50 mm.
Nombre de dents de la roue solidaire du pignon......	40
Nombre de dents de la roue solidaire de la manivelle..	10
Rayon de la manivelle................................	250 mm.

10. La vis d'une presse a un pas de 20 millimètres et est actionnée par un levier de 1m,20 de rayon. Quelle pression exercera-t-on suivant l'axe de la vis pour un effort de 50 kilogrammes à l'extrémité du levier ?

Tourneurs. — **11.** Déterminer les roues pour fileter au pas de 3 millimètres sur un tour dont le pas de la vis-mère est de 10 millimètres.

12. Déterminer les roues pour fileter au pas de 8mm,75 sur un tour dont le pas de la vis-mère est de 10 millimètres.

13. Déterminer les roues pour fileter au pas de 21 millimètres sur un tour dont le pas de la vis-mère est de 10 millimètres.

14. Déterminer les roues pour fileter au pas de 13 millimètres sur un tour dont le pas de la vis-mère est de 10 millimètres.

15. Déterminer les roues pour fileter au pas de 9 filets par pouce sur un tour dont le pas de la vis-mère est de 10 millimètres (le pouce anglais vaut 25mm,4).

16. Déterminer les roues pour fileter au pas de 15 millimètres sur un tour dont la vis-mère est au pas de 3/8 de pouce.

4° Épreuves pratiques

Les membres du jury chargés de la surveillance des épreuves pratiques ont relevé le temps employé par chaque candidat et ont attribué à celui-ci une note concernant la façon dont le travail a été conduit.

Les pièces ont été ensuite soumises à l'examen d'un comité de trois membres (un ingénieur ou un dessinateur, un contremaître et un ouvrier), qui ont donné chacun une note pour apprécier l'exécution.

AJUSTEURS

Gabarits pour denture d'engrenage.

(Le dessin donné était à l'échelle $\frac{1}{1}$).

DURÉE DE L'ÉPREUVE :
4 HEURES.

Éléments bruts :

Pièces découpées à 2 millimètres.

Tôle de 2 millimètres (acier doux).

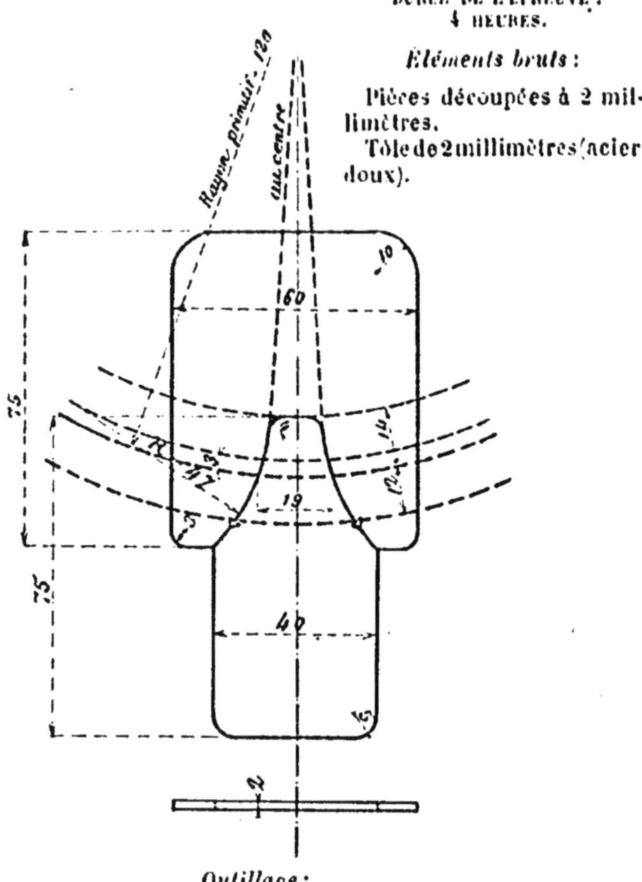

Outillage :

1 compas à pointes.
1 pointe à tracer.
1 lime plate à main bâtarde (longueur utile 0,250).
1 lime plate à main 1/2 douce (longueur utile 0,200).
1 lime demi-ronde bâtarde (longueur utile 0,200).
1 lime demi-ronde demi-douce (longueur utile 0,150).
1 queue de rat de 8 millimètres.
1 burin langue de carpe.
1 marteau d'ajusteur.

CHAUDRONNIERS EN CUIVRE

Fond de récipient.

(Le dessin donné était à l'échelle $\frac{1}{1}$.)

DURÉE DE L'ÉPREUVE : 4 HEURES.

Élément brut :

1 disque cuivre de 1 millimètre, diamètre 190 millimètres.

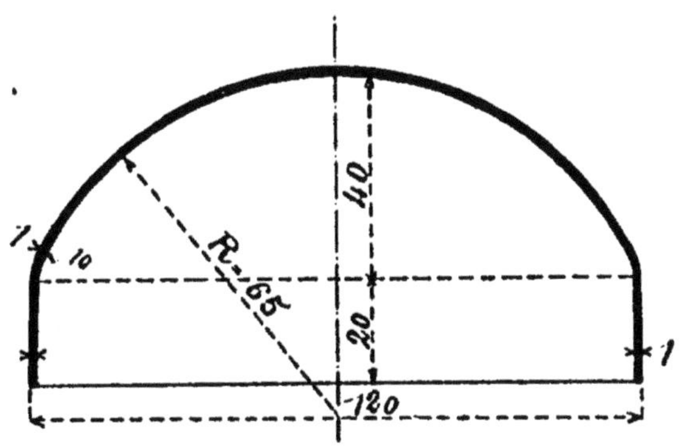

Outillage :

1 forge.
1 marteau à embouter.
1 maillet.
1 boule.
1 tas rond.
1 marteau à planer postillon.
1 pied de biche.
1 lime.
1 gabarit.

CHAUDRONNIERS EN FER

Tubulure.

(Le dessin donné était à l'échelle de $\frac{1}{5}$)

DURÉE DE L'ÉPREUVE : 4 HEURES.

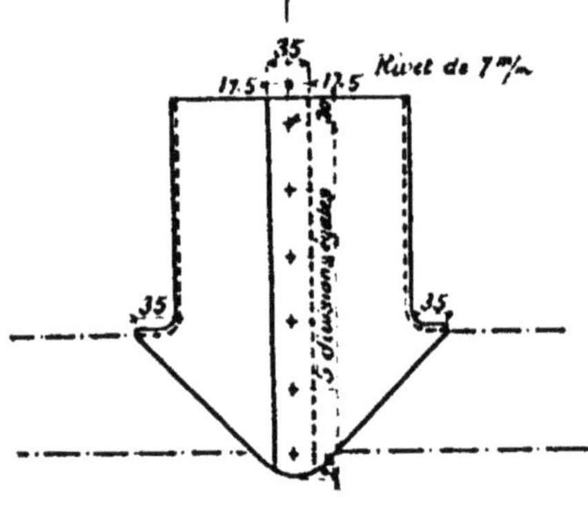

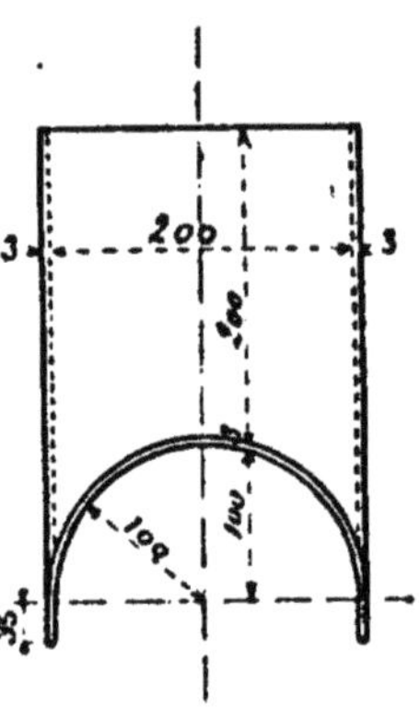

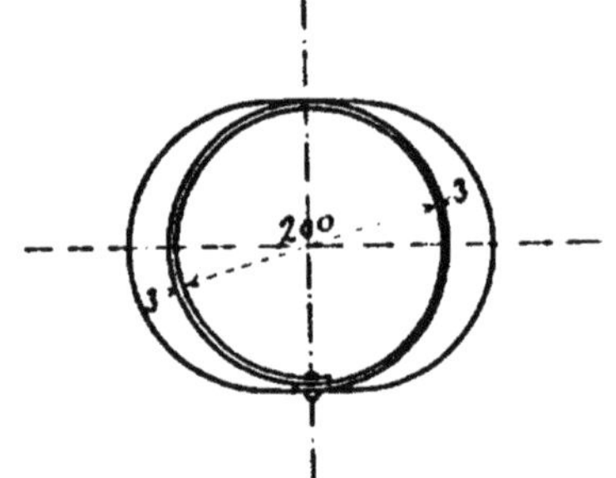

Éléments bruts :

L'ouvrier exécutera d'abord le tracé de la tubulure. Il lui sera ensuite remis une tôle découpée, poinçonnée et cintrée, et 8 rivets de 6,6 × 15.

Son travail se bornera à river la tôle et rabattre la pince.

Outillage :

1 marteau à main de chaudronnier à river.
1 bouterolle pour rivets de 6.
1 mandrin sur établi ou un bigorne.
1 forge.
1 marteau à emboutir.
1 tenaille plate serrant 3 millimètres d'épaisseur.
1 gabarit demi-cercle de 100 de rayon.
1 règle flexible de 1 mètre divisée.
1 compas.
1 pointe à tracer.
1 pointeau.

FORGERONS

Bielle d'attelage.

(Le dessin donné était grandeur d'exécution.)

DURÉE DE L'ÉPREUVE : 4 HEURES.

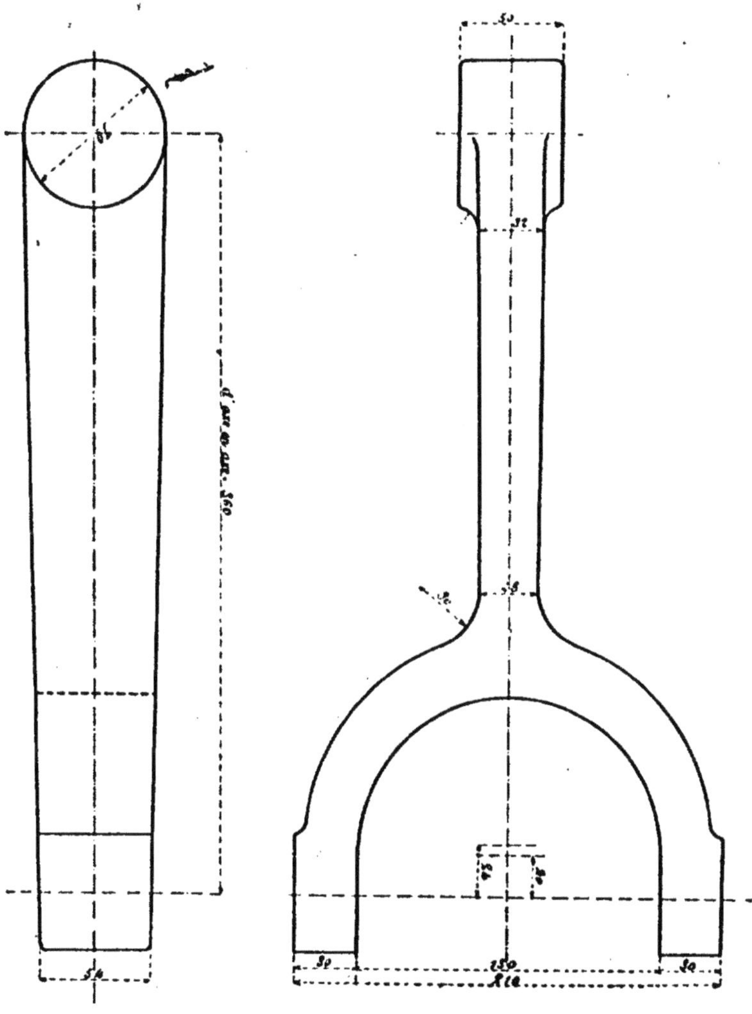

MODELEURS

Boite-glissière.

(Le dessin donné était à l'échelle $\frac{1}{2}$.)

DURÉE DE L'ÉPREUVE : 4 HEURES.

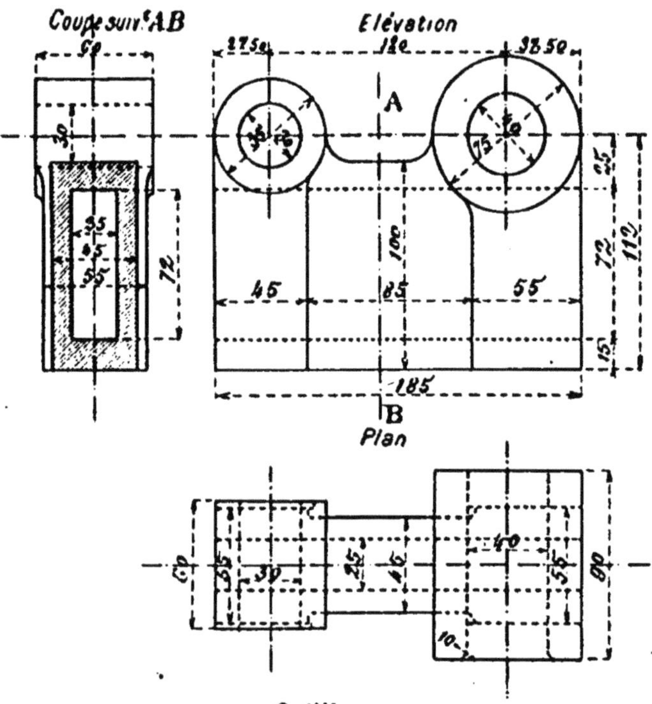

Outillage :

1 varlope.
1 riflard.
1 rabot.
1 vilbrequin.
1 guillaume.
1 marteau.
1 lime-demi-ronde.
1 ciseau ordinaire de 10 millimètres.
1 ciseau ordinaire de 20 millimètres.
1 ciseau ordinaire de 30 millimètres.
1 mèche ordinaire de 8 millimètres.
1 équerre.
1 tenaille.
1 compas.
1 gouge de tourneur.
1 ciseau de tourneur.

MOULEURS

Les dessins représentent les modèles en bois qui ont été mis à la disposition des candidats mouleurs pour l'exécution du moule qui constituait l'épreuve.

DURÉE DE L'ÉPREUVE : 4 HEURES.

I

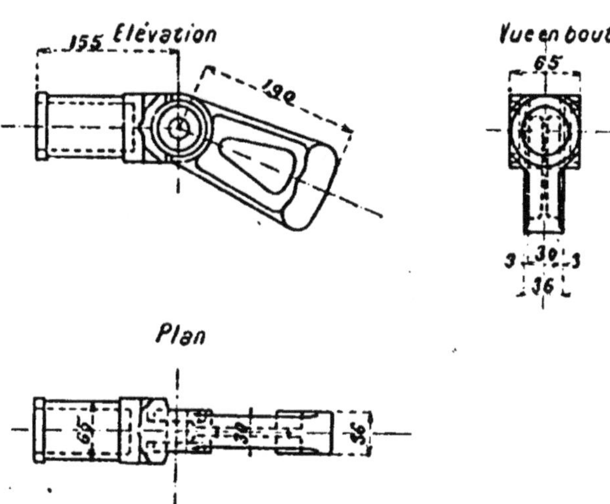

II

Élévation.
Vue en bout.
140
140
150
75
75
150
80
Plan.
35
80
170
280
35
R=2,527

III

Élévation
Profil
A
165
68
B
38
145
78

Plan et Coupe par A.B
38
83
70
153

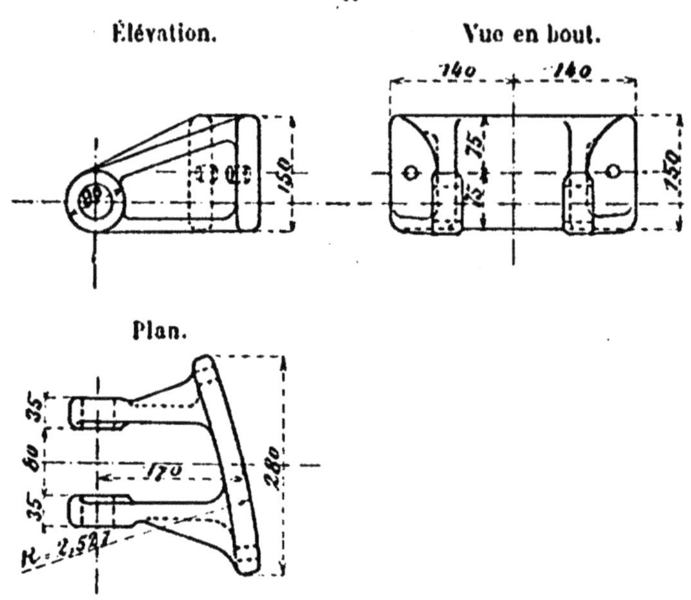

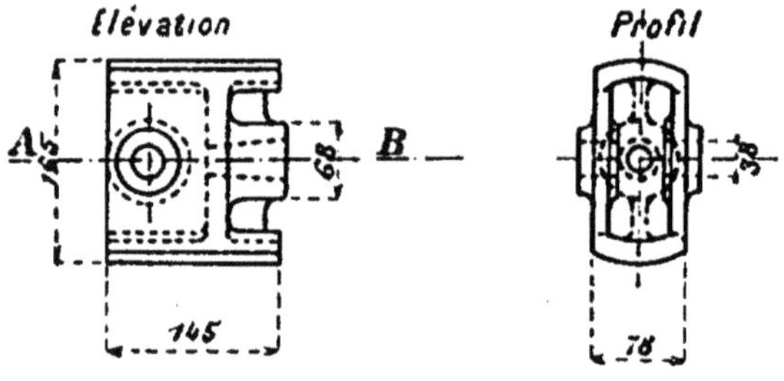

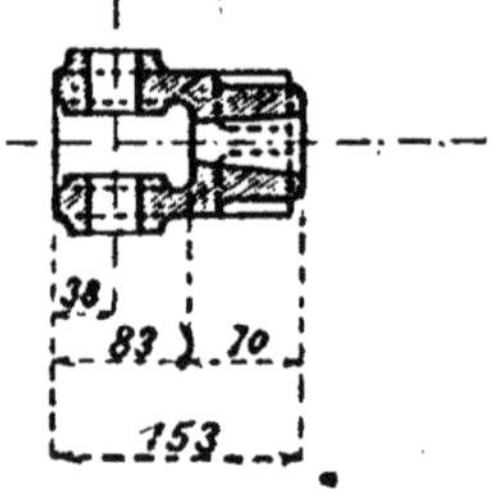

PLOMBIERS

(Le dessin était donné à l'échelle $\frac{1}{1}$.)

DURÉE DE L'ÉPREUVE : 4 HEURES.

Éléments bruts :

Tuyaux en plomb de 30 et 18 millimètres.

Outillage :

1 lampe à souder.
1 marteau à garnir.
1 queue de cochon.
1 toupie.
1 écouenne.
1 couteau.
1 mandrin en bois du diamètre intérieur du tuyau.
Soudure de plombier. Résine.

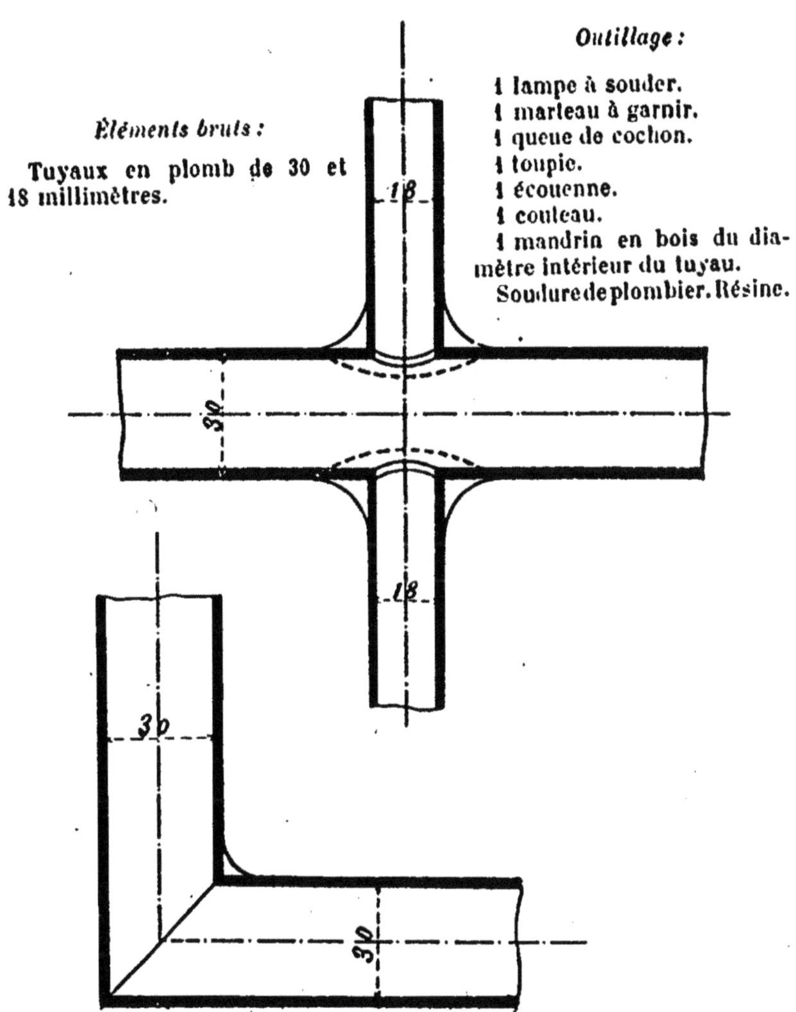

SERRURIERS

Penture de volet.

(Le dessin donné était à l'échelle $\frac{1}{1}$.)

DURÉE DE L'ÉPREUVE : 4 HEURES.

Elément brut :

Feuillard de 30 × 4, longueur 500 (fer).

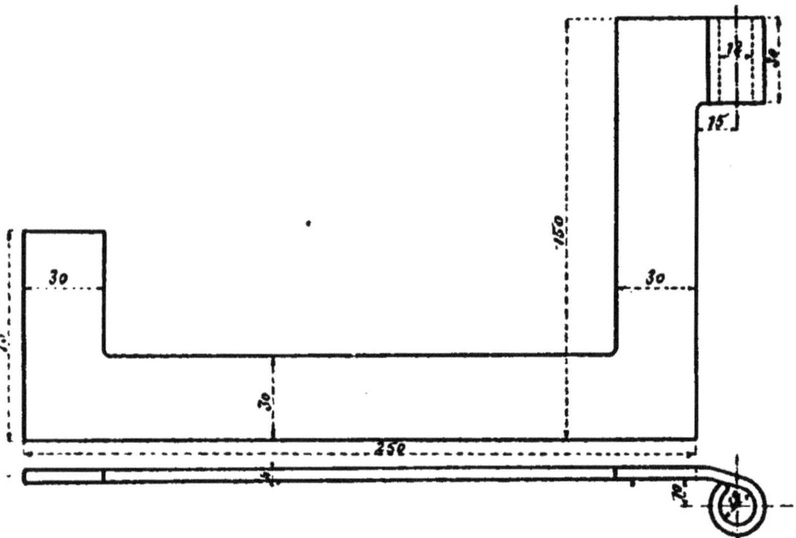

Outillage :

1 marteau à main.
1 tenaille juste.
1 équerre.
1 forge.
1 mandrin de 12 millimètres, longueur 0,150 environ.
1 burin.
1 lime plate à main bâtarde (longueur 0,320).

TOURNEURS

Porte-fraise à emmanchure Bariquand.

(Le dessin donné était à l'échelle $\frac{1}{1}$.)

DURÉE DE L'ÉPREUVE : 4 HEURES.

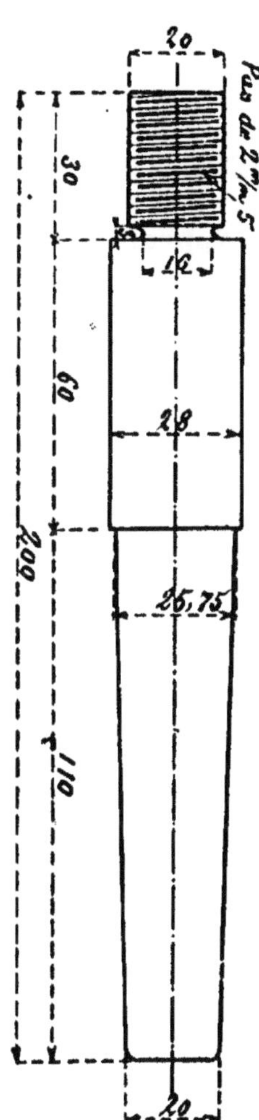

Élément brut :

1 rond de 30 ... longueur 220 (acier doux)

Outillage :

1 pointeau.
2 outils à charioter.
1 plane à main.
1 grain d'orge à main.
1 outil à fileter.

CONCOURS D'APPRENTIS

Concours d'apprentissage organisé à Charleville par la Chambre de Commerce, avec l'aide de l'École pratique de Commerce et d'Industrie.

ÉPREUVES PRATIQUES IMPOSÉES

1° Groupe d'apprentis ayant deux ans d'apprentissage.

AJUSTEURS

Équerre à 135° et à 45°.

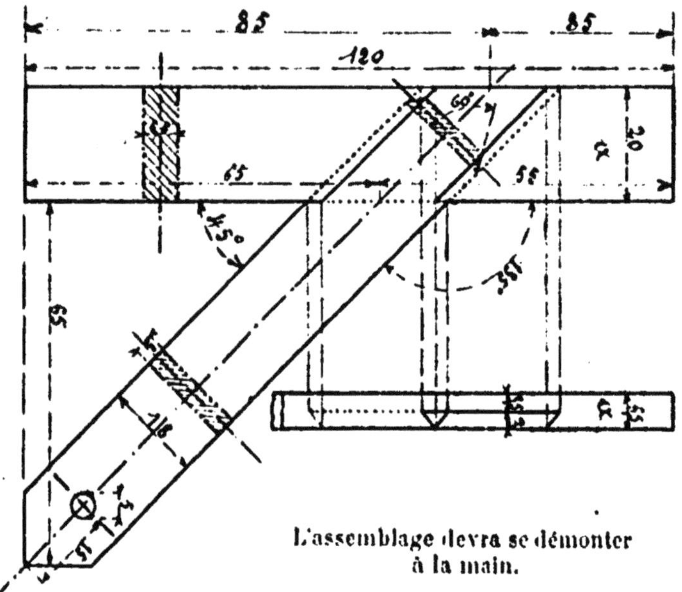

L'assemblage devra se démonter à la main.

CHAUDRONNIERS-TOLIERS

Couvercle bombé avec en dedans.

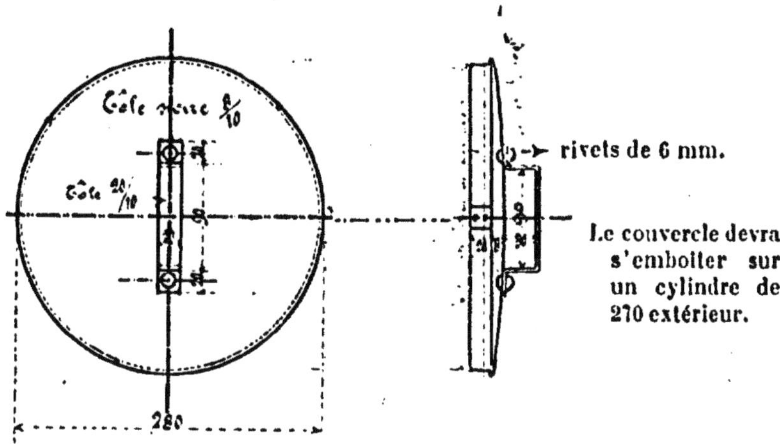

ÉLECTRICIENS

Montage d'une lampe à incandescence avec interrupteur et coupe-circuit.

FERBLANTIERS

Boite à tampon.

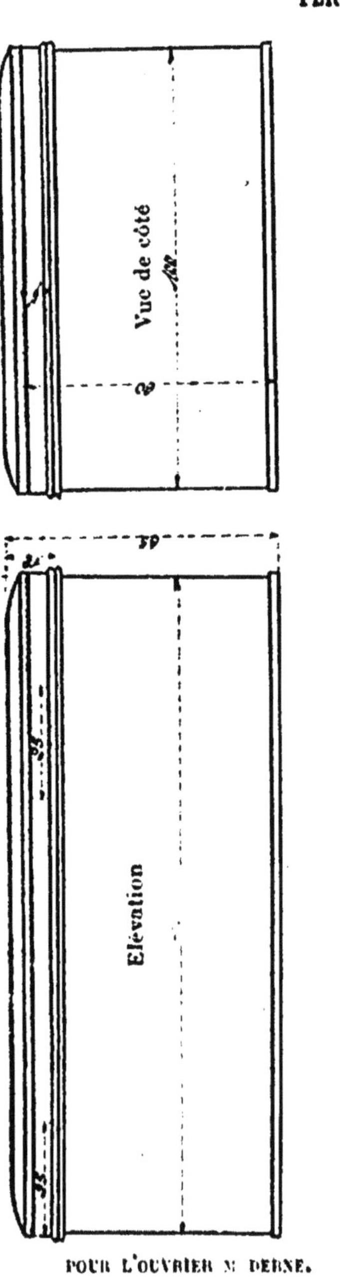

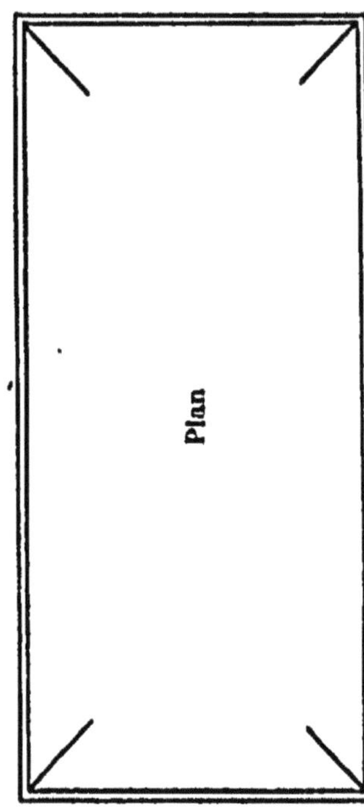

FORGERONS

Marteau à ausculter les rails.

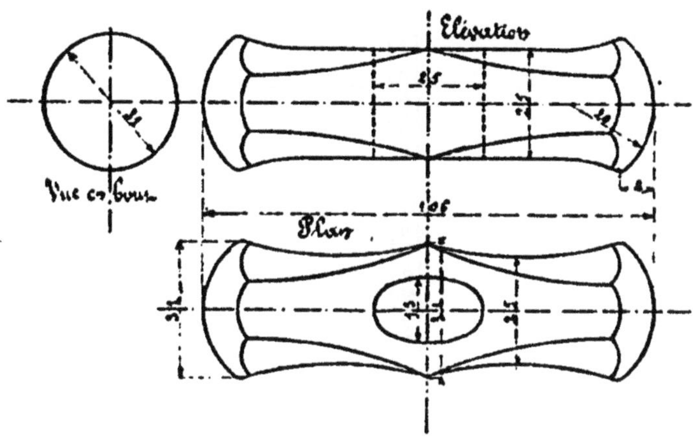

FRAISEURS

Clavette.

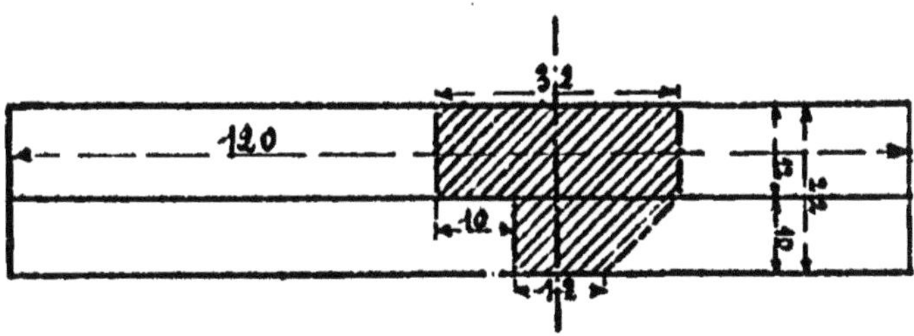

MENUISIERS

Châssis à petits bois.

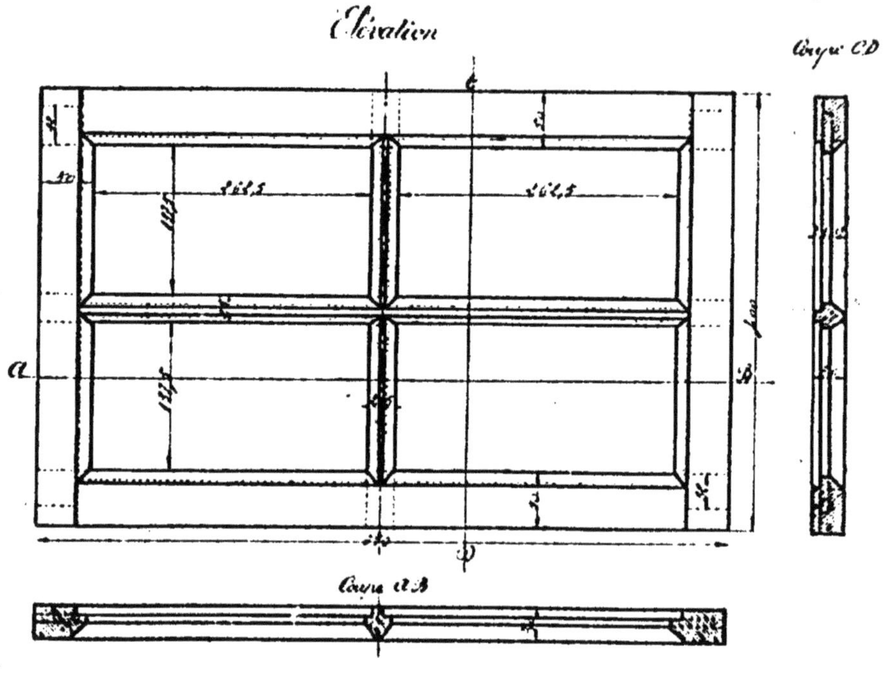

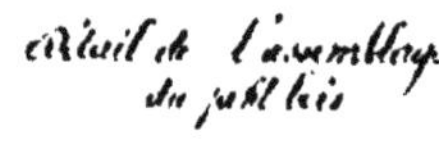

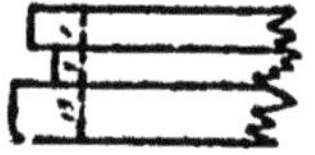

MODELEURS SUR BOIS

Clef de robinet.

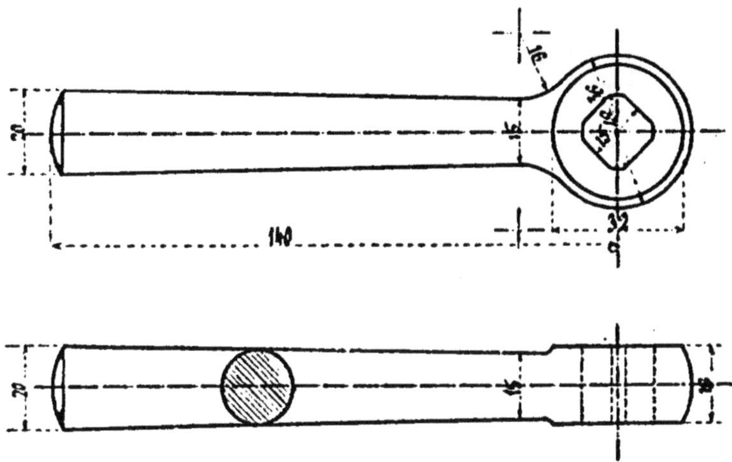

MODELEURS SUR MÉTAUX

Chape.

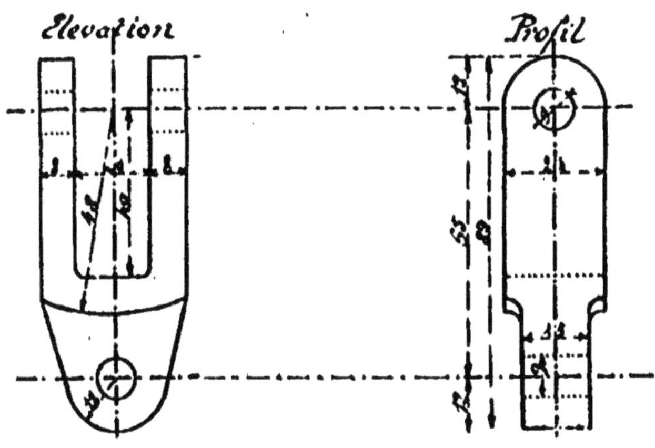

MORTAISEURS

Découpe pour charnière.

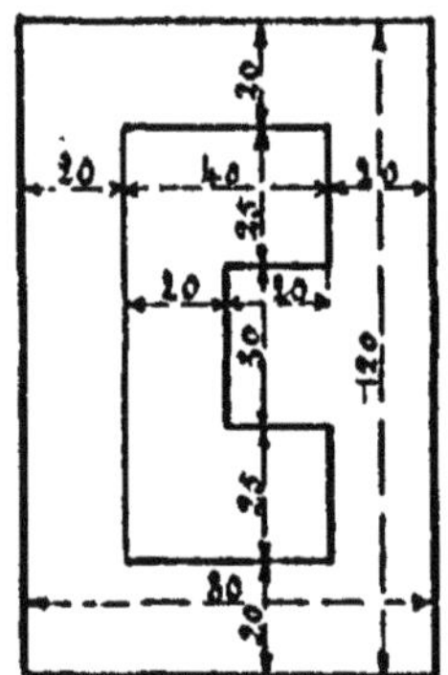

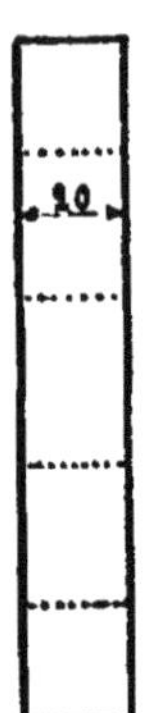

MOULEURS

Moulage simple de pièces mécaniques et de pièces d'ornement à plat.

RABOTEURS

Coulisseau.

Élévation

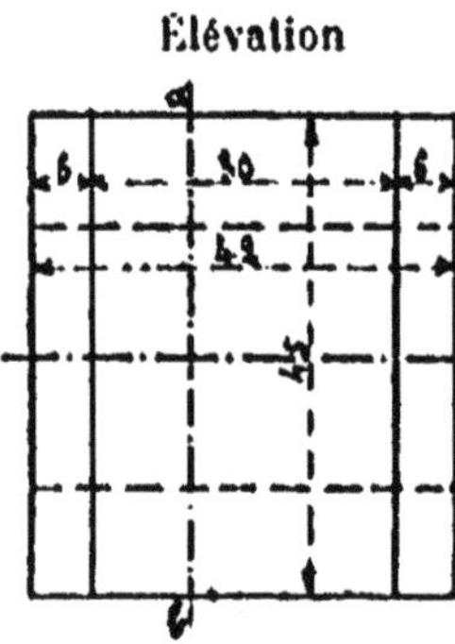

Profil coupé par *ab*

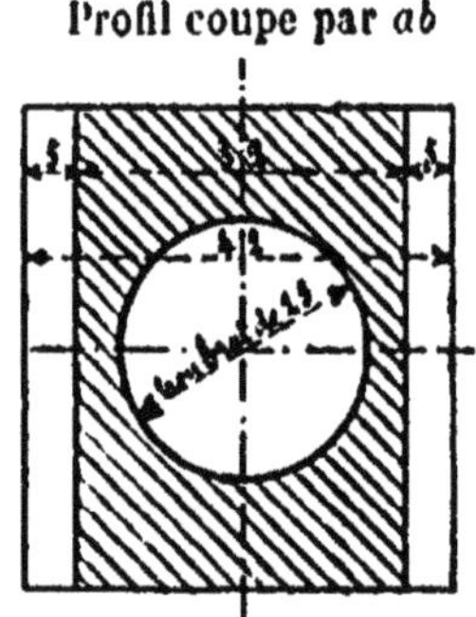

SERRURIERS

Ornement.

(Fer plat 16 × 5. — Rivets de 6 millimètres.)

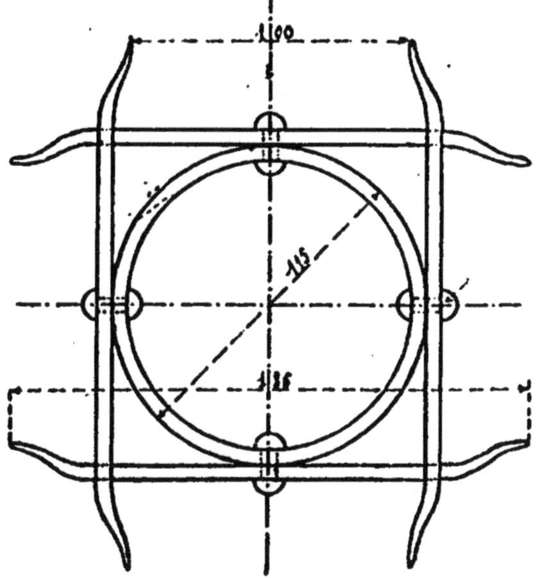

TOURNEURS SUR MÉTAUX

Excentrique.

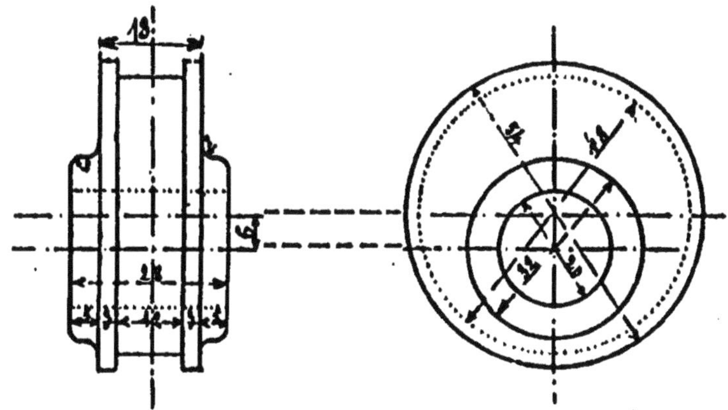

2° Groupe d'apprentis ayant trois ans d'apprentissage.

AJUSTEURS

Chape d'entrainement de régulateur.

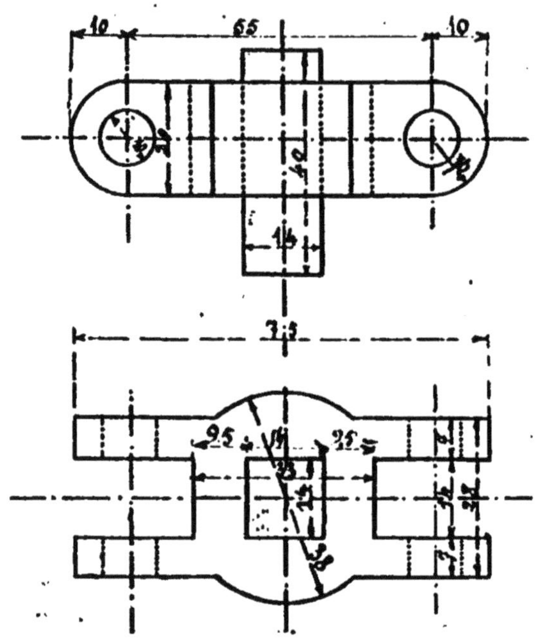

La chape et le coulisseau ajustés à frottements doux.

Cotes à $\frac{1}{10}$ en plus ou en moins.

CHAUDRONNIERS EN CUIVRE

Tubulure en cuivre rouge.

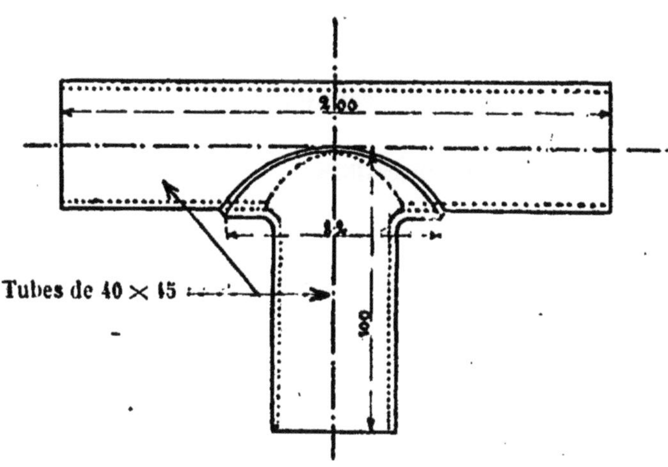

CHAUDRONNIERS-TOLIERS

Bac en tôle noire.

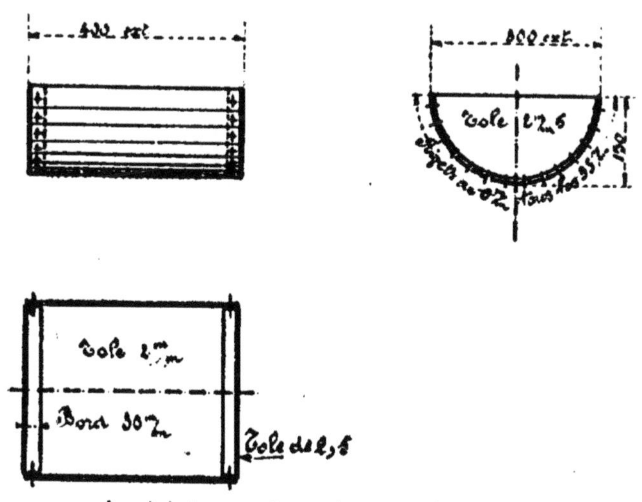

Les joints seront garnis au papier cérusé.

COUVREURS

Angle de croupe d'un toit à la Mansard.

ÉLECTRICIENS

Montage d'un avertisseur d'incendie.

FERBLANTIERS

Auge.

Le baquet proprement dit sera d'une pièce. — Les angles montants seuls seront soudés.

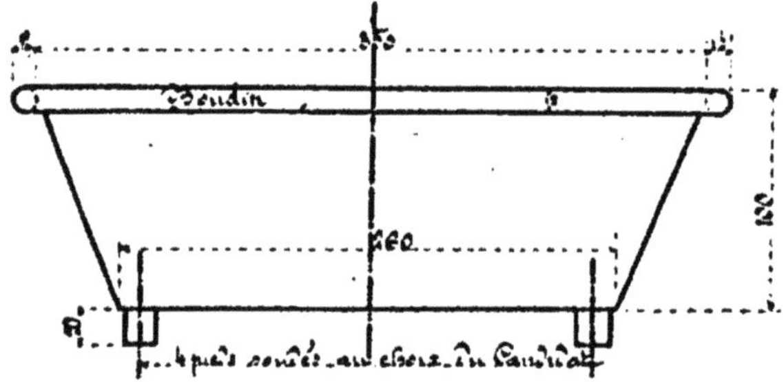

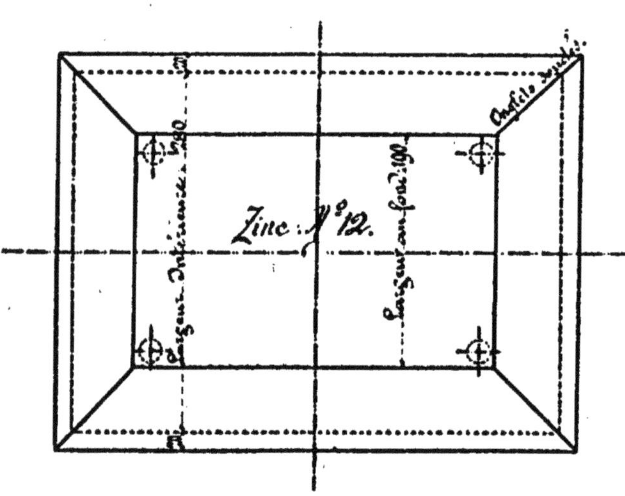

FORGERONS

Levier à chape (acier doux).

(Un mandrin sera fourni pour la chape.)

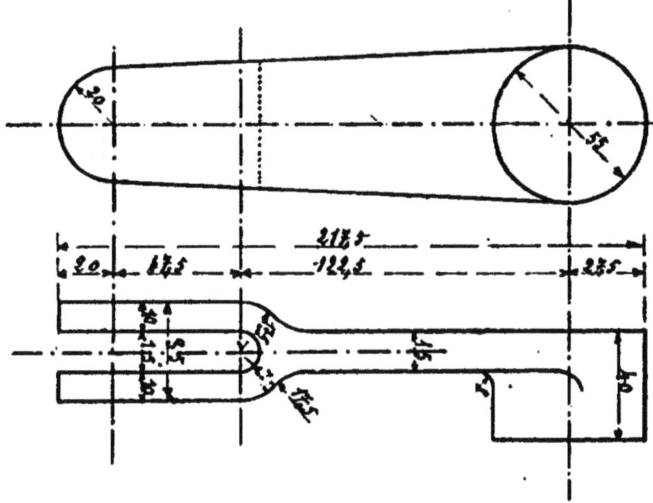

FRAISEURS

Ajustage conique.

Le jeu de 5 millimètres entre A et B devra exister en forçant B à la main.

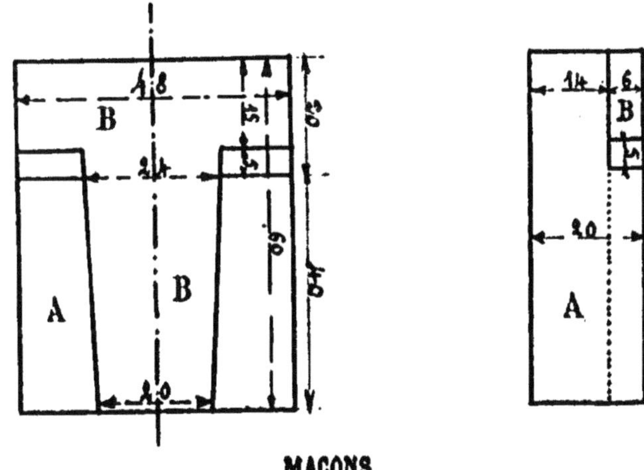

MAÇONS

Cheminée en briques dont le conduit en briques a 15 × 22; hauteur 1m,50; couronnement en briques; rejointoiement en dehors.

MENUISIERS

Fenêtre à petits bois rompus.

Élévation

Profil et coupe CD

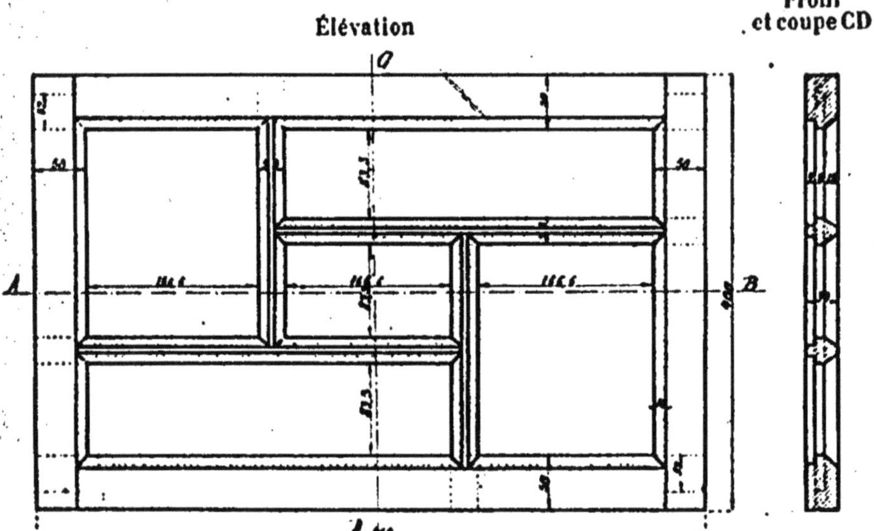

Plan et coupe AB

Détail de l'assemblage du petit bois

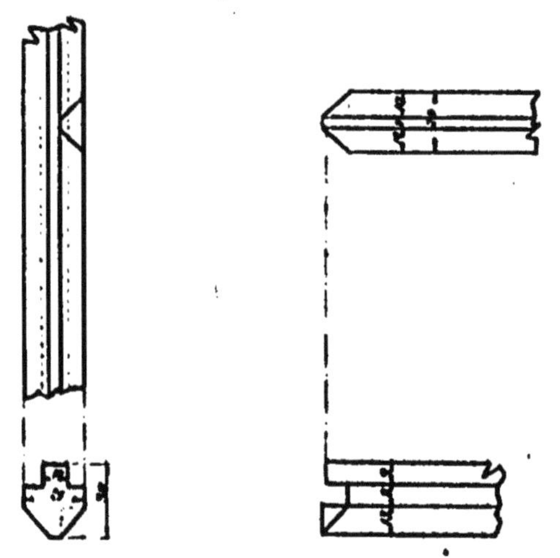

MODELEURS SUR BOIS

Volant.

Vue de face. Coupe *ab*.

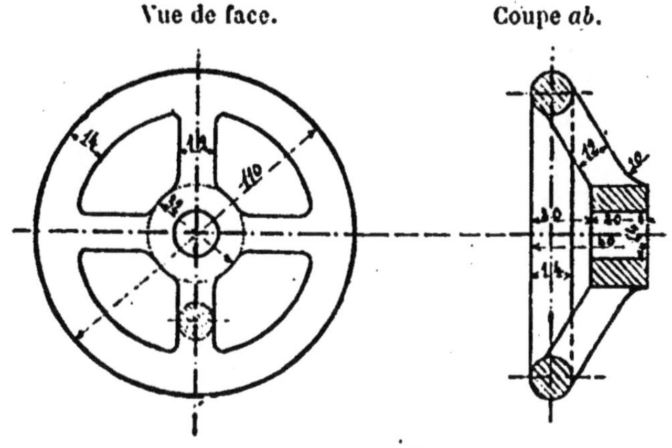

MODELEURS SUR MÉTAUX

Coulisseau.

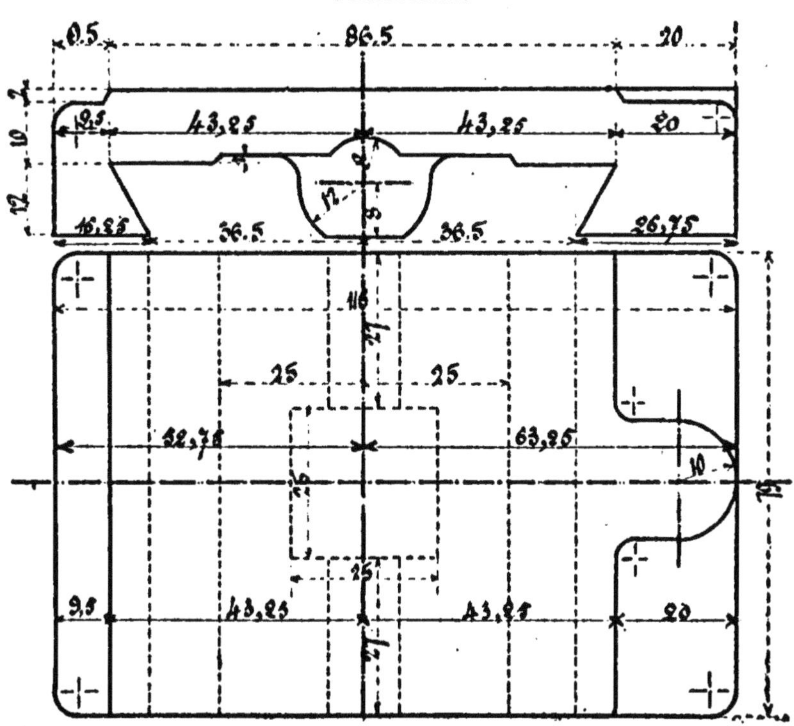

MORTAISEURS

Ebarbeuse pour chapes.

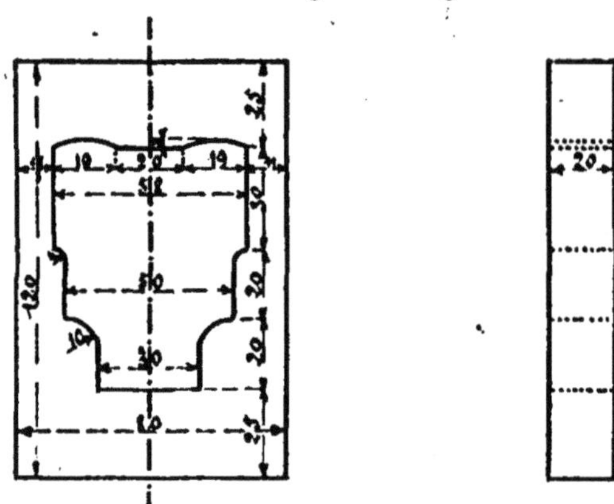

MOULEURS

Moulage de pièces à noyaux, paliers graisseurs, équerres de console ; ornements à pièces battues.

OUTILLEURS EN MATRICE

Chape d'allumage.

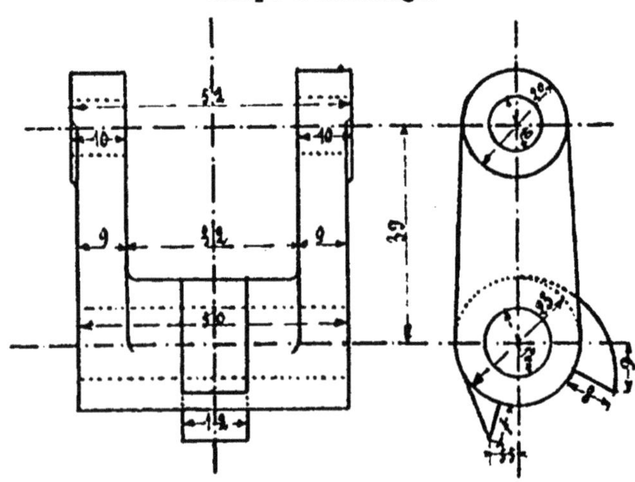

PLOMBIERS

Soudure de rallonge en bout de deux tuyaux de plomb de 20 × 4. Branchement d'un tuyau de 12 × 3 sur un tuyau de 20 × 4.

RABOTEURS

Matrice.

Elévation

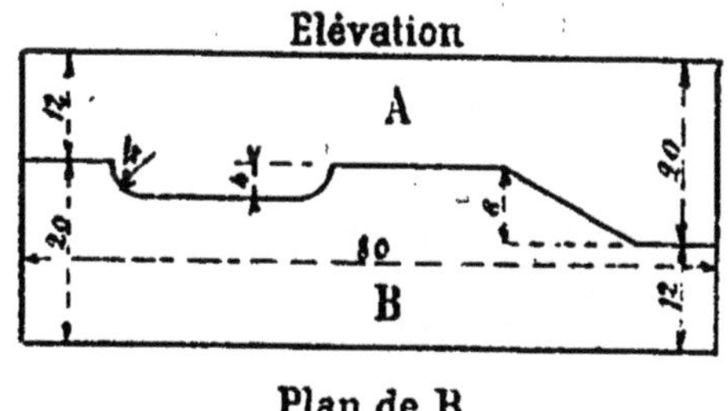

Plan de B

10 25 20 15 10

60

B

SERRURIERS

Palme.

Fer plat de 16 × 6.

TOURNEURS SUR MÉTAUX

Filetage d'une vis et d'un écrou borgne.

Le contre-écrou est facultatif.

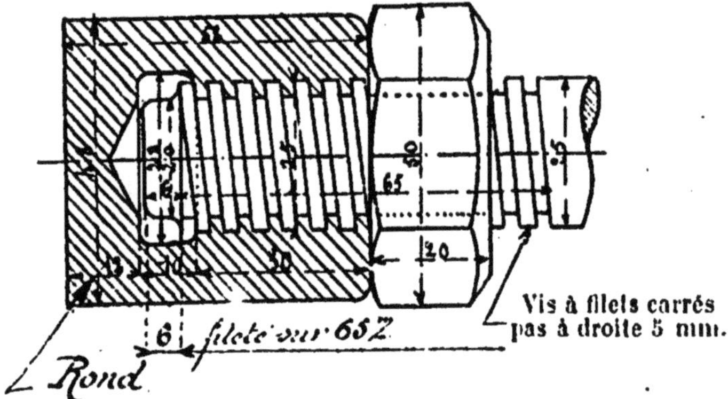

TYPOGRAPHES

Composition typographique courante pour livre. Composition avec ornements pour cartes-réclames, menus, cartes de bal, etc.

Concours d'apprentissage de l'Union d'Enseignement professionnel (Paris).

Concours de métré. — Epreuves pratiques imposées.

CHAUFFAGE

Établir le chauffage central du pavillon représenté. — On fera un schéma de l'installation et on détaillera le devis approximatif comprenant le prix des appareils et accessoires, ainsi que les frais de pose.

Plan de l'Etage

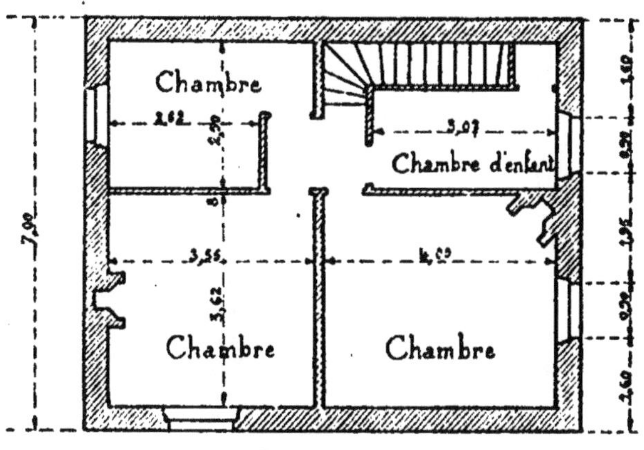

Plan du Sous-Sol

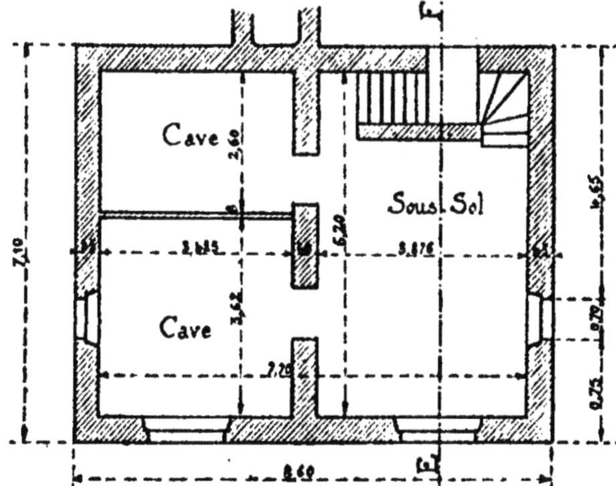

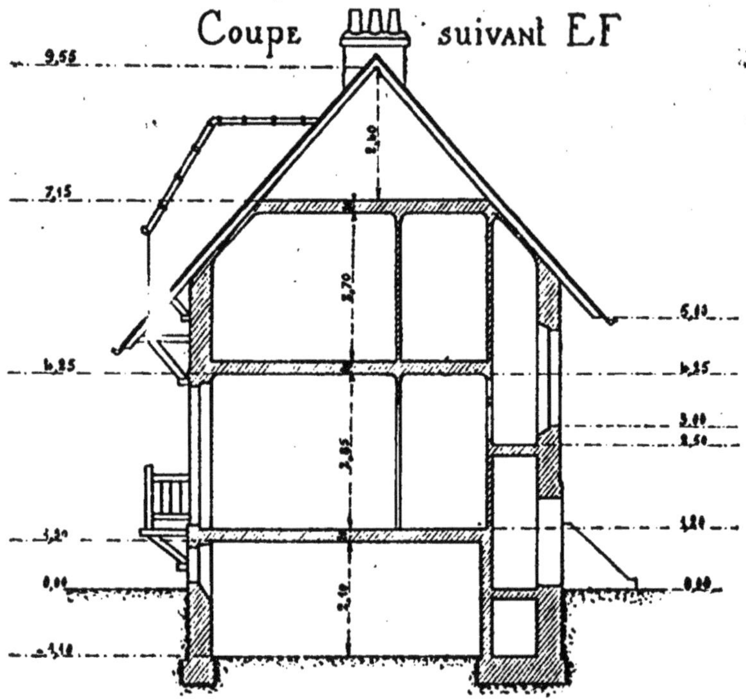

Plan du Rez-de-Chaussée

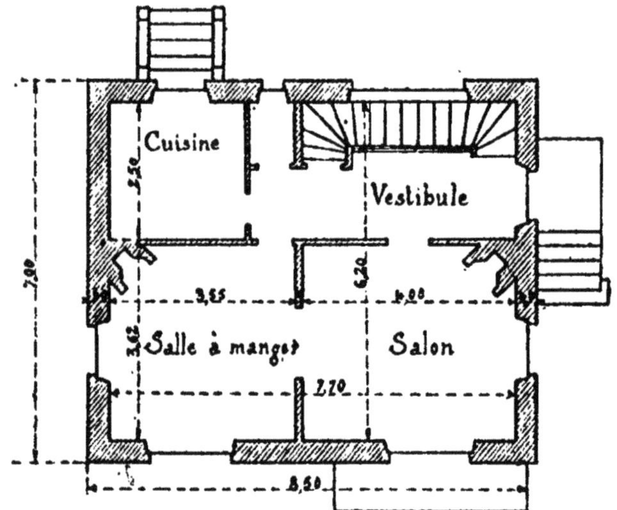

MAÇONNERIE

Métré de jambe étrière en pierre de taille, pile en brique, mur en moellon et meulière, basse fondation et puits.

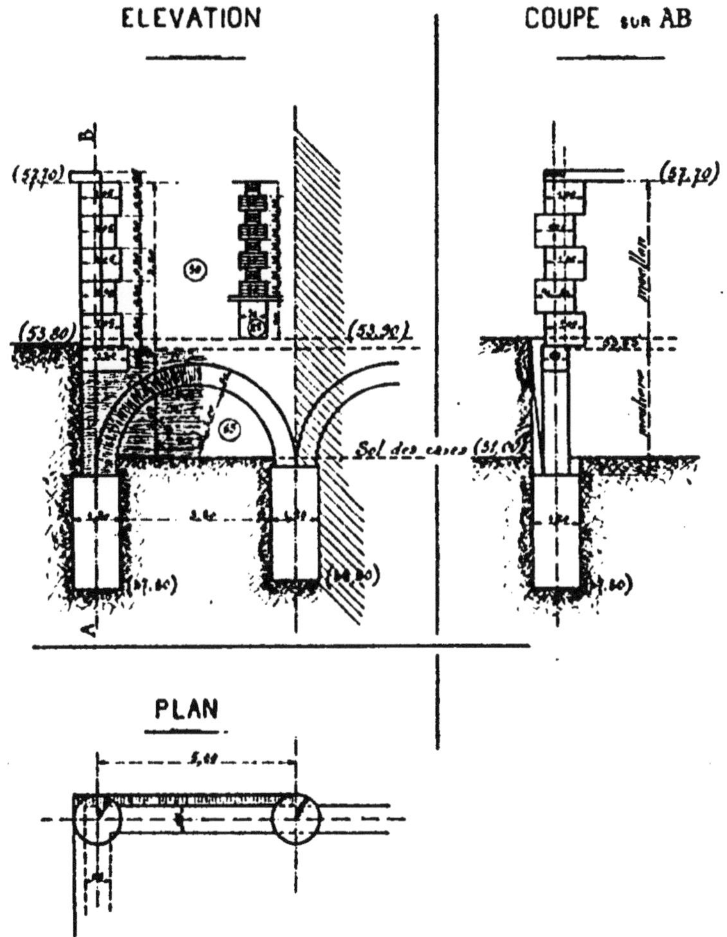

PEINTURE

Détail estimatif pour ravalement en peinture à l'huile d'une façade.

DÉTAIL DES TRAVAUX A EXÉCUTER

Plâtres neufs des étages.

Egrenage, impression, huile deux couches.

Plâtres du rez-de-chaussée.

Lessivage, impression partielle un quart rebouchage, huile deux couches.

Croisées du rez-de-chaussée et du premier étage, persiennes du premier étage.

Lessivage, impression partielle un quart rebouchage, huile deux couches.

Persiennes en fer du rez-de-chaussée, deuxième et troisième étages, balcons et descente.

Brossage impression au minium, huile deux couches.

Porte d'entrée.

Les boiseries cloquées devront être peintes en décor et vernies, travail soigné.

Epaisseur des tableaux de baies : 0,20;
Dimensions des croisées en tableau : 1,20 × 2,00;
Balcons : 0,50 × 1,40;
Appuis : 0,15 haut, saillie 0,05;
Porte : 3,00 × 1,50.

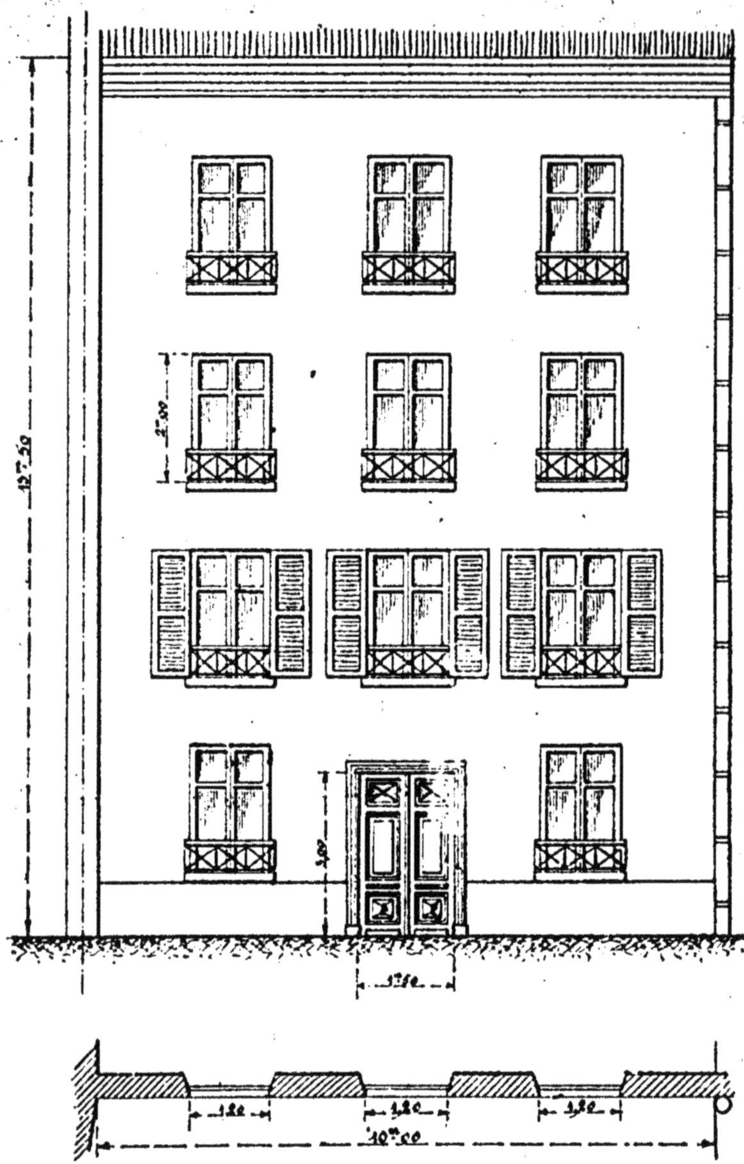
12m50
2m00
3m00
1m50
1.20
1.20
1.20
10m00

SERRURERIE

1° Faire le métré du plancher ci-dessous, la hauteur du poteau étant de $2^m,75$.

Faire la répartition des charges sur la solive A en prenant comme charge et surcharge 400 kilogrammes le mètre carré.

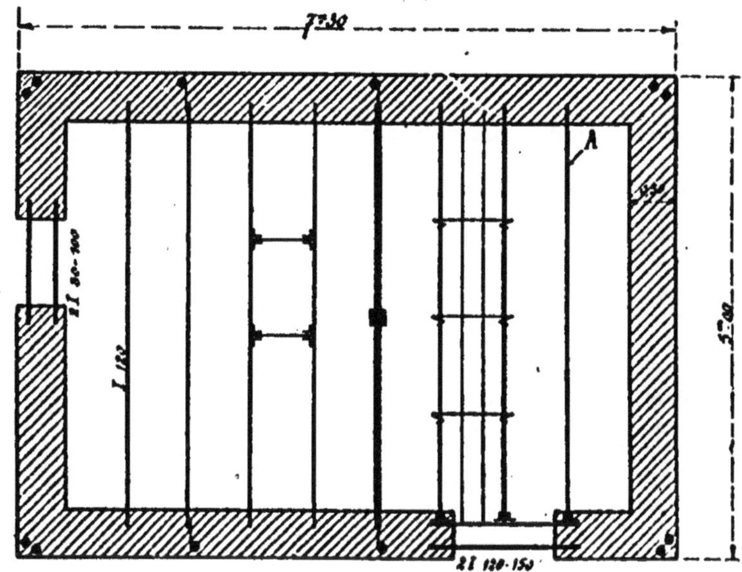

2° Donner le détail des ferrures et le métré d'une porte à un vantail ferré avec paumelles et équerres doubles 40 × 7 de 1,20 dév., un bec-de-cane Gollot, 3 petits bois moulure 1 mètre.

3° Diverses questions orales.

TABLE DES MATIÈRES

Tours. — Imprimerie Deslis Frères et Cie.

www.ingramcontent.com/pod-product-compliance
Ingram Content Group UK Ltd.
Pitfield, Milton Keynes, MK11 3LW, UK
UKHW020558230726
13926UKWH00005B/2095